新・株主総会ガイドライン

東京弁護士会会社法部【編】　第3版

商事法務

第3版はしがき

　株主総会は、経営の付託を受けた役員が1年の成果を株主に報告し、会社の重要事項につき審議・決議する場である。企業トップが議事を進行するという意味においても、株式会社にとっての一大イベントであり、その実務に関わる者としては決して失敗は許されない。

　本書『新・株主総会ガイドライン』は、東京弁護士会の会社法部が、株主の質問権、取締役・監査役の説明義務の範囲はどこまでなのかなど、株主総会当日の議事運営に関する法的基準を提言するものであるが、平成26年改正会社法を踏まえた第2版を発行してから10年を経た。

　その間、令和元年改正があり、また、機関投資家の多様化、株主提案の増加、議決権行使基準の厳格化、総会運営のデジタル化の進展、ESGへの関心の高まりなど、株主総会を取り巻く環境も大きく変化している。そこで、かかる最近の状況を踏まえ、前版に適宜加筆・修正を施し、第3版を出版することとした。

　今回の改訂に際しては、次の各部員で「株主総会ガイドライン改訂プロジェクト」を組成し、改訂作業を行った。

　　　菅原貴与志、小野貴道、諏訪智紀、西川文彬、
　　　磯野真宇、遠藤啓之、アロン・J・トーマス、山岡達也、
　　　林康弘、服部滋多、三木原健太

　本書では、最新法令や裁判例を交えながら、株主総会の実務が直面する様々な課題や、それに対する具体的な対応について提言することに努めた。

　昨今は、会社の側が、広く個人投資家に対する企業情報の開示に努め、IR活動を推進し、株主総会を株主との双方向的コミュニケーションの場として活用する姿勢が顕著である。本書が、株主総会の最新実務に対する理解を深め、会社経営の健全性が図られることへの手助けとなるのであれば幸甚である。本書を手に取っていただいた読者に対し、心より感謝を申し上げる次第である。

本書出版にあたり、商事法務コンテンツ制作部の皆様には終始多大なるお世話になりました。心からのお礼を申し上げます。

令和7（2025）年1月

東京弁護士会 法律研究部 会社法部
部長　　菅原　貴与志

豊泉貫太郎先生（東京弁護士会会社法部 元部長）に
本書を捧げます。

目　次

第0　株主総会の現代的変容（総論）　01

第1　株主総会開催日時と会場　04

1. 外国や複数の場所での開催……04
2. 招集日の延期……06
3. 当日における開催時刻の変更……07
4. 開催場所の変更……08
5. 予備日の設定……10
6. バーチャル株主総会の開催……11
7. 定員制、事前登録制の可否……14

第2　招集手続　17

1. 株主からの総会資料請求に対する取扱い……17
2. 電子提供制度……31
3. 招集通知の早期開示……34
4. 少数株主による総会招集……35

第3　総会当日の受付　38

1. 株主の資格審査……38
2. 代理人の資格審査……40
3. 実質株主の出席……42
4. 外国人株主の対応（通訳の入場等）……44

第4　委任状・議決権行使書面の取扱い　　46

Ⅰ　委任状・議決権行使書面の取扱い……46
1. 委任状の未提出と議決権行使……46
2. 捺印のない委任状・議決権行使書面の取扱い……47
3. 委任状・議決権行使の重複……48
4. 会社が勧誘した委任状の代理人……51

Ⅱ　議決権行使書面に対する株主の表示の取扱い……52
1. 議決権行使書面の株主の賛否の表示の取扱い……52
2. 議決権行使書面に対する株主のその他の表示の取扱い……54

Ⅲ　議決権行使促進策……56
1. 議決権行使促進策について留意すべき事項……56

第5　会場の整理　　61

1. 開会宣言前および閉会宣言後の総会の混乱を収拾する者……61
2. 入場しきれない株主の処理……62
3. 株主以外の者の入場の適否・マスコミ公開……64
4. 株主は弁護士や公認会計士を総会に同伴できるか……66
5. 従業員株主の優先入場・前方着席……67
6. テープレコーダー・カメラなどの持込み……70
7. テープレコーダー・カメラなどの持込みへの対処……72
8. 途中入場者の出席拒否の可否……73
9. 株主になりすまして総会場に入場した者の刑事責任……74
10. 暴力的行為の発生が予想される場合の警備対策……76
11. 暴力行為が発生した場合の処理……77
12. ウェブ修正……79

第6　取締役等の出席　　81

1. 取締役等の総会への全員出席の要否……81
2. 社外取締役、社外監査役、監査等委員の総会への出席の要否……83
3. 定時総会において会計監査人の出席を求める決議があった場合……84

第7　議長　　　86

1. 議長の資格……86
2. 特別利害関係ある者と議長適格……87
3. 議長の途中交替の方法……88
4. 少数株主が招集した総会の議長……90
5. 議長が遅刻しまたは欠席した場合の処理……91
6. 議長の違法または不当な権限行使……92
7. 議長資格に関する質問に対する答弁の要否……93
8. 議長の不信任動議が可決された場合の措置……94

第8　議事進行　　　97

1. 議事進行につき議場に諮るべき事項と議長が独自に判断できる事項……97
2. 休憩、延期・続行の決定権者……100
3. 株主の発言と議長の許可……102
4. 質問者の順序決定方法……103
5. 質問を希望する株主の質問制限の可否……104
6. 説明に納得せず平行線をたどるときの処置……105
7. 質問を打ち切ることができる場合……106
8. 審議打切りの時点……107
9. 議事進行につき顧問弁護士が果たすべき役割……109
10. 社員株主が総会で発言し、与党的立場で議事の進行を支援することの是非……110
11. 退場命令に応じない者への措置……111
12. 障害者差別解消法への対応……115

第9　株主の質問権　　　117

1. 代表取締役でない取締役や監査役宛の質問状の効力……117
2. 総会直前の通知による質問の扱い方……118
3. 質問状を提出した株主の欠席と回答の要否……119
4. 一括回答……120
5. 代理人による質問権……126
6. 外国人株主の対応（外国語での質問対応）……126
7. バーチャル総会における株主のオンライン質問……128

第10 説明義務　　　　　　　　　　　　　　　　131

- I **説明義務者**……131
  - 1 会社法における説明義務者と補助者による説明の可否……131
  - 2 株主から指名された説明義務者は答弁義務を負うか。また、取締役等の候補者は答弁義務を負うか……133
  - 3 社外取締役・社外監査役等への質問についての対応……135
  - 4 監査役に対して経営方針に関する質問があった場合の答弁義務の存否……138
  - 5 監査役会または委員会に対する質問についての対応……139
- II **説明義務の程度**……141
  - 1 自己株式の取得に関する説明の程度……141
  - 2 WEB開示をしている事項に関する説明の程度……144
  - 3 子会社が連結対象に当たるか否かの判断根拠に関する説明義務の程度……145
  - 4 吸収合併等における差損に関する説明の程度……146
  - 5 フェア・ディスクロージャー・ルール……147
  - 6 コーポレートガバナンス・コードに関する説明の程度……149
- III **事業報告に関する事項**……151
  - 1 事業報告に関する質問への説明……151
  - 2 事業報告記載の経済見通しに関する質問に対する説明義務……152
  - 3 生産・売上げの増減、期中の偶発事故などに関連する質問に対する説明義務の程度……153
  - 4 金融機関の総会において融資先・融資額などの明示を求められた場合の対応……155
  - 5 会社が当事者となっている訴訟についての説明義務の存否……157
  - 6 従業員採用基準、定年制延長などの質問に関する対応……159
  - 7 後発事象について事業報告、個別注記表に記載できなかったときの取扱い……161
  - 8 親会社および子会社についての質問に対する答弁の程度……162
  - 9 内部統制システム構築決議にかかる説明の程度……165
  - 10 買収防衛策に関する説明の程度……168
- IV **決算書類に関する事項**……173
  - 1 有価証券の保有目的の明示を求められた場合……173
  - 2 海外子会社に発生した巨額の損失……175
  - 3 100％子会社に対して巨額の貸付けを無担保で行っている理由の説明を

求められた場合……177
　4　二重価格ではないかと製造原価の公表を求められた場合……179
　5　附属明細書中「その他」とある項目の明細を求められた場合……180
　6　前期比、売上高などに比較して多額の研究開発費が計上され、その使途の説明を求められた場合……181
　7　個別の取締役の報酬等の額の開示の要否……182
　8　増配の理由……185
　9　四半期配当……186
　10　使用人兼務取締役の使用人分給与明示の必要性……188
　11　役員・社員の交際費の総額と件数の答弁の要否……189
　12　無償の利益供与に関する答弁の程度……190
　13　政治献金、公益法人などへの寄付に関する答弁の程度……191
　14　配当性向と安定配当に対する考え方……192
　15　連結計算書類に関する質問に対する対応……193
　16　純粋持株会社における説明義務……194

Ⅴ　監査報告に関する事項……197
　1　総会で監査報告をするのは監査役会か監査役か……197
　2　事業報告の監査方法およびその内容……199
　3　監査役が出席した「重要な会議」についての答弁の内容……201
　4　監査役の職務分担についての質問に対する答弁の要否……203
　5　監査役間での意見の対立に関する質問に対する答弁の要否……205
　6　取締役の職務執行に関する重大な事実に関する質問に対する答弁の要否……207
　7　前回の総会に提出した監査報告書に関する質問に対する答弁の要否……208
　8　計算書類の監査方法および内容に対する質問に対する答弁……209

Ⅵ　役員の報酬・賞与・退職慰労金に関する事項……211
　1　取締役報酬の増額改定の理由……211
　2　減益の場合の役員賞与金の扱い……213
　3　一任議案と株主質問に対する説明の程度……215
　4　赤字会社の退職慰労金の支給……219
　5　ストック・オプションに関する説明の程度……220
　6　業績連動報酬に関する説明の程度……224

Ⅶ　取締役・監査役・会計監査人等に関する事項……227
　1　取締役選任議案に関し答弁すべき範囲……227
　2　取締役候補者について「利害関係なし」と記載した理由に関する質問への対応……230
　3　社外取締役選任議案に関し答弁すべき範囲……231

4 社外監査役選任議案に関し答弁すべき範囲……235
 5 会計監査人の選定理由・根拠に関し答弁すべき範囲……239
 6 会計監査人が同業他社と同一か否かの調査義務の存否……240
 7 会計監査人の資力調査の要否……241
 8 会計監査人の報酬額等に関する質問への答弁の要否……242
 9 取締役・監査役の個人的醜聞や非行に関する質問への対処……243
 10 取締役・監査役個人の寄付金につき具体的資料を提示して質問された場合……244
 11 社外取締役、社外監査役が取引先の取締役である場合の説明義務……245

第11 動 議　　248

I 動議の意義と種類……248
　1 動議の意義……248
　2 動議の種類……249
II 動議の提出とその取扱い……252
　1 動議の提出権者……252
　2 提出された動議の取扱い……253
　3 動議の審議方法……256
III 各種の動議の取扱い……258
　【1】実質的動議……258
　1 各種の議案に対する実質的動議（修正動議）の許容範囲……258
　【2】手続的動議……262
　1 総会の延期・休憩・議長不信任など手続的動議に対する取扱い……262
IV 委任状・議決権行使書面、電子投票の取扱い……267
　1 動議に関する代理人の議決権行使の可否と議決権行使書面、電子投票の取扱い……267

第12 議決権と採決方法　　272

I 議決権行使……272
　1 総会への「出席」と「議決権行使」の関係……272
　2 議決権電子行使……276
　3 買収防衛策と株主総会決議……277

- II 議決権個数の集計方法……279
  - 1 出席株主の議決権の個数の集計の仕方……279
  - 2 出席株主の議決権個数の報告を株主本人、代理出席、議決権行使書面による議決権行使の出席、電磁的方法による議決権行使の出席に分ける意味……280
  - 3 出席株主数、委任状数、議決権行使書面数、電子投票数についての答弁の要否……281
  - 4 株主資格・代理人資格についての答弁の要否……283
  - 5 特定株主の議決権行使制限（MoM 要件）……284
- III 採決の方法……286
  - 1 採決のとり方……286
  - 2 採決の際に賛否の数を明示すべきか……288
- IV 決議の成立……290
  - 1 採決を行わない総会シナリオと決議の成立時期……290
  - 2 勧告的決議について……292

第13 株主提案権　294

- I 株主が提案権を行使できる事項……294
  - 1 株主が提案権を行使できる事項……294
  - 2 勧告的決議と株主提案……297
- II 議題提案権を行使できる株主の資格……298
  - 1 議題提案権を行使できる株主の資格要件を決める基準時点……298
- III 株主の提案に対する対応……302
  - 1 株主総会招集通知へ株主提案議案の記載を求める仮処分命令……302
  - 2 株主総会で会社の重要な業務の執行を決する旨の株主提案があった場合……303
  - 3 株主総会で代表取締役を選任する旨の株主提案があった場合……304
  - 4 定員を超える取締役選任の株主提案があった場合……306
  - 5 内容虚偽もしくは名誉毀損等を目的とする株主提案の取扱い……308
  - 6 株主提案に対する取締役会の意見を参考書類に記載する方法……309
  - 7 株主提案があった場合の議決権行使書面の作成方法……310
  - 8 提案株主が提案を撤回した場合の取扱い……311
  - 9 提案株主が総会に欠席した場合の取扱い……313
  - 10 株主提案を無視して開いた総会の決議……314

第14　議事録　　316

1　議事録の作成者は誰か……316
2　議事録はいつまでに作成するか……317
3　議事録の具体的記載事項……318
4　株主発言の議事録への記載要求に対する措置……322
5　議決権行使結果の開示……322

第15　総会検査役　　324

1　総会検査役の制度目的・趣旨……324
2　総会検査役の選任手続……325
3　総会検査役の地位および職務・権限……328
4　報告書の作成・提出と裁判所による総会招集等の決定……329
5　バーチャル株主総会における総会検査役の留意点……331

第16　その他　　333

1　種類株主総会の招集手続等……333
2　種類株主総会の議事等……335

事項索引……337

凡　例

1　法　令

会	会社法
旧　商	旧商法
整備法（整備）	会社法の施行に伴う関係法律の整備等に関する法律
施行規則（施）	会社法施行規則
計算規則（計）	会社計算規則
金商法（金商）	金融商品取引法
金商令	金融商品取引法施行令
勧誘府令	上場株式の議決権の代理行使の勧誘に関する内閣府令
開示府令	企業内容等の開示に関する内閣府令
振替法（振替）	社債、株式等の振替に関する法律
財　規	財務諸表等の用語、様式及び作成方法に関する規則
刑	刑法
刑　訴	刑事訴訟法

2　雑　誌

民（刑）集　　大審院・最高裁判所民事（刑事）判例集
高民（刑）集　　高等裁判所民事（刑事）判例集
下民（刑）集　　下級裁判所民事（刑事）裁判例集
判　時　　判例時報
判　タ　　判例タイムズ
金　法　　金融法務事情
金　判　　金融・商事判例
商　事　　旬刊商事法務
資料版商事　　資料版商事法務
別冊商事　　別冊商事法務
ジュリ　　ジュリスト

3　文　献

稲葉・改正　　稲葉威雄『改正会社法』（金融財政事情研究会、1982）
稲葉・議事録　　稲葉威雄『取締役会　株主総会　議事録作成の実務』（商事法務研究会、1983）
江　頭　　江頭憲治郎『株式会社法〔第9版〕』（有斐閣、2024）

大隅＝今井　　大隅健一郎＝今井宏『会社法論（中）〔第3版〕』（有斐閣、1992）
改正商法逐条解説　　元木伸『改正商法逐条解説〔改訂増補版〕』（商事法務研究会、1983）
会社法コンメ(7)　　岩原紳作編『会社法コンメンタール第7巻　機関(1)』（商事法務、2013）
会社法コンメ(8)　　落合誠編『会社法コンメンタール第8巻　機関(2)』（商事法務、2009）
株主総会白書2024年版　　商事法務研究会編『株主総会白書2024年版――株主との建設的対話を深める総会運営（旬刊商事法務2376号）』（商事法務研究会、2024）
河村＝山上　　河村貢＝山上一夫『会社法実務ハンドブック』（中央経済、1984）
監査役ガイドライン　　東京弁護士会会社法部編『監査役・監査役会ガイドライン』（商事法務研究会、1994）
議事運営ガイドライン　　東京弁護士会会社法部編『株主総会議事運営規則ガイドライン』（商事法務研究会、1985）
河本＝関　　河本一郎＝関要監修『逐条解説証券取引法（3訂版）』（商事法務、2008）
郡谷・実務詳解　　郡谷大輔監修『会社法関係法務省令逐条実務詳解』（清文社、2006）
実務相談(2)　　稲葉威雄ほか編『実務相談株式会社法(2)』（商事法務、1992）
新版注釈会社法(5)　　上柳克郎＝鴻常夫＝竹内昭夫編『新版注釈会社法(5)』（有斐閣、1986）
新版注釈会社法(6)　　上柳克郎＝鴻常夫＝竹内昭夫編『新版注釈会社法(6)』（有斐閣、1987）
新版注釈会社法(8)　　上柳克郎＝鴻常夫＝竹内昭夫編『新版注釈会社法(8)』（有斐閣、1987）
鈴木＝竹内　　鈴木竹雄＝竹内昭夫『会社法（法律学全集）〔第3版〕』（有斐閣、1994）
千問の道標　　相澤哲＝郡谷大輔＝葉玉匡美編著『論点解説　新・会社法――千問の道標』（商事法務、2006）
田中・講座(3)　　田中耕太郎編『株式会社法講座　第3巻』（有斐閣、1956）
注釈刑法(2) I　　団藤重光『注釈刑法　(2)のⅠ（総則　(2)）』（有斐閣、1968）
注釈刑法(2) II　　団藤重光『注釈刑法　(2)のⅡ（総則　(3)）』（有斐閣、1968）
西原・株主総会　　西原寛一ほか『株主総会』（有斐閣、1958）
別冊300号　　相澤哲編著『立案担当者による新会社関係法務省令の解説』別冊商事法務300号（商事法務、2006）

第 0 | 株主総会の現代的変容（総論）

〔設　問〕
　　最近の株主総会の動向と留意点には何があるか。

〔結　論〕
　最近の株主総会では、①機関投資家の多様化、②株主提案の増加、③議決権行使基準の厳格化、④デジタル化・ビジュアル化の進展などが謙虚である。このような状況を踏まえて、広く投資家に対する企業情報の開示に努め、IR活動を推進し、株主総会を株主との双方向的コミュニケーションの場として活用すべきであろう。

〔説　明〕
(1)　かつては、日本企業の特質である株式持合いによって、いわゆる「物言わぬ株主」が大半を占めていた。しかし、近年では、開催日時を集中日からずらせて、株主が出席しやすいものとする取組みが進んでいる。
　最近の株主総会の傾向としては、①機関投資家の多様化、②株主提案の増加、③議決権行使基準の厳格化、④株主との対話の実質化、⑤物言う株主（アクティビスト）の活動活発化、⑥デジタル化・ビジュアル化の進展などを挙げることができる。
　このような状況を踏まえて、会社の側でも、広く個人投資家に対する企業情報の開示に努め、IR活動を推進し、株主総会を株主との双方向的コミュニケーションの場として活用する姿勢が顕著である。
(2)　最近では、株式の持合い状況に大きな変化が生じてきた。政策保有株式

の基準については、多くの国内機関投資家において、純資産比率20％以上を占める場合には代表取締役の再任に原則反対するなど、政策保有株式の保有総量に関する議決権行使基準が導入されている。こうした政策保有株式の縮減が「資本コストや株価を意識した経営」と掲げられることもあるため、一般株主の関心も高い。

　それに伴い、機関投資家を中心にアクティビストも確実に増加している。最近の株主総会においては、株主提案権を行使し、増配議案、役員報酬の個別開示、経営陣への参画を意図した取締役選任、株主に対する決算説明会の開催などを求める実例も認められる。

⑶　近年、アクティブ運用の実績低迷などを受けて、より多くの機関投資家が、アクティブ運用から市場インデックス連動（たとえば、日経225やS&P500など）の動きに連動するように設計されたパッシブ運用へ移行している。また、2006年の国連責任投資原則（PRI）の影響などもあり、環境や社会に配慮して事業を行っている会社に投資しようというESG投資の潮流が認められ、会社側としてもESGへの取組みを株主に報告し、理解を得ることが求められている。

　このように、公開会社の株主総会では、アクティビストに加えて、インデックス投資やESG投資による機関投資家の多様化に留意しなければならない。

⑷　最近の株主総会では、資本効率改善や株主還元強化に加えて、資本市場におけるESGに関する問題意識の高まりもあり、前記⑵のとおり、特に機関投資家からの株主提案の数が増加している。これら株主提案の内容としては、前記定款変更議案、役員選解任議案、剰余金処分・配当議案が大多数を占めている。

⑸　議決権行使基準の厳格化も最近の傾向である。議決権行使助言会社の助言方針の改定は、①気候変動、②ジェンダーダイバーシティ、③資本効率、④政策保有株式、⑤在任期間と多岐にわたっており、これらはいずれも取締役選任議案の議決権行使判断に影響を与える可能性がある。その背景には、機関投資家の企業価値に対する目線の厳しさがあるから、公開会社・上場会社側としても、こうした動きに対して適切に対応する必要があろう。

　また、コーポレートガバナンス・コード基本原則5やスチュワードシッ

プ・コード原則4・6・7に株主との対話が謳われるなど、株主との対話や議決権行使活動の実質化を求める動きにも注目しなければならない。

(6)　令和元年改正による電子提供制度（会325条の2以下）、議決権電子行使の進展、バーチャル株主総会の検討など、株主総会のデジタル化の流れは止まらない。こうした新しい環境にも注視と万全の備えが必要である。

第1　株主総会開催日時と会場

1　外国や複数の場所での開催

〔設　問〕

　外国で株主総会を開催しても問題はないか。複数の場所で開催することはどうか。

〔結　論〕

　外国で株主総会を開催しても、株主の出席を困難にするようなものでなければ問題はない。複数の場所で開催しても、会議体としての一体性が確保されていれば問題はない。

〔説　明〕

(1)　会社法は、株主総会の招集地に関する従来の制限（旧商233条）を廃止して、株主総会をどこで開催するかは原則自由とした（会298条1項1号）。このため、会社は、株主の分布状況や出席人数等を適宜考慮して、適切な場所・会場で株主総会を開催することができる。したがって、たとえば外国会社の100％子会社のように、外国居住の株主しかいない場合にその外国で株主総会を開催することや、出席株主がきわめて多い場合に本店と支店の所在地等複数の場所で株主総会を開催することも可能である（相澤哲＝細川充「新・会社法の解説(7)　株主総会等」商事1743号（2005）22頁）。

　外国や複数の場所で株主総会を開催する場合であっても、定款であらかじめ開催場所を定めておく必要はない。ただし、当該場所が定款で定められた

ものでなく、過去の開催場所と著しく離れているときは、当該場所を決定した理由の決定を求められることがある（会298条1項5号、施63条2号）。

(2) 開催場所の選択

　a　株主の出席を困難にするような場所で株主総会を開催した場合、招集手続が著しく不公正なものとして取消事由となりうる（会831条1項1号）。すなわち、会社法が株主総会の開催場所に制限を設けなかったのは、適切な場所・会場での開催を可能とするためで、株主の出席や議決権行使を妨げることを認めたものではない。

　したがって、株主の大半が日本居住であるのにあえて外国で株主総会を開催したり、一部の日本居住株主の出席・議決権行使を妨げることを意図して外国で株主総会を開催したりすると、総会決議は取り消されることとなる。

　b　株主総会は1つの会議体である。このため、複数の場所で株主総会を開催するとしても、会議体としての一体性が確保されている必要があり、これを欠いていれば、決議方法が著しく不公正なものとして取消事由となる（会831条1項1号）。

　したがって、複数の場所で株主総会を開催する場合は、会議体としての一体性確保のため、情報伝達の双方向性、即時性が必要であり、そのためには、モニターテレビなどを配置して、複数の場所のすべての会場で議長の発言者指名や各会場での株主の発言が聞き取れるような設備が必要である（大阪地判平成10・3・18判時1658号180頁参照。相澤＝細川・前掲22頁）。

　c　会社法においても、定款に定めを置いて招集地を制限することはできると解されている。したがって、こうした規定があれば、開催場所もこの範囲で制限を受ける。ただし、この場合であっても、株主の出席や議決権行使を妨げる趣旨の規定であれば無効であり、開催場所は制限されないと解する。

　なお、旧商法下の定款で招集地を規定していた場合は、定款を変更してこれを削除しないと、引き続き当該定めに従うこととなる（整備66条2項）。

2 招集日の延期

〔設　問〕

招集日の延期は、いかなる場合にできるか。また、いわゆるバーチャルオンリー型株主総会を開催する場合、何に留意するべきか。

〔結　論〕

招集日の延期は、延期する旨の通知が延期後の会日の 2 週間（公開会社でない会社では、原則として 1 週間）前までに株主に発送されなければならず、かつ延期する旨の通知が当初予定した会日の前に株主に到達していなければならない。

〔説　明〕

日時と議題が同一であれば、場所が緊急に変更されても、その対応を正しく行えば株主総会の同一性を失うことはないといえる。しかし、たとえ議題と場所が同一であっても、日時が異なると株主総会の同一性は失われると解すべきである。すなわち、変更前の株主総会には出席可能で、その予定をしていた人が、変更後の総会には出席できないことがあり、また、その逆もある。株主総会はその都度成立する臨時的な機関であるから、日時が異なり、また出席して株主総会を構成する株主に異同があるような場合には、同一性はないものと解する。

したがって、日時の変更は、変更前の総会招集の撤回と変更後の総会招集の手続を併有するものというべく、変更後の総会招集は、変更後の会日の 2 週間（公開会社でない会社では、原則として 1 週間）前までに招集通知を発送しなければならない。いかに緊急を要する場合といえども、全員の同意がないかぎり、法定期間を置かない招集通知は違法であり、これに基づいて開催された株主総会の決議は取消しの対象となる（会831条1項1号）。

定款により定時株主総会を一定期間内に開催することが定められている場合に、急遽日時を変更しなければならない事態が生じたとき、法定の招集通知発出期間を置いたのでは、定款に定められている期間内に開催できない場

合がありうる。このような場合には、定款に定められている期間を経過して開催された定時株主総会は、違法となることを免れないが、取消の対象とはならないと解する。これは、招集日が延期された株主総会にも当てはまる。

　すなわち、定時株主総会に付議すべき決議事項としては、計算書類の承認（会 439 条の場合を除く）、剰余金の配当の決定（会 459 条 1 項 4 号の定款の定めがある場合を除く）等があるが、これら決議事項については、定款に定められた期間以後に開催された定時株主総会で決議されると違法なものにはなるが、それを理由として取消しをしても、結局さらに再決議を要することとなる（最判昭和 58・6・7 民集 37 巻 5 号 517 頁）。そして、この再決議は、当然に定款に定める期間後に行われる。したがって、こうした違法をもって、取消事由とすることはできないと解する。

　また、産業競争力強化法 66 条に基づいて場所の定めのない株主総会、いわゆるバーチャルオンリー型株主総会を開催する場合もそもそも株主総会を開催する場所の概念がないが、同様に延期をする場合、日時が異なり、また出席して株主総会を構成する株主に異同があるから、当初の開催予定日で招集した株主総会との同一性は失われ、会社法の定める期間内に延期する旨の通知を当初予定した会日の前に株主に行わなければならない。

3　当日における開催時刻の変更

〔設　問〕

　総会日当日における開催時刻の変更は許されるか。

〔結　論〕

　開催時刻を早めることは原則として許されない。遅らせることは、遅延の理由と遅延の程度（時間）によって、変更の限界と方法が異なる。

〔説　明〕

(1)　株主総会は、招集通知に記載された日時・場所において開催されなければならないことはいうまでもない。したがって、開催時刻が午前 10 時と招

集通知に記載された場合、たとえ5分、10分でもこれを早めて開催することは、株主の権利行使を妨げるものとして、株主全員の出席があり、誰からも異議なく開催されたような場合を除き、許されない。

(2) これとは反対に、開催時刻を遅らせることは、それが5分、10分程度であれば、早める場合とは異なり、株主の権利行使を妨げたことにはならないであろうから、別段の問題とはならない。また、たとえば、電車の事故などで、予想される出席株主がきわめて少ない場合、事故の状況その他交通事情を勘案し、常識的な程度（たとえば30分あるいは1時間程度）で開催時刻を遅らせることは差し支えなく、むしろそうすることが妥当なこともあろう。議長は、やむをえない事由があるときは、その権限において開会の宣言をしないで開会時間の繰下げを行うことができると考えられる。また、開会の宣言をした場合には、議長が休憩とすることができると考えられる。

(3) しかし、開催時刻が2時間以上遅延する場合、たとえば午前10時の予定が午後にずれ込むことが予測されるような場合は、当日中の開催時刻の変更であっても、日を改めての開催と同様に、出席株主によって延期の決議（会317条）がなされなければならない。

(4) 開催時刻の繰下げが許されず、かつ延期の手続をとりえないような場合においては、新しい総会日と変更通知発送との間に2週間（非公開会社では、原則として1週間）以上の法定期間（会299条1項）を置いた正規の招集手続をやり直すほかない。なお、定刻後3時間10分遅延して開会された総会につき、事由のいかんはともあれ、開会時間を不確定とし、定刻に参集した株主に対し、開会時における臨席を困難ならしめるもので、著しくその手続が不公正であり取り消さるべき瑕疵があるとした判決例（水戸地下妻支判昭和35・9・30下民集11巻9号2043頁）がある。

4　開催場所の変更

〔設　問〕

開催場所の変更は許されるか。

〔結　論〕
　やむをえない事情がある場合で、株主に対する変更の通知、変更場所への誘導等、相応の手続をして変更することができる。

〔説　明〕
(1)　開催時刻変更の場合と同じく、招集通知に記載された開催場所は原則として変更されてはならないこと当然である。しかし、たとえば、招集通知記載の総会場の建物が焼失ないし崩壊した場合のように、物理的に総会場の使用が不可能となった場合のほか、予定していた総会場が突如として使用できなくなったような場合は、開催場所を変更するしか方法はない。したがって、このようなやむをえない事情が生じた場合は、開催場所の変更が許されると解さざるをえない。
　実際上、特段の理由なく開催場所を変更するということは考えがたいが、やむをえない事情としては、前記の総会場の物理的な使用不可能の場合のほか、大がかりなデモや近隣の火災による総会場ないしその近辺の危険およびこれによる会場への入場困難、法律的な理由による会場の使用不可（たとえば、会場貸借契約の解除）等が挙げられる（ただし、東京地判昭和30・7・8下民集6巻7号1361頁参照）。
(2)　次に、やむをえない事情により開催場所の変更が許される場合、変更の内容を株主に周知する手段をとらなければならない。周知の手段としては、書面による通知が原則的には最も適切である。その時間的余裕がない場合は、旧会場にその旨を掲示し、場合により開催時刻を繰り下げるなどして、人やバスあるいは立看板等によって新会場まで誘導することになる。したがって、変更される新会場は、このように通知する余裕のない場合は、できる限り旧会場の近くに設定する必要があるであろう。
(3)　なお、定款に定めを置いて招集地を制限しているような場合は、変更される新会場も、定款に定められた招集地内に存しなければならないことは当然である。
(4)　以上のような開催場所を変更するべきやむをえない事情がなく、あるいは変更場所を株主に周知する手段が十分にとられていないにもかかわらず、開催場所を変更することは、決議の方法が著しく不公正なものとして取消事

由となる（会831条1項1号）。

5　予備日の設定

〔設　問〕

　　場所の定めのない株主総会（いわゆるバーチャルオンリー型株主総会）を開催する場合、通信障害などに備えてあらかじめ予備日を設定することができるか。

〔結　論〕

　いわゆるバーチャルオンリー型株主総会を開催する場合、通信障害などに備えてあらかじめ予備日を設定することができると考えられる。

〔説　明〕

　いわゆるバーチャルオンリー型株主総会を開催する場合、通信障害などが発生するなどして開会、続行、決議ができない場合がある。そこで、通信障害などが発生していわゆるバーチャルオンリー型株主総会を正常に開催できない場合に備えて、予備日を設定することができるかが問題となる。

　いわゆるバーチャルオンリー型株主総会は、通信設備を用いて行う場所の定めのない株主総会であるが、通信障害などが発生して正常に開催できない場合に、改めて日時を定めて招集を行うことは、適時に決算承認を行うことができないなどの不都合が生じる。そこで、通信障害などが発生して正常に開催できなくなった場合に、あらかじめ指定した予備日に改めていわゆるバーチャルオンリー型株主総会を行うことで対処することが考えられる。

　この点、場所の定めのあるいわゆるリアル株主総会の場合、日時と議題が同一であれば、株主総会の同一性を失うことはないといえるが、日時が異なると株主総会の同一性は失われると解されるところ、場所の定めのない株主総会であるいわゆるバーチャルオンリー型株主総会の開会後、冒頭ですぐに、株主総会の開催または続行に支障が生じることを条件として延期・続行することおよび日時の決定を議長に一任する決議を行っておけば、その後に通信

障害などが発生して正常に開催できなくなっても、当該決議に従って改めていわゆるバーチャルオンリー型株主総会を行えば株主総会の同一性を失うことはないと考えられる。そこで、いわゆるバーチャルオンリー型株主総会を許容する産業競争力強化法第66条第2項を受けた産業競争力強化法に基づく場所の定めのない株主総会に関する省令第1条第1項第2号により場所の定めのない株主総会の議事における情報の送受信に用いる通信の方法に係る障害に関する対策についての方針を定めていることを経済産業大臣および法務大臣の確認の要件としていることから、さらに進んで、通信障害などによりそもそも株主総会を予定日時に開会できない、あるいは、開会した後に延期・続行に関する決議をする前に通信障害などが発生して正常に続行できなくなった場合に備えて、あらかじめ株主総会の招集通知に予備日を設定して、実際に通信障害などにより必要な決議が行えなかった場合に、予備日に再度の招集通知を発送することなく改めていわゆるバーチャルオンリー型株主総会を開催することも許されると解される。

6　バーチャル株主総会の開催

〔設　問〕

① わが国においてバーチャル株主総会はどのような類型・方法があるか。
② バーチャルオンリー型株主総会およびハイブリッド出席型バーチャル株主総会において、以下の点はどのように考えるべきか。
・株主総会における本人確認の方法
・動議・質問の制限の可否
・事前の議決権行使の効力

〔結　論〕

1　バーチャル株主総会には、バーチャルオンリー型株主総会、ハイブリッド出席型バーチャル株主総会、ハイブリッド参加型バーチャル株主総会の3つの類型がある。その方法としては、インターネットを用いた方法に

加え、電話回線によることも可能である。
2 バーチャル出席をする株主の本人確認は、事前に議決権行使書面などに株主ごとに固有のIDとパスワードを記載して送付し、当該情報を用いて株主がインターネット等を用いてログインしたことをもって本人確認をすることでよい。
3 質問の数や提出の時期、方法を合理的な範囲で制限することは許される。動議に関しては、ハイブリッド出席型バーチャル株主総会においては、招集通知にその旨を記載することにより、リアル株主総会に出席した株主に限り動議の提出をすることができることとすることは可能であるが、バーチャルオンリー型株主総会においては、動議の提出を認めないことは許されない。
4 株主がログイン等することによりバーチャル株主総会に出席したとしても、採決の際に議決権行使をするまでは事前の議決権行使の効力を失わせないと扱うことは可能である。ただし、会社が株主に対してかかる取扱いをすることを招集通知に明記している場合に限る。

〔説　明〕
(1)　バーチャル株主総会には、①物理的な場所において開催される株主総会（以下「リアル株主総会」という。）を開催せず、インターネット等の手段を用いてのみ、株主が株主総会に会社法上出席することができることとする「バーチャルオンリー型株主総会」、②リアル株主総会の開催に加えて、開催場所に存在しない株主が株主総会に会社法上出席することが可能な「ハイブリッド出席型バーチャル株主総会」、③リアル株主総会の開催場所に存在しない株主が、インターネット等の手段を用いて株主総会の審議等を傍聴等することができることとする「ハイブリッド参加型バーチャル株主総会」の3つの類型がある。ハイブリッド参加型バーチャル株主総会では、株主は会社法上、株主総会に出席するものではないことから、議決権行使および質問をすることができないが、別途、インターネット等の方法を用いて、株主総会の開催時間中に、コメントを投稿すること等の方法を会社が認めることにより、株主総会に参加することができる。
(2)　バーチャル株主総会においてIDとパスワードにより本人確認を行う場

合、なりすましの危険が生じることになる。リアル株主総会においては、大量の株主について迅速かつ効率的に本人確認を行う観点から、招集通知に同封した議決権行使書面を受付において確認することにより本人確認を行うことが許容されている。バーチャル株主総会においては、対面での受付による確認を行わず、ID とパスワードを他人に知らせることで、簡単にログインすることは可能であるが、リアル株主総会におけるなりすましの危険に比しても顕著に異なるところはない。また、従来、電磁的方法による議決権行使においても同様の方法により議決権行使を認めており、前記の ID およびパスワードにより本人確認を行うことは一定の合理性を有していると解される。むしろ厳格な本人確認（認証）手続を設けた場合、株主が株主総会に出席する権利を過度に制限する可能性があることから、前記のような方法により本人確認をすることは不合理ではない。

(3)　システムに投稿する形式で質問を受け付ける場合、合理的な範囲で、質問を受け付ける時間や数、テキストの文字数を制限することは可能である。リアル株主総会においても、質疑を行う時間帯は議長の合理的な裁量に委ねられており、また、議長は合理的な範囲で質疑の打切りを行うことは可能である。このことはバーチャル株主総会においても異なるところはなく、たとえば、合理的な範囲で、あらかじめ質疑を受け付ける期限を設定することは可能である。

　また、動議に関しては、ハイブリッド出席型バーチャル株主総会においては、開催場所に来場しない場合に動議を提出する権利を放棄させることは可能である。したがって、ハイブリッド出席型バーチャル株主総会においては、会社は、招集通知において、動議を提出する可能性がある株主はリアル株主総会への来場を求めることにより、バーチャル出席をした株主に動議の提出を認めないことは可能である。これに対し、バーチャルオンリー型株主総会の場合には、株主総会の冒頭においてなされる議長不信任動議など、明らかに必要性のない動議は後の質疑応答の際に採決すること等は許容されるものの、動議の提出それ自体を制限したり、動議を提出する時間を制限することは基本的に許容されない。

(4)　書面による議決権行使や電磁的方法による議決権行使の方法により事前に議決権行使をした株主が株主総会に出席した場合、当該事前の議決権行使

の効力は失われることが原則である（会298条1項3号、4号参照）。そのため、事前の議決権行使をした株主がバーチャル株主総会に出席した場合でも、ログインにより出席した時点で、事前の議決権行使の効力は原則として失われることになる。しかし、株主総会へ法的な意味で「出席」するか否かは、株主の意思に係らせることは可能である。そのため、株主総会当日において議決権行使をしない限り、事前の議決権行使の効力を失わせないとの扱いをする旨を招集通知に記載することにより、かかる扱いを認めることは可能である。

7 定員制、事前登録制の可否

〔設　問〕

株主総会への出席について、会場に入場できる株主の人数を制限したり、事前登録制を採用して、登録者を優先的に入場させることは可能か。

〔結　論〕

株主の総会出席権を保障するという観点から、定員制を採用したとしても、その上限は合理的な人数とすべきである。また、総会出席の想定数を収容できる会場を用意するならば、事前登録制を採用することも可能である。なお、バーチャルオンリー型株主総会では、リアル総会への出席機会がないため、定員制や事前登録制には慎重な対応が求められるであろう。

〔説　明〕

(1)　株主総会の会場に入場できる株主の人数を制限すること（定員制）や、総会出席する株主に事前の申込登録を求め、当該登録者を優先的に入場させること（事前登録制）については、従前、これらを採用することができないと解釈されてきた。株主総会は株式会社の組織や経営に関する重要な事項を決議する最高意思決定機関であり、総会に出席する株主の権利も最大限に尊重しなければならない（会105条1項3号）。しかるに、定員ないし事前登録数を超える株主の入場拒絶は、招集手続が「著しく不公正なとき」として決

議取消事由に該当する可能性があるからである（会831条1項1号）。

　しかし、いわゆるコロナ禍では、感染症の拡大防止のための対応策として、一部の会社で定員制や事前登録制が実施された。また、バーチャル株主総会の場合、オンライン開催に必要な通信環境を整備し、過剰なログイン集中によるシステムダウンを回避するために、定員制を導入することも議論されている。

　この点、経済産業省・法務省「株主総会運営に係るQ&A」（令和5年3月30日最終更新）によれば、定員制や事前登録制も可能であるとするが（同Q2、Q3）、「新型コロナウイルスの感染拡大防止に必要な対応をとるために、やむをえないと判断される場合には、合理的な範囲内において」とも明記されており、一般論としての定員制を積極的に肯定したものではない。

(2)　株主の総会出席権を最大限に保障する観点からは、会場に入場できる株主の人数をできる限り制限すべきではなく、仮に定員制を採用したとしても、その上限は合理的な人数を設定することが求められる。その人数については、前年度までの株主総会の参加実数から想定して、合理的な数値を算出し、また、これを収容できる会場施設を用意することになろう。

　仮に合理的な人数を超えて多数の株主が来場し、会場に入れない事態が生じたとしても、「著しく不公正なとき」には該当せず、決議取消事由はないものと解することができる。この点、静岡地沼津支決令和4・6・27金判1652号37頁（スルガ銀行事件）は「株主が希望すれば必ず株主総会に出席する権利があるわけではない」旨を示しているが、会社が合理的な範囲内で株主の総会参与権ないし総会出席権を最大限に保障したのであれば、仮に会場に入れない株主が存在したとしても、総会開催差止事由や決議取消事由に該当しないことを示唆している。

(3)　会社が株主総会に出席する予定の株主数を把握し、その想定数を収容できるような会場施設を用意している事実が認められるならば、事前登録制を採用することも可能である。

　ただし、事前登録制と定員制と併用した場合、①定員を超える登録者に抽選を行い、当選者のみが会場に入れるという方式や、②定員数に達した時点で登録受付を締め切り、未登録の株主の総会出席を拒むことは可能かという問題がある。

事前登録制と抽選によって選別する手法（①）では、抽選に外れた株主も、書面や電磁的方法による議決権行使は可能であるし（会298条1項3号・4号、311条、312条）、また、当選株主からの委任を受ければ代理出席することができる（会310条）。さらに、②においては、定員を超えて未登録となった株主に対しても、会場の収容数に余裕があれば入場を認めるという配慮をしておくならば、決議取消事由には該当しないであろう。

　前記のスルガ銀行事件は、事前登録・抽選制と定員制と併用した事案であったが、開催差止めなどの申立てを認めていない。

(4)　従来型のリアル株主総会ではなく、バーチャル株主総会の場合にも定員制・事前登録制の問題はある。

　バーチャル総会においては、実務上、オンライン開催に必要な通信環境を整備し、過剰なログイン集中によるシステムダウンを回避しなければならない。そうした合理的な理由が見出せる場合には、事前登録制も可能と解される。

　他方、事前登録制と定員制と併用し、定員数に達した時点で登録受付を締め切り、未登録の株主の総会出席を拒むことは可能かについては、一応の検討が必要であろう。この点、ハイブリッド型バーチャル株主総会ならば、参加型でも出席型でも、株主にはリアル総会への出席機会があるため、法的な問題は生じにくい。

　しかし、バーチャルオンリー型株主総会の場合には、株主にリアル総会に出席するという選択肢が存在しない。したがって、総会出席権の保障という観点からは、登録人数の上限を極力設けるべきではない。仮に上限を採用したとしても、システムダウン回避のための合理的な範囲に限り許容されるに過ぎないと解すべきである。

第2　招集手続

1　株主からの総会資料請求に対する取扱い

〔設　問〕

　株主から次の資料の交付の請求があった。会社としてどのように対応したらよいか。当該資料が電磁的記録をもって作成されているときはどうか。
① 　株主名簿・新株予約権原簿・社債原簿
② 　株券喪失登録簿
③ 　定　款
④ 　株式取扱規程
⑤ 　株主総会議事録
⑥ 　取締役会議事録・監査役会議事録・委員会議事録
⑦ 　計算関係書類（成立の日の貸借対照表、各事業年度の計算書類およびその附属明細書、臨時計算書類、連結計算書類）、事業報告およびその附属明細書、監査報告、会計監査報告
⑧ 　総会委任状
⑨ 　議決権行使書面
⑩ 　退職慰労金規程
⑪ 　会計帳簿・資料
⑫ 　有価証券報告書
⑬ 　決算短信
⑭ 　取締役会規則・監査役会規則

〔結　論〕
1　株主名簿・新株予約権原簿・社債原簿
　株主は閲覧・謄写請求権を有するが、理由を明らかにして請求しなければならない。理由を明らかにして請求がなされたときは、会社法の定める拒否事由のいずれかに該当する場合を除き、閲覧・謄写に応じなければならない。謄本・抄本または電磁的記録に記録された事項等の交付・提供請求権は有しないので、交付・提供の義務はない。

2　株券喪失登録簿
　株主は利害関係がある部分について閲覧・謄写請求権を有するが、理由を明らかにして請求しなければならない。理由を明らかにして請求がなされたときは、不当な目的による場合を除き、閲覧・謄写に応じなければならない。謄本・抄本または電磁的記録に記録された事項等の交付・提供請求権は有しないので、交付・提供の義務はない。

3　定　款
　株主は閲覧請求権を有するから、閲覧に応じなければならない。謄写請求権は有しない。会社の定めた費用を支払えば、謄本・抄本または電磁的記録に記録された事項等の交付・提供請求権も認められるので、費用の支払と引換えに、交付・提供に応じなければならない。

4　株式取扱規程
　株式取扱規程は、株主の権利に特に深い関係があるので、定款に準じて考えるべきである。したがって、閲覧請求に応じ、謄本・抄本の交付・提供請求については費用の支払いと引換えに交付・提供に応じる。

5　株主総会議事録
　株主は閲覧・謄写請求権を有するから、閲覧・謄写に応じなければならない。謄本・抄本または電磁的記録に記録された事項等の交付・提供請求権は有しないので、交付・提供の義務はない。

6　取締役会議事録・監査役会議事録・委員会議事録
　株主は、いずれも、裁判所の許可を得て、閲覧・謄写を請求することができる（取締役会議事録の場合、監査機関のない会社では許可不要）。謄本・抄本または電磁的記録に記録された事項等の交付・提供請求権は有しないので、交付・提供の義務はない。

7 計算関係書類（成立の日の貸借対照表、各事業年度の計算書類およびその附属明細書、臨時計算書類、連結計算書類）、事業報告およびその附属明細書、監査報告、会計監査報告

　成立の日の貸借対照表および連結計算書類を除いて、株主は閲覧請求権を有するから、閲覧に応じなければならない。謄写請求権は有しない。会社の定めた費用を支払えば、謄本・抄本または電磁的記録に記録された事項等の交付・提供請求権も認められるので、費用の支払いと引換えに、送付・提供に応じなければならない。

8 総会委任状

　株主（議決権を行使できない者を除く）は閲覧・謄写請求権を有するが、理由を明らかにして請求しなければならない。理由を明らかにして請求がなされたときは、会社法の定める拒否事由のいずれかに該当する場合を除き、閲覧・謄写に応じなければならない。謄本・抄本または電磁的記録に記録された事項等の交付・提供請求権は有しないので、交付・提供の義務はない。

9 議決権行使書面

　株主（議決権を行使できない者を除く）は閲覧・謄写請求権を有するが、理由を明らかにして請求しなければならない。理由を明らかにして請求がなされたときは、会社法の定める拒否事由のいずれかに該当する場合を除き、閲覧・謄写に応じなければならない。謄本・抄本または電磁的記録に記録された事項等の交付・提供請求権は有しないので、交付・提供の義務はない。

10 退職慰労金規程

　会社が退職慰労金規程の定める慰労金算出基準の内容を参考書類（株主総会参考書類または金商令36条の2第1項に規定する参考書類）に記載しないときは、各株主が当該基準を知ることができるようにするための適切な措置（閲覧に供する等）を講じれば足り、謄写や交付・提供に応じる義務はない。

11 会計帳簿・資料

　総株主の議決権の100分の3以上の議決権を有する株主、または発行済株式の100分の3以上の数の株式を有する株主（いずれの場合も、定款で要件を緩和することが可能）は、閲覧・謄写請求権を有するが、理由を明らかにして請求しなければならない。理由を明らかにして請求がなされたときは、会社法433条2項の定める拒否事由のいずれかに該当する場合を除き、閲

覧・謄写に応じなければならない。交付・提供の義務はない。
12　有価証券報告書
　会社は、写しを備え置くか、または出力装置の映像面に表示する方法等により公衆の縦覧に供していなければならないが、縦覧に供していればそれで十分である。株主は謄写請求権も、謄本・抄本または電磁的記録に記録した事項等の交付・提供請求権も有しない。したがって、謄写に応じる義務や、交付・提供の義務はない。
13　決算短信
　株主は閲覧・謄写請求権も、謄本・抄本または電磁的記録に記録された事項等の交付・提供請求権も有しない。したがって、閲覧・謄写に応じる義務や、送付・提供の義務はない。
14　取締役会規則・監査役会規則
　株主は閲覧・謄写請求権も、謄本・抄本または電磁的記録に記録された事項等の交付・提供請求権も有しない。したがって、閲覧・謄写に応じる義務や、送付・提供の義務はない。

〔説　明〕
(1)　閲覧請求等に対する一般的留意事項
　　a　書面と電磁的記録
　　　閲覧請求等の対象となる資料は、書面または電磁的記録をもって作成しなければならない。作成形式がどちらであるかによって、請求の内容が異なってくる。
　　　資料が書面をもって作成されているときに考えられる請求は、①「当該書面」の閲覧・謄写請求、②「当該書面の謄本または抄本」の交付請求、である。資料が電磁的記録をもって作成されているときは、①「当該電磁的記録に記録された事項を紙面または映像面に表示したもの」(施226条)の閲覧・謄写請求、②「当該電磁的記録に記録された事項を電磁的方法で会社の定めたもの（CDの交付、Eメールでの送信など）」(施222条)による提供請求、または「その事項を記載した書面」の交付請求、である。
　　b　身分の確認
　　　閲覧請求者について、真正な株主または債権者であるかなど、請求主体

の資格の確認が必要である（単元未満株主か否かの確認も必要。会189条1項・2項参照）。株主本人の確認方法としては、住所、氏名の照合はもちろん、実印と印鑑証明書、運転免許証等により確認する。株主の少数株主権等の行使については、振替法154条により個別株主通知が必要である。少数株主権等とは、議決権を除く共益権、および、自益権のうちの株式買取請求権、取得請求権付株式の取得請求権等を指す（江頭203頁）。したがって、〔設問〕の①と③〜⑨、⑪の書類の閲覧等の請求は、少数株主権等の行使に当たる。「株主総会白書2024年版」商事2376号97頁では、各種書類の閲覧・謄写請求にあたっての個別株主通知の要否について、アンケート調査の上場会社のうち54.3％が、すべての書類につき個別株主通知を要求した（要求することとしている場合を含む）と回答し、一定の書類については個別通知がなくても請求に応じた（応じることとしている場合を含む）と回答した会社が33.8％である。後者の回答をした会社のうち、定款については95.8％の会社が、株式取扱規則については62.6％の会社が個別株主通知なくして請求に対応したと回答している。

c 代理人による閲覧請求

代理人による閲覧請求もできると解されている（通説。会310条1項参照）。しかし、そのために多数の代理人を選任したり、あるいは次から次へと代理人を選任して閲覧を求めてきても、合理的な範囲を超える請求として拒絶可能である。

代理人として申請があったときは、株主本人の確認および個別株主通知は当然として、委任状、委任内容、代理人と表示された者の本人性等により確認することが必要である（豊泉貫太郎「備置書類閲覧請求への対応」商事1008号（1984）26頁）。閲覧請求の代理人の資格を株主に限ることはできない（稲葉・議事録71頁参照）。

d 資料請求と会社の費用請求

資料請求者の費用負担については、謄本・抄本または電磁的記録に記録された事項等の交付・提供請求の場合について、請求をするには会社が定めた費用を支払わなければならない旨の規定がある（会31条2項・442条3項等）。

e 郵送請求

交付・提供請求権がある場合には、郵便等による交付の請求も認められる。郵送する場合には、会社は郵送のための費用を請求できる（新版注釈会社法(8) 74 頁〔倉沢康一郎〕）。

f　備置期間

会社法等の法律は、各種資料の備置期間を規定している場合がある。当然のことながら、その期間経過後は、当該資料を閲覧等に供する義務はなくなる。換言すれば、閲覧請求権等の権利は消滅する（保存期間に関するものとして、東京地判昭和 55・9・30 判時 992 号 103 頁）。

g　違反の効果

各種資料の備置義務違反、正当な理由のない閲覧・謄写または交付・提供の拒否には過料の制裁があり（会 976 条 4 号・8 号）、また、場合によっては決議取消事由となりうる（附属明細書を本店に備え置かなかったとして決議が取り消された事例として、宮崎地判平成 12・7・21 判タ 1063 号 180 頁）。

(2)　株主名簿・新株予約権原簿・社債原簿

a　株主名簿、新株予約権原簿、社債原簿は、本店（株主名簿管理人または社債原簿管理人がある場合は、その営業所）に備え置かなければならない（会 125 条 1 項・252 条 1 項・684 条 1 項）。

b　備置期間は、常時である。

c　株主は、これらの資料のすべてについて、閲覧・謄写請求権を有する（会 125 条 2 項・252 条 2 項・684 条 2 項、施 167 条）。

しかし、いずれについても、謄本・抄本または電磁的記録に記録された事項等の交付・提供請求権を有しない。したがって、交付・提供の要求があっても拒否できる。

なお、閲覧・謄写請求は、理由を明らかにしてしなければならない（会 125 条 2 項・252 条 2 項・684 条 2 項）。書面によることは求められていない。

d　会社法は、株主名簿等に関する株主の閲覧・謄写請求に対する拒否事由を具体的に列挙している（会 125 条 3 項・252 条 3 項・684 条 3 項。平成 26 年会社法改正により、「請求者が当該株式会社の業務と実質的に競争関係にある事業を営み、またはこれに従事するものであるとき」との拒否事由は削除された。なお、最判平成 2・4・17 判時 1380 号 136 頁〔愛知銀行事件〕、東京高判昭和 62・11・30 高民集 40 巻 3 号 210 頁〔古河電気工業事件〕）。

拒否事由の主張・立証責任は会社が負う。拒否事由のうち、主観的な目的（不当な目的）の立証には困難がつきまとう。他人の心理を直接立証することは一般にはできないので、会社は、株主の請求が種々の事情から客観的に判断して正当な目的ではない、ということを裏付けるようなさまざまな間接事実を積み重ねるしかない（豊泉貫太郎「株主名簿閲覧・謄写をめぐる実務の対応」商事1120号（1987）12頁）。それでは、客観的事実としてどのようなものが考えられるであろうか。たとえば、請求者の職業、所属する団体、過去現在における所有株数およびその取得時期、過去の株主総会での発言、事前質問の有無・内容、どのような資料の請求をしたことがあるか、他社に対しても同様の請求をしているか、他社を相手にどのような訴訟を起こしているか、当該会社あるいは他社といかなる関係にあったか（リストラされた、または利益供与禁止規定に抵触するおそれのあるような行為があったなど）等々の事実が考えられる。

(3) **株券喪失登録簿**

　a　株券発行会社は、株券喪失登録簿を本店（株主名簿管理人がある場合にあっては、その営業所）に備え置かなければならない（会231条1項）。

　b　株主は利害関係がある部分について閲覧・謄写請求権を有するが（会231条2項）、請求は理由を明らかにしてしなければならない。書面によることは求められていない。

　c　株主名簿等の場合と異なり、会社法は、株券喪失登録簿について閲覧・謄写請求に対する拒否事由を定めていないが、理由を明らかにすることを求めている以上、不当な目的によることが明らかである場合は、閲覧・謄写に応じることを拒否できると解する。

(4) **定　款**

　a　定款は、本店および支店に備え置かなければならない（会31条1項）。海外支店にも備え置かなければならないが、定款が電磁的記録で作成されているなら、次の場合は支店に備え置く必要がない。すなわち、支店においても、イントラネットを通じて定款記載事項の閲覧等ができるなど、支店における閲覧等の請求に応じることを可能とする措置がとられている場合は、支店に備え置く必要がない（会31条4項、施227条1号）。

　b　備置期間は、常時である。

c　株主は、閲覧請求権を有するが、謄写請求権は有しない。会社の定めた費用を支払えば、謄本・抄本または電磁的記録に記録された事項等の交付・提供請求権も認められる（会31条2項）。したがって、交付・提供の請求があれば、費用の支払いと引換えに応じる必要がある。

　　d　備置きする定款は、原始定款（会27条参照）ではなく、現行定款である。定款は株主総会の決議（会466条・309条2項11号）で変更されるものであるから、現行定款を特定する意味で、実務では、現行定款を正確に記載した書面に代表取締役が現行定款に相違ないことを認めた署名（記名押印）を付したものを備え置いている例が多い（松井一郎「法定書類の閲覧・謄写請求に対する取扱い（上）」商事992号（1983）13頁）。

　株主に交付する場合、前記の代表取締役の署名（記名押印）付きの現行定款を備え置いている会社であっても、そのような署名（記名押印）の付されていない現行定款を印刷したものを交付すればよい。

(5)　**株式取扱規程**

　　a　株式取扱規程は、株主の権利に特に深い関係があるので、定款に準じて考えるべきである（同旨、松井・前掲13頁、豊泉・前掲商事1008号26頁）。したがって、定款に準じて本店および支店に備え置くことを要する。ただし、株式取扱規程が電磁的記録で作成されているなら、支店における閲覧等の請求に応じることを可能とする措置がとられていれば、支店に備え置く必要がないことも、定款の場合と同様に考えてよい。

　　b　備置期間は、常時である。

　　c　株主は、閲覧請求権を有するが、謄写請求権は有しない。会社の定めた費用を支払えば、謄本・抄本または電磁的記録に記録された事項等の交付・提供請求権も認められる（会31条2項参照）。したがって、交付・提供の請求があれば、費用の支払いと引換えに応じる必要がある。

(6)　**株主総会議事録**

　　a　株主総会議事録は、株主総会の日から本店に10年間、支店にその写しを5年間備え置かなければならない（会318条2項・3項）。なお、支店には海外支店も含むが、株主総会議事録が電磁的記録で作成されているなら、次の場合は支店に備え置く必要がない。すなわち、支店においても、イントラネットを通じて議事録記載事項の閲覧・謄写ができるなど、支店

における閲覧・謄写請求に応じることを可能とする措置がとられている場合は、支店に備え置く必要がない（会318条3項ただし書、施227条2号）。

b　株主は、閲覧・謄写請求権を有するが、謄本・抄本または電磁的記録に記録された事項等の交付・提供請求権は有しない（会318条4項）。したがって、交付・提供の請求があっても拒否できる。

c　閲覧・謄写請求が不当な目的による場合、これを拒否することができる。ただし、会社側において請求者の不当な目的を立証しなければならない（前記(2) d〔p.23〕参照）。

(7) 取締役会議事録・監査役会議事録・監査等委員会議事録・指名委員会等議事録

a　取締役会議事録・監査役会議事録・監査等委員会議事録・指名委員会等議事録は、取締役会・監査役会・監査等委員会・指名委員会等の日から本店に10年間備え置かなければならない（会371条1項・394条1項・399条の11第1項・413条1項）。

b　株主は、閲覧・謄写請求権を有するが、裁判所の許可を得ることを要する（会371条3項・394条2項・399条の11第2項・413条3項）。ただし、取締役会議事録の場合、監査機関の設置のない会社（監査役設置会社でなく、監査等委員会設置会社でもなく、指名委員会等設置会社でもない会社）の株主は、裁判所の許可を得ることなく、いつでも閲覧・謄写請求ができる（会371条1項・3項参照）。

(8) 計算関係書類（成立の日の貸借対照表、各事業年度の計算書類およびその附属明細書、臨時計算書類、連結計算書類）、事業報告およびその附属明細書、監査報告、会計監査報告

a　各事業年度の計算書類（貸借対照表、損益計算書、株主資本等変動計算書、個別注記表）、事業報告、これらの附属明細書、監査報告、会計監査報告は、定時株主総会の日の2週間前の日（備え置きした日と会日との間に2週間以上の日数の存在が必要）から、本店に5年間、支店にその写しを3年間備え置かなければならない（取締役会を設置していない会社の場合は、定時株主総会の日の1週間前の日から備え置かなければならない）（会442条1項1号・2項1号）。

ただし、監査報告・会計監査報告は、作成不要の会社では備置きも必要

ない。また、前記の計算書類や事業報告等が電磁的記録で作成されているなら、次の場合は支店に備え置く必要がない。すなわち、支店においても、イントラネットを通じて記載事項の閲覧等ができるなど、支店における閲覧等の請求に応じることを可能とする措置がとられている場合は、支店に備え置く必要がない（会442条2項ただし書、施227条3号）。

　b　臨時計算書類（臨時決算日の貸借対照表、臨時決算期間の損益計算書）、その監査報告、その会計監査報告は、臨時計算書類を作成した日から、本店に5年間、支店にその写しを3年間備え置かなければならない（会442条1項2号・2項2号）。

　ただし、監査報告・会計監査報告は、作成不要の会社では備え置きも必要ない。また、前記の臨時計算書類等が電磁的記録で作成されているなら、次の場合は支店に備え置く必要がない。すなわち、支店においても、イントラネットを通じて記載事項の閲覧等ができるなど、支店における閲覧等の請求に応じることを可能とする措置がとられている場合は、支店に備え置く必要がない（会442条2項ただし書、施227条3号）。

　c　成立の日の貸借対照表および連結計算書類（連結貸借対照表、連結損益計算書、連結株主資本等変動計算書、連結注記表）は、備置きが求められていない。

　d　計算書類等（前記aとbの書類）について、株主は閲覧請求権を有するが、謄写請求権は有しない。会社の定めた費用を支払えば、謄本・抄本または電磁的記録に記録された事項等の交付・提供請求権も認められる（会442条3項）。

　e　成立の日の貸借対照表および連結計算書類は、閲覧・謄写請求や交付・提供請求の対象となっていない。

　ただし、連結計算書類は、会計監査人設置会社である取締役会設置会社の場合、定時株主総会の招集の通知に際して、株主に対して提供を要する（会444条6項、計134条）。

⑼　**総会委任状**

　a　株主または代理人は、議決権の代理行使に際して会社に委任状の提出を要するが（会310条1項）、会社の承諾を得れば、委任状に記載すべき事項を電磁的方法により提供することができる（会310条3項）。

b　総会委任状（電磁的方法による提供の場合は、電磁的記録）は、株主総会の日から3カ月間、本店に備え置かなければならない（会310条6項）。
　c　株主（株主総会において決議した事項の全部につき議決権を行使することができない株主を除く）は、閲覧・謄写請求権を有する（会310条7項）。閲覧・謄写請求は、理由を明らかにしてしなければならない（会310条7項）。書面によることは求められていない。
　d　会社法は、株主の閲覧・謄写請求に対する拒否事由を具体的に列挙している（会310条8項）。

(10)　**議決権行使書面**
　a　株主（株主総会の目的である事項の全部につき議決権を行使することができない株主を除く）の数が1,000人以上の会社（金融商品取引法に基づいて全株主に委任状を交付している会社を除く）においては、書面投票制度が義務づけられており（会298条1項3号・2項・3項、施64条）、株主総会に出席しない株主は、議決権行使書面を会社に提出して議決権を行使することができる（会311条1項）。
　電子投票制度（会298条1項4号）を併用している会社では、議決権の行使は、議決権行使書面に記載すべき事項を、電磁的方法により提供して行うこともできる（会312条1項）。
　b　議決権行使書面（電子投票の場合は、電磁的記録）は、株主総会の日から3カ月間、本店に備え置かなければならない（会311条3項・312条4項）。
　c　株主（株主総会において決議した事項の全部につき議決権を行使することができない株主を除く）は、閲覧・謄写請求権を有する（会311条4項・312条5項）。閲覧・謄写請求は理由を明らかにしてしなければならない（会311条4項、312条5項）。書面によることは求められていない。
　d　会社法は、株主の閲覧・謄写請求に対する拒否事由を具体的に列挙している（会311条5項、312条6項）。

(11)　**退職慰労金規程**
　a　書面投票制度や電子投票制度を採用している会社、または議決権の代理行使の勧誘を行う上場会社においては、退職慰労金規程の取扱いが問題となることがある。これらの会社の総会の上程議案が、役員の退職慰労金

に関する議案の場合に、議案が一定の基準に従い退職慰労金の額を決定することを取締役、監査役その他の第三者に一任するもので、その基準の内容を参考書類（株主総会参考書類または金商令36条の2第1項に規定する参考書類）に記載しないときは、会社は、各株主が当該基準を知ることができるようにするための適切な措置を講じなければならない（施82条2項・82条の2第2項・83条2項・84条2項、勧誘府令10条2項・10条の2第2項・11条2項・12条2項）。すなわち、株主は、会社が講じる適切な措置に基づいて退職慰労金の額を算出する基準を知ることができるのみで、閲覧・謄写請求権および交付・提供請求権は有しない。

「適切な措置」には、役員退職慰労金支給規程を株主がいつでも閲覧可能な状態にしている場合が考えられ、その場合、会社は株主の閲覧請求に応じる必要が生じる。

b 適切な措置を講じる期間は、株主総会の招集通知を発した日（会299条1項）から、役員退職慰労金に関する議案が決議された時までであると解する。

(12) 会計帳簿・資料

a 総株主（株主総会において決議をすることができる事項の全部につき議決権を行使することができない株主を除く）の議決権の100分の3以上の議決権を有する株主、または発行済株式（自己株式を除く）の100分の3以上の数の株式を有する株主は、会計帳簿またはこれに関する資料の閲覧・謄写請求権を有する（定款で、議決権および持株要件の緩和が可能）（会433条1項。ただし、銀行業の本条の適用排除。銀行法23条等）。

b 「会計帳簿」とは、計算書類とその附属明細書の作成の基礎となるところのおおむね計算規則59条3項の会計帳簿であり、総勘定元帳、日記帳、仕訳帳、補助簿等を意味する。伝票を仕訳帳に代用する場合は、伝票も含む。「これに関する資料」とは、前記会計帳簿の記録材料、作成材料として使用され、会計帳簿を実質的に補充する資料を意味し、会計帳簿に入らない伝票、受取証等であり、契約書、信書等も会計帳簿の記録材料として使用されているときはこれに属するが、当然には含まれるものではない（鈴木＝竹内387頁、新版注釈会社法(9)210頁〔和座一清〕、東京地決平成元・6・22判時1315号3頁、大阪地判平成11・3・24判時1741号150頁）。

これは、いわゆる限定説といわれているものである。閲覧・謄写の対象を限定せず、会社の会計に関する限り一切の帳簿・資料と解する非限定説もある（江頭741頁）。

c　閲覧・謄写請求は、理由を明らかにしてしなければならない（会433条1項）。書面によることは求められていない。理由は具体的に記載しなければならない（最判平成2・11・8判時1372号131頁。なお、閲覧謄写請求の理由は具体的に記載しなければならないが、その請求の理由を基礎づける事実が存在することを立証する必要はないとするものとして、最判平成16・7・1民集58巻5号1214頁）。しかし、この判例の考えに対しては、株主としては実際上いかなる帳簿・資料がその理由と関係があるかを知りえないのが通常であり、対象の具体的特定まで要するとすることは無理であるとして反対する学説がある。また、「少なくとも当初の請求に当たっては、概括的な特定（年度と対象帳簿・資料の種類）で足り、それをさらに限定するのは会社のイニシアティブによると解するのが妥当であろう」（法務省民事局会社法務研究会編『会社法務質疑応答集②』1747の30頁（第一法規））とする説もある。

d　閲覧・謄写は、必ずしも株主自らがする必要はなく、そのために相当な者・員数であるならば、公認会計士等の第三者に委任し、あるいは補助者を使用することもできる。

e　会社は、閲覧・謄写の請求に対し、会社法433条2項に規定している5つの拒否事由のいずれかに該当すると認められる場合を除き、請求を拒むことができない。

f　謄写に要する費用は、請求株主の負担であると解する。

(13)　**有価証券報告書**

a　有価証券報告書は、金融商品取引法の規定に基づいて作成されるもので、当該事業年度経過後3カ月以内に、内閣総理大臣に提出しなければならないものである（金商24条）。

b　内閣総理大臣に提出した日から5年間、本店および主要な支店に写しを備え置き、または出力装置の映像面に表示する方法等により、公衆の縦覧に供しなければならない（金商25条1項・2項・27条の30の10）。「主要な支店」とは、提出会社の最近事業年度の末日においてその所在する都

道府県に居住する当該提出会社の株主の総数が当該提出会社の株主の総数の100分の5を超える場合における支店をいい、主要な支店が同一の都道府県内に2以上ある場合には、そのいずれか1つとし、その本店と同一の都道府県に所在する支店を除く（開示府令22条2項）。

　c　写しを備え置くなどして公衆の縦覧に供していればそれで十分であり、有価証券報告書そのものは、株主総会で報告すべきものではないし、株主は、謄写請求権または交付・提供請求権を有しない。したがって、交付・提供の請求があっても拒否できる。なお、有価証券報告書には、計算書類および事業報告を添付しなければならないが、平成21年12月11日に施行された開示府令の改正により、「定時株主総会に報告したもの又はその承認を受けたもの」ではなく、「有価証券報告書を定時株主総会前に提出する場合には、定時株主総会に報告しようとするもの又はその承認を受けようとするもの」を添付することでもよいこととされた（開示府令17条1項1号ロ）。そのため、有価証券報告書を定時株主総会前に開示することは可能であるが、この場合でも、有価証券報告書の記載内容自体は株主総会における報告すべき事項ではなく、有価証券報告書の記載内容そのものについて取締役等の説明義務が生じるものでないことに変わりはない。重なり合う部分は相当程度あるものの、取締役等は、あくまで、決議事項や報告事項（事業報告や計算書類として報告した内容等）について、説明義務を負うに過ぎない。

⑭　**決算短信**

　a　決算短信は、タイムリー・ディスクロージャーの一環として、証券取引所の有価証券上場規程により行われているものである。決算短信の書式は統一様式でなされており、上場会社は全社「決算短信」を発表している。

　b　これは法律、規則等によっているものではなく、備置きや株主・債権者の閲覧・謄写請求等の問題はない。しかし、情報を適時迅速に提供するというタイムリー・ディスクロージャーが決算短信発表の目的であるから、従来から閲覧・謄写請求に応じている会社は多い。

⑮　**取締役会規則・監査役会規則**

　取締役会規則は、取締役会の運営について、取締役会の決議によって定めた内部規程である。したがって、株主は、閲覧・謄写請求権または交付・提

供請求権を有しない。

監査役会規則についても同様である。

2　電子提供制度

〔設　問〕

電子提供制度にかかる以下の事項について、どのように考えるべきか。
① 電子提供措置事項を記載した書面（交付書面）は株主総会の招集通知（アクセス通知）に同封する必要があるか。具体的には、アクセス通知を議決権行使の基準日における議決権を有するすべての株主に対し発送し、その後、株主総会の日の2週間前の日までに、書面交付請求権を行使した株主に対し、交付書面を別途発送することは許されるか。
② 議決権行使書面について電子提供措置をとることは可能か。アクセス通知に議決権行使書面の閲覧にあたって必要なIDとパスワードを記載する場合、いつまでに株主に対してアクセス通知を発送すればよいか。
③ 電子提供措置事項に修正が生じた場合に会社はどのように対応しなければならないか。

〔結　論〕

1　許される。必ずしも交付書面をアクセス通知に同封して株主に対して交付する必要はない。
2　可能である。議決権行使書面の電子提供措置をとるにあたり、その閲覧のためのIDとパスワードをアクセス通知に記載する場合、アクセス通知は株主総会の日の2週間前に発送すれば足りる。
3　電子提供措置事項に修正が生じた場合には、電子提供措置にかかる情報（ウェブサイトに掲載している情報）を修正したうえで、その旨および修正前の事項について電子提供措置をとる必要がある。交付書面には、修正後の事項を記載したうえで、修正した旨および修正前の事項も記載する必要

がある。ただし、交付書面の記載を修正する際、ウェブ修正の方法により修正することができる。

〔説　明〕
(1)　会社は、招集の通知に際して、議決権行使の基準日を定めた場合には当該基準日までに書面交付請求をした株主に対し、当該株主総会に係る電子提供措置事項を記載した書面（以下「交付書面」という。）を交付しなければならない（会325条の5第2項）。

　しかしながら、かかる規定は、アクセス通知を発送する期限である株主総会の日の2週間前までに、交付書面の発送がなされることを求めるものに過ぎず、必ずしも交付書面をアクセス通知に同封して株主に対して発送することまでは必要ないと解する。

　そのため、まずアクセス通知を議決権行使の基準日におけるすべての株主に対し発送し、その後、基準日までに書面交付請求権を行使した株主に対し、株主総会の2週間前の日までに、交付書面を別途発送することも許されると解する。

(2)　議決権行使書面の内容は電子提供措置事項であるが（会325条の3第1項2号）、招集の通知に際して株主に対し議決権行使書面を交付するときは、議決権行使書面に記載すべき事項に係る情報については、電子提供措置をとることを要しない（会325条の3第2項）。

　各株主の氏名または名称および議決権の数は議決権行使書面の記載事項であり（施66条1項5号）、株主ごとにその内容は異なる。そのため、議決権行使書面について電子提供措置をとる場合には、各株主に個別にIDやパスワードを付して電子提供措置をとることが必要になる。

　このようにパスワードを付して電子提供措置をとる場合で、アクセス通知にパスワードを記載して通知する場合には、アクセス通知は、原則として、株主総会の3週間前の日までに株主に到達するように発送する必要があるのが原則である。

　もっとも、議決権行使書面について電子提供措置をとらず、株主に対してアクセス通知の送付に際して議決権行使書面を書面で送付する場合には、2週間前に議決権行使書面を同封した招集通知を発すれば足りることとされて

いる。議決権行使書面について電子提供措置をとる場合も、議決権行使書面以外にパスワードが付されていないのであれば、これと異なる状況ではない。したがって同様に解するべきであり、IDとパスワードが記載されたアクセス通知を、株主総会の日の2週間前までに発送していれば足りる。

　このような場合には、株主は議決権行使その他に必要な情報として、事業報告や計算書類等の議決権行使書面以外の電子提供措置事項についての情報を得ることが可能であり、株主に議決権行使書面を同封した招集通知を発送する場合に比し、不利益はないことから、かかる扱いは許容される。

(3)　電子提供措置事項に誤記等があった場合、まずは電子提供措置をとるウェブサイトに掲載された情報について修正をする必要がある。そのうえで、その旨および修正前の事項が電子提供措置事項になることから（会325条の3第1項7号）、株主に対しては、修正前の事項に加え、修正後の事項および修正した旨を記載した交付書面を交付することが必要になる。しかし、修正の必要が生じたことが発覚した時期が、交付書面の校了後である場合、修正前の事項が交付書面に記載されており、修正後の事項および修正した旨の記載を交付書面に記載することができない事態が生じうることになるが、このような場合においても、従来のウェブ修正の方法（施65条3項、133条6項、計規133条7項、134条8項）が認められると解されている。すなわち、株主総会参考書類、事業報告、計算書類および連結計算書類については、株主総会の招集通知を発出した日から株主総会の日の前日までの間に修正をすべき事情が生じた場合における修正後の事項を株主に周知させる方法を、ウェブサイトに掲載する方法と定め、招集通知と併せて通知しており、その方法により修正をするときは、修正後の事項および修正した旨を記載した書面を改めて株主に交付する必要はない。

3　招集通知の早期開示

〔設　問〕

招集通知の早期開示の実施状況はどうなっているか。

〔結　論〕

東京証券取引所に上場している会社については、ほぼ100％の会社が株主総会の21日前までに招集通知の開示を実施している。

〔説　明〕

株主総会の招集通知は、公開会社の場合、総会会日の2週間前までに発送しなければならないとされる（会299条1項）。しかし、郵便物の到達までにかかる時間や、議決権行使書面の郵送にかかる時間等を考慮すれば、議案を検討する時間としては正味1週間から10日程度となるのが一般的であり、多数の銘柄を保有する機関投資家等の株主にとっては議案の分析に十分な時間が取れないという問題があった。また海外の投資家であれば、国内の常任代理人を経由するため、さらに検討時間が短くなる。コーポレートガバナンスに対する関心の高まりや株式市場のグローバル化を背景として、こうした問題を解決するために、東京証券取引所では招集通知の早期開示を推奨してきた。

コーポレートガバナンス・コード（2015年6月1日施行）では、株主の視点に立って、株主総会における権利行使に係る適切な環境整備を行うべきであるとされ（同1-2）、「上場会社は、株主が総会議案の十分な検討期間を確保することができるよう、招集通知に記載する情報の正確性を担保しつつその早期発送に努めるべきであり、また、招集通知に記載する情報は、株主総会の招集に係る取締役会決議から招集通知を発送するまでの間に、TDnetや自社のウェブサイトにより電子的に公表すべきである」（同補充原則1-2②）とされている。有価証券上場規程においても、企業行動規範の「望まれる事項」として、招集通知の早期発送および株主総会の日の3週間前の日よりも前に株主総会参考資料等を電磁的方法により提供すべきことが定められて

いる（有価証券上場規程446条、同施行規則437条(2)(3)）。

会社法においても、令和元年改正で、定款に定めることにより株主総会参考書類等を電子提供することが可能になったが（会325条の2以下）、この制度を採用する場合、公開会社では会日の3週間前か株主総会通知を発送した日のいずれか早い日から株主総会の日後3カ月を経過するまで電子提供措置を継続しなければならないとされた（上場会社の場合、2023年3月1日以降に開催される株主総会から適用）。

東京証券取引所による早期開示の推奨と令和元年改正会社法の施行により、21日以上前から早期開示を実施する上場会社は、2022年6月総会では70％台であったのに対し、2023年6月総会ではほぼ100％となっており、2024年6月総会でもその傾向が維持されている。会日の28日以上前に招集通知の開示を実施する会社も、2024年6月総会の数字として、全体では20.1％であるが、プライム市場上場会社に限定すれば33.9％であり、時価総額5,000億円以上の会社では62.1％となるなど、規模の大きな会社ほど早期開示に積極的な傾向が見られるようである（株式会社東京証券取引所「株主の議決権行使に係る環境整備に関する2023年6月総会の状況および今後の動向について」、「2024年3月期決算会社の定時総会の状況および今後の動向について」参照）。

4　少数株主による総会招集

〔設　問〕

株主から株主総会招集請求書が届いた。どのように対応すればよいか。

〔結　論〕

法定の要件を満たす株主総会招集請求に対しては原則として遅滞なく招集の手続を行うべきであるが、先行する株主総会決議の瑕疵の連鎖を解消する必要がある場合などは対応に留意が必要である。

〔説　明〕
(1)　会社は、株主総会招集請求を受けた場合、これが法定の要件（会297条1項〜3項、会社325条、整備14条1項）を充足するものか検討する必要がある。
　すなわち、
・請求株主の持株数：総株主の議決権の100分の3（定款による引下げは可能）以上の議決権を有する株主であること（特例有限会社においては、定款に別段の定めなき限り総株主の議決権の10分の1以上を有する株主であること）
・請求株主の株式保有期間：公開会社（会2条5号）の場合、請求の6カ月（これを下回る期間を定款で定めた場合にはその期間）前から引き続き前記割合の議決権を有する株主であること
・請求先：取締役（代表取締役ないし執行役）に対する請求であること
・請求理由等：株主総会（種類株主総会）の目的である事項（当該株主が議決権を行使することができる事項に限る）および招集の理由が示されていること
といった要件を検討することになる。
(2)　前記要件を充足した請求に対し、会社（代表取締役・執行役）が遅滞なく招集手続を行わず、または請求の日から8週間（これを下回る期間を定款で定めた場合にはその期間）以内の日を会日とする株主総会の招集通知を発しなければ、請求株主に株主総会招集許可がされることになる（会297条4項、整備14条2項）。裁判所の招集許可決定を得た株主によって株主総会が招集される場合、会社は、許可された議題に関して株主総会招集権限を喪失するほか、株主名簿や名義書換請求書など基準日現在の株主を確知することができる書類の閲覧謄写請求への対応も必要となる（東京地決昭和63・11・14判時1296号146頁参照）。また、招集株主によって基準日が設定・公告されたり、招集通知とともに書面投票や委任状勧誘が実施されたり、書面投票における白票の取扱い（会301条1項、施66条1項2号）を決定されたり（会298条1項5号、施63条3号ニ）、招集株主側によって議長が選任されたり（横浜地決昭和38・7・4下民集14巻7号1313頁参照）するなど、会社にとって不都合な事態が生じかねないことも留意する必要がある。

そのため、会社としては、前記要件を充足する株主総会招集請求を受けた場合、遅滞なく招集の手続を行うべきである。

　なお、後日の紛争が予想される場合、総会検査役の選任の申立て（会社306条1項）も検討すべきである。

(3)　もっとも、会社が招集手続を行ったとしても、取締役の選解任に係る株主総会決議の効力が争われている場合、正当な取締役（取締役会や取締役の過半数）の決定によって招集されたとはいえないという理由で決議が不存在となり、または取り消されるおそれがある（最判平成2・4・17民集44巻3号526頁、最判平成11・3・25民集53巻3号580頁、最判令和2・9・3民集74巻6号1557頁参照）。少数株主としては、裁判所の招集許可決定を得ることで取締役の招集決定を経由せずに先行決議の追認を求めたり、先行決議の効力否定を停止条件として再決議を求めたりして、このような瑕疵の連鎖を解消することが考えられる（最判平成4・10・29民集46巻7号2580頁参照）。このような少数株主の意図が株主総会の目的である事項や招集の理由（会297条1項、整備14条1項本文）から読み取れる場合、これを理由に招集手続を行わないという対応も考えられよう。

第3 総会当日の受付

1 株主の資格審査

〔設　問〕

出席しようとする株主の資格審査は、どのようにして行ったらよいか。

〔結　論〕
1　株主総会の招集通知に同封した出席票、委任状、議決権行使書面を持参して株主と称した者を株主と認めて取り扱う。
2　右のような書類を持参していなければ、運転免許証、身分証明書の提示要求によって本人確認を行うことになるが、この方法もとりえない場合には、氏名、株数、住所等を申告させ、株主名簿との一致を確認し、さらにその株主名義の出席票、委任状、議決権行使書面が提出されていないならば、株主と認める。

〔説　明〕
(1)　株主総会に出席できるのは、当然、当該株主自身かまたは代理人であるから、本人自身が出席しようとする場合、その者が株主名簿上の株主本人かどうかをチェックする必要がある。株主でない者を会場に入れて決議に参加させたり、逆に株主であるにもかかわらず株主でないと判断して入場させなければ、いずれも総会決議取消しの原因となる（会831条1項1号）。したがって、株主資格の審査はたいへん重要であるといわなければならない。
(2)　しかし、株主資格を審査するといっても、株主が数名程度の同族会社や

合弁会社は別として、株主数の多い上場会社などでは、まったく面識のない株主がほとんどのため、総会当日、出席しようとしている者が真実株主であるかどうかを完全にチェックすることは困難である。したがって、会社としては、通常合理的な方法で株主資格を確認しなければならない。

(3) その方法としては、株主総会の招集通知に同封された出席票や委任状、議決権行使書面（同一性確認の手段であるから、いずれも株主の押印不要）を持参した場合には株主と認めてよい。ただし、出席票を委任状や議決権行使書面から切り離して持参したような場合には、出席者が重複していないかどうかはチェックすべきである。

したがって、仮に株主以外の者が右のような出席票などを持参してきた場合に、会社が合理的なチェックを行い、過失なくその者を株主として取り扱ったとしても、決議に瑕疵が生じることはないと解する。実務上、議決権行使書面の送付を義務づけられている会社では、議決権行使書面もしくは委任状そのものの当日持参を注記し、これをもって、委任状兼出席票としている場合がほとんどであり、問題が生じる余地が少なくなった。

(4) しかし、出席票などの提示は、株主としての資格確認の一方法に過ぎないから、これらを持参していないからといって、入場を拒否するわけにはいかない。すなわち、このような任意的な資格審査の手段により、株主の重要な権利である議決権行使を制限してしまうわけにはいかないからである。したがって、右の書類を持参していない場合には、運転免許証、身分証明書等の提示要求によっての本人確認方法によるが、この方法もとりえない場合には、氏名、株数、住所等を申告させ、株主名簿との一致を確認し、さらにその株主名義の出席票、議決権行使書面、委任状が提出されていないならば、株主と認めてもよい。

入場しようとする者が株主本人としての出席資格・地位を証明する「証明責任の帰属」は、入場しようとする者にあり、その資格が証明できなかった場合、議場に入場し、議事に参加できないことの危険を自ら負担しなければならない。したがって、たとえ真実の株主であっても、その場において説明できなかった以上、①自ら議決権行使できなかったこと、もしくは他の株主等もその株主が決議に参加できなかったことを理由に決議取消しの訴え（会831条1項1号）を提起することはできず、②また、何らかの損害を生じた

としても、これを理由に会社に対して損害賠償の請求をすることもできない（議事運営ガイドライン26頁）。

(5) なお、すでに受付でチェックを済ませて入場した代理人がいるのに、その後本人自身が出席できるのは、代理権授与の撤回がなされた場合（その場合、すでに入場している代理人を退場させる必要がある）、または不統一行使が可能な場合に持株の一部ずつについて本人と代理人が議決権を行使する場合（ただし、この場合、会310条5項を準用し、いずれかの出席を拒絶できると解する説がある）のみであると解される。

2 代理人の資格審査

〔設　問〕

委任状を提出した代理人の資格審査は、どのように行えばよいか。

〔結　論〕

1　取締役は、代理人の資格を含め、代理権を証明する方法を定めるときは、その方法については、定款に規定のある場合を除き、株主総会の招集の際にあらかじめ定めておく必要がある（会298条1項5号、施63条5号）。

2　委任状勧誘に応じて、株主が会社の送付した委任状用紙に押印して会社に返送し会社選任の代理人が会社に提出した場合、または株主自ら代理人を選任しその代理人が株主の押印ある委任状（会社の送付したもの）を会社に提出した場合には、代理人として扱う。

3　定款で代理人を株主に限ると定めていれば、代理人の株主資格をチェックする。

4　委任状を提出した者と代理人と表示された者とが同一人であるかどうかのチェックまでは必要なく、委任状持参者は委任状表示の受任者と同一と認めてよい。

〔説　明〕

(1)　〔結論〕1が原則であり、取締役会（会298条4項）が代理権を証明す

る方法を定めている場合（同条1項5号、施63条5号）に、その方法により代理権が証明された以上、その者を代理人と扱えば、真実は代理人でなかった場合にも、会社は免責され、決議取消しの原因とはならない（委任状に押されている印が実印であることが印鑑証明書で確認されれば委任状を真正なものと認めてよい。なお、裁判例（最判昭和58・4・7民集37巻3号219頁）として、銀行取引についてではあるが、届出印と異なる実印を使用して偽造された手形小切手の支払いをした銀行に過失ありと判示したが、これは銀行取引における届出印の重要性からくるものであり、直ちに株主総会の委任状に関する取扱いを変更する必要はないと思われる）。なお、上場会社については、2009年1月5日の株券電子化に伴い、届出印制度が廃止され、委任状の印影と届出印との照合ということは行われていない（非上場会社については、照合の方法が用いられる）。

　会社の送付した委任状に限り、株主の記名押印があれば、真正に成立した委任状と認めることができ、仮に真実の代理人でなかったとしても、争いはあるが、会社は免責され、決議取消しの原因とはならないと解するのが〔**結論**〕2の扱いである。

(2)　多くの会社では、定款により、代理人を株主に限る旨を定めており、このような規定を設けることは有効とされている（最判昭和43・11・1民集22巻12号2402頁）。さらにまた、会社が、一定の数の株式をもって1個の議決権を行使することができる1単元の株式とすることを定款によって定めた場合には、1単元未満の株式しか有しない株主は株主総会において議決権を行使することができない（会188条1項）。このような会社にあっては、代理人は当然、1単元以上の株式を有する株主でなければならない。その場合、代理人が自分自身の議決権行使書面を持参していれば、そのことで株主と判断して差し支えないが、委任状のみ持参した場合には、その者（委任状に代理人として表示されている者）が株主であるかどうかをチェックする必要がある（第3**1**〔p.38〕参照）。

(3)　その代理人が株主でない場合には、代理人とはなれず、議決権を行使できないのであるから、入場を拒否できる。

(4)　このような規定がある場合でも、法人の使用人が法人の代理人として出席したときは、その使用人が株主でなくても当該使用人の出席を拒むことは

できない（最判昭和51・12・24民集30巻11号1076頁。なお、日本保証マンション法人株主代理出席拒否事件について、東京地判昭和61・3・31判時1186号135頁、東京高判昭和61・7・30資料版商事32号52頁参照）。たとえその者が使用人であることを証明するもの（名刺、身分証明書、バッジ等）を持っていなくても、委任状を持参していれば足りる。

(5) このように代理人資格の制限をしていなければ、株主がどのような者を代理人として選任しても拒否はできない。

(6) 通常受任者欄に表示された者が代理権を授与された者であるから、当日委任状を持参して出席しようとする者と表示されている者とが同一人でなければならないのは当然である。したがって、受付の者が受任者の顔を知っているなどの事情で同一人でないことがわかれば、代理人ではないとして入場を拒否すべきである。しかし、株主の場合でも、写真などで株主の顔が把握されているわけではないし、受付で運転免許証などの提示が要件とされているわけではないので（もっとも、任意提示を受けることは差し支えない）、実際上同一性をチェックすることは不可能であるから、同一人のチェック義務は課せられていないといえる。したがって、委任状を持参した者は、委任状表示の受任者と同一人であると認めてよい。

3 実質株主の出席

〔設　問〕

> 株主名簿上、信託会社の名義になっている株式の実質株主であるとする投資会社から、株主総会に出席したいとの申出を受けた場合、どう対応すべきか。株主名簿上の信託会社の代理人として、委任状があった場合はどうか。

〔結　論〕

1　株主名簿に記載のない株主は、議決権を行使することができず、出席を認めるべきではない。

2　代理人資格を株主に限定する旨の定款の定めがある会社では、株主では

ない実質株主を代理人として入場を認めるべきではないことを原則とすべきであるが、議事を混乱させるおそれがないなど一定の場合には、議長の裁量で入場を認めたとしても、定款違反とまではいえない、と解される。また、近時、投資信託の委託者が代理人となる場合には定款の定めの例外に当たるとする見解も有力とされており、実質株主による議決権の代理行使を拒むことについては慎重に検討することが求められる。

〔説　明〕
(1)　株主名簿上の信託銀行名義・株式保管銀行（カストディアン）名義の場合の多くは、その株式の実際の投資決定権限者、議決権行使決定権限者は投資会社などであり、名義人とは別である。

　株主名簿上の名義人の背後に存在する実際の投資決定権限者、議決権行使決定権限者は、実質株主と呼ばれるが、実質株主であるからといっても、株主名簿上の株主ではなく、当然に総会の議場に入場を認められるものではない（会130条1項）。

　なお、コーポレートガバナンス・コード補充原則 1-2 ⑤は、「信託銀行等の名義で株式を保有する機関投資家等が、株主総会において、信託銀行等に代わって自ら議決権の行使等を行うことをあらかじめ希望する場合に対応するため、上場会社は、信託銀行等と協議しつつ検討を行うべきである。」としているが、同補充原則を根拠として、直ちに、実質株主につき、株主総会への出席および議決権行使が認められるものではないと解される。

(2)　株主は、代理人によってその議決権を行使することができるが（会310条1項）、会社は、定款により代理人資格を議決権を有する株主に制限しているのが一般であり、この定款規定は、株主総会が株主以外の第三者によって撹乱されることを防止し、合理的理由による相当程度の制限であって有効と解されている（最判昭和43・11・1民集22巻12号2402頁）。

　もっとも、法人株主の従業員など一定の場合には、株主ではない者が代理人として出席することは、前記定款規定の違反にはならない、とするのが判例である（最判昭和51・12・24民集30巻11号1076頁など）。

　そこで、実質株主が株主名簿上の株主から委任状を取得し、代理人として出席することを一律に排斥することは妥当とはいえない。株主総会を混乱さ

せるおそれがあるかなどを慎重に判断し、ケースバイケースで入場を認めることも議長の裁量の範囲でなしうるものと解される。ただし、実質株主の入場を認める場合には、代理人としての委任状を確認することはもちろん、株主名簿上の株主から、入場を予定する実質株主が、実質株主であることを証明する書面を取得すること、株主名簿上の株主の議決権と入場する実質株主が行使する議決権が重複することがないよう措置をとっておくことが必要である（なお、本書改訂時点において、日本への実質株主把握制度の導入が検討されているが、詳細は未定である。）。

　また、投資信託および投資法人に関する法律10条1項では、投資信託財産として有する株式にかかる議決権行使は委託者がその指図を行うこととされ、また、この場合、同条2項により、会社が株主総会に出席できる代理人の数を制限できない旨が定められており、これらの規定から代理人資格を株主に限る旨の定款の定めの適用が排除されるものではないと解されるものの、投資信託の委託者が代理人となる場合には定款の定めの例外に当たるとする見解も有力であるため、実質株主による議決権の代理行使を拒むことについては慎重に検討することが求められる。

4　外国人株主の対応（通訳の入場等）

〔設　問〕

① 　総会当日の受付で、外国人株主から、「通訳を伴って入場したい」旨の要請がなされた場合、同要請を認めなければならないか。
② 　前記要請が、招集通知にて、「通訳を同伴する場合には事前協議をお願いする」旨を通知していたにもかかわらず、事前協議がなくなされたものである場合はどうか。

〔結　論〕

1　会社側が通訳を用意している場合は、その旨を告げて同伴を拒絶できるが、会社側が通訳を用意していない場合には、同伴を認めることが無難である。

2　会社側が通訳を用意している場合の対応は前記1と同様であるが、会社側が通訳を用意していない場合であっても、事前協議がないことを理由に通訳の入場を拒絶して差し支えない。

〔説　明〕
(1)　総会への入場資格は株主本人かその代理人であることが原則であり、株主本人が自分の能力を補うために弁護士や公認会計士を補助者として同伴することはできない（第5 4〔p.66〕参照）。また、日本法に基づいて設立・運営されている会社が日本において開催する総会について、外国人株主のために翻訳を義務づける規定もない。

一方で、近時、外国人株主は増加しており、日本語を理解できない株主の存在をまったく無視した総会運営が好ましいともいえない（コーポレートガバナンス・コード基本原則1、同コード補充原則1-2④参照）ものであり、外国人株主の株主権の行使にも一定の配慮が求められる。

そのため、外国人株主の比率が相当な割合または株主数が相当数に上る会社にあっては、外国人株主の出席に備え、人的設備として通訳を配置しておくことが適切な場合もある。このように、会社が通訳を用意しておく場合にあっては、必要性が乏しいことを理由に通訳の同伴を拒絶して差し支えない。

他方で、会社が通訳を用意していない場合、株主が用意した通訳の同伴を拒絶することは当該株主の株主権の行使を不当に制限するものとして、総会決議取消事由（会831条1項1号）となる可能性があるため、通訳の同伴入場を認めることが無難といえる。

(2)　会社が通訳の同伴について事前協議を求めるのは、当日、議場を混乱させないこと、通訳の職分を超えた発言・助言をしないことについて、確認および注意を喚起するためである。

このように、会社側が、外国人株主が通訳を同行する場合には事前に協議をお願いする旨をあらかじめ通知していた場合には、事前に外国人株主への配慮がなされているものといえるため、協議なしに総会の場に通訳を同行してきた外国人株主の要請に対しては、事前協議がないことを理由に、同伴した通訳の入場を拒否しても差し支えないと解される（大阪株式懇談会編・前田雅弘＝北村雅史著『会社法実務問答集Ⅰ（上）』（商事法務、2017）225頁）。

第4 委任状・議決権行使書面の取扱い

I 委任状・議決権行使書面の取扱い

1 委任状の未提出と議決権行使

〔設　問〕

　代理人が委任状を持参したが会社に提出しなかったときは、議決権行使ができるのか。

〔結　論〕

　代理人による議決権行使の場合には、代理権を証明する書面（委任状）を会社に提出することを要するので、提出されていないときは代理人としての議決権行使はできない。

〔説　明〕

　会社法310条1項に規定されているように、株主は代理人によって議決権を行使することができるが、代理人は代理権を証明する書面（通常は委任状）を会社に提出することが必要とされている。同条6項・7項で、代理権を証明する書面を本店に備え置き、かつ閲覧・謄写させる旨定めていることからも、当然会社への提出は必要となるのである。しかも、書面を提出することを要件としている趣旨は、代理関係の有無を明確にし、総会における決議の成否を円滑にするためであるから、委任状の提出は議決権の代理行使の

前提要件であるとされている。したがって、提出を怠ると代理権を行使することはできない。また、この規定は単に会社の便宜のためのものではなく、他の株主にも影響があるので強行規定であるから、定款中にこれに反する規定を設けても無効と解されている。

2　捺印のない委任状・議決権行使書面の取扱い

〔設　問〕

　株主の記名のみで捺印のない委任状・議決権行使書面の取扱いについては、どのようにしたらよいか。

〔結　論〕

　捺印のない委任状の扱いについては、取締役は事前にその扱いを定めるときは、その扱いによる（会298条1項5号、施63条5号）。その扱いを定めていない場合には、無効と扱うべきである。これに対し、捺印のない議決権行使書面については、有効なものとして扱って差し支えない。

〔説　明〕

　代理人が株主の議決権を代理行使する場合には、代理権を証明する書面（委任状）を会社に提出することを要する（会310条1項）。この規定の趣旨については、代理権授与行為を代理権授与者が委任状に署名または記名押印することによってのみその効力を生ずる書面行為としたものであり、したがって、署名または記名捺印のない委任状による代理権授与は無効であると解されている（田中・講座(3) 924頁〔大森忠夫〕）。

　これに対し、記名のみ（記名は会社が印刷済）で押印のない議決権行使書面は、有効と解する。

　議決権行使書面について規定する施行規則66条が株主の押印欄を必要記載事項から除外したこと、および議決権行使書面が会社に提出されれば、株主の意思に基づくことの推定が働くから、押印がなくても有効な議決権行使として扱って差し支えないと解されることからである。

3 委任状・議決権行使の重複

〔設　問〕

① 二重に委任状が提出された場合の取扱いはどうするか。
② 議決権行使書面または電磁的方法による議決権の行使がなされ、その後重複してこれらの方法による議決権が行使された場合において、同一の議案に対する議決権の行使の内容が異なる場合には、どのように対応するか。
③ 委任状の提出と議決権行使書面または電磁的方法による議決権行使の両方がなされた場合、どのように対応するか。
④ 受任者が委任状の賛否の記載に反して議決権行使をした場合の取扱いはどうするか。

〔結　論〕

1　委任の時期の前後が明確であるならば、後の新しい委任にかかる代理人に議決権の行使をさせる。その前後が不明ならば、両方に対して議決権の行使を拒否する。
2　取締役が事前に扱いを定めていない場合には、後になされた意思表示を有効として取り扱う。
3　委任状による代理人出席を優先させる。
4　議決権行使は無効なものとして取り扱う。

〔説　明〕

(1) ①代理人が議決権の代理行使をするには、代理権を証明する書面（委任状）を会社に提出することを要する（会310条1項）。その際、同一株主を委任者とする委任状が重複して会社に提出された場合には、そのいずれかが、会社が議決権の代理行使の勧誘のために株主に送付した委任状であったとしても、重複して委任状が提出されたということが委任状の真否を疑わしめる事情となり、会社が送付した委任状についても、委任状が真正に成立したか

否かの調査を要することになる。その結果、一通の委任状は真正が確認されたが、他方の委任状についてはその真正を確認できない場合には、真正と認められた委任状を提出した代理人のみに議決権の代理行使を認め、他方の代理人のそれを拒否する。

(2) 前記のような調査の結果、両方の委任状が真正に成立していると認められる場合に、会社のとるべき措置は、委任の趣旨によって異なる。

　イ　委任の趣旨が、同一株式についてその議決権の全部を2人の代理人に各別に（すなわち共同代理ではなく）代理行使させようとするものであるときに、これを認めて双方の代理行使させることは、一株一議決権の原則（会308条1項）に反して許されない。したがって、いずれか一方は代理権を有しないはずである。

　この場合、委任の時期の前後が明らかなときは、委任はいつでも撤回できる（民651条1項）ので、前の委任は後の新しい委任によって撤回されたと解されるから、後の委任にかかる代理人のみが代理権を有する。委任の時期の前後は、結局は事実によって決せられ、委任状の日付は一応の推定力を持つに過ぎない（西原・株主総会130頁〔大隅健一郎発言〕。現に「株式会社よみうりランド事件」では、提案権を行使した株主側が集めた委任状には「日付は当方で書き入れます」と付記されている）。

　後の委任にかかる代理人が来場したときには、前の委任にかかる代理人がすでに会場に入場していたような場合には、その入場している代理人を退場させる必要がある。

　委任の時期の前後が不明の場合（委任状の日付が同一の場合または双方が委任状の日付の正確性を争っている場合等）には、委任者たる株主の意思不確定ということで、いずれの委任も無効とされる（西原・株主総会131頁〔大隅発言〕、新版注釈会社法(5)206頁〔菱田政宏〕）ので、両方に対して議決権の代理権行使を拒否する。

　ロ　次に、委任の趣旨が、2人の代理人が共同してのみ議決権の代理行使をすることが許される共同代理である場合には、これを認めて共同代理行使させること自体については理論的には否定すべき理由がない（この場合、委任の趣旨が、各代理人が共同しなければ代理の効果が生じない共同代理である以上、定款規定または会社法298条1項5号、施行規則63条5号の決定で、

代理人は1人に限る旨の制限があった場合でも、1人の代理人の入場を認めてその者に議決権の代理行使をさせることは許されない)。

ハ　最後に、委任の趣旨が、株主がその持株を2つに分けてそれぞれの議決権を別の代理人に行使させる分割代理の場合には、①会社が議決権の不統一行使（会313条1項・3項）について拒むときは、各自が完全な代理権を有するものとは認められないので、両方の代理人の出席を拒否することができるが、②会社が議決権の不統一行使を拒むことができないときには、総会に出席することができる代理人の数を1人に制限できる場合、いずれかの代理人の出席を拒否しうるにとどまる（したがって、代理人1人の出席を拒むことはできない）はずではあるが、株主本人がそのいずれかを特定しないかぎり、会社としては、株主の意思不確定として、両方の代理人の出席を拒否せざるをえないと解する。

(3)　②議決権行使書面、電磁的方法による議決権の行使がなされた後、同一の議案について異なる内容の議決権が重複して行使された場合の扱いについては、取締役が事前にその扱いを定めておくことができる（施63条3号ヘ・4号ロ）。取締役がその扱いを定めていない場合には、後になされた意思表示が有効であると解釈される。

(4)　③委任状の提出と議決権行使書面または電磁的方法による議決権行使の両方がなされた場合の取扱いについて、議決権行使書面または電磁的方法による議決権行使は、「株主総会に出席しない株主」について認められていることからすれば（会298条1項3号・4号）、委任状を提出して代理人が総会に出席して議決権行使をした場合には、議決権行使書面または電磁的方法による議決権行使は無効となり、委任状を持参した代理人による議決権行使のみを有効と取り扱うべきである。

(5)　④受任者が委任状の賛否の記載に反して議決権行使をした場合の効力について、無権代理となるから無効であるとする見解（会社法コンメ(7) 194頁〔山田泰弘〕、大隅＝今井66頁）、委任状の賛否の記載に反する受任者の議決権行使は、有効であり、委任者と受任者の間で委任義務違反の問題が生じるに過ぎないとする見解がある（河本＝関1471頁）。

4　会社が勧誘した委任状の代理人

〔設　問〕

　会社が勧誘した委任状の代理人を誰にするのが適当か。

〔結　論〕

　委任者の意思に合致する者であるなら、誰でもよい。

〔説　明〕

　会社が株主に対して委任状用紙を送付して議決権の代理行使を勧誘するのは、会社から適宜選定する者に代理行使を委任する仲介の労をとる旨の媒介に関する契約の申込みであり、株主がこれに応じて委任状用紙に記名押印して会社に返送するのは会社の申込みに対する承諾となり、会社は当該株主に対して適当な者に議決権の代理行使をさせるべく斡旋する法律上の義務を負う。

　会社が誰を代理人として選定するかは、まったく会社の自由である。しかし、会社は委任状を送付してきた株主の意思に合致するような適当な代理人を選定すべきである。通常、会社の顧問弁護士ないしは総務係の部課長を代理人に選定し、議決権を行使させている。

　委任者の意思に合致させる必要があるので、議案に賛成である旨を表示してきた場合は、必ず賛成の議決権を代理行使させなければならず、その反対の旨を表示してきた場合は、反対の議決権を行使させなければならず、賛成の代理人と反対の代理人とは別の者を選任すべきである。したがって、会社が議決権の代理行使の勧誘をして白紙委任状を送付したので、株主がそれに署名または押捺して会社に返送したのにかかわらず、会社が代理人を選任せず、議決権を行使させなかった場合には、決議方法の法令違反または著しく不公正な決議として、総会決議取消しの原因となる（会831条1項1号）。

II　議決権行使書面に対する株主の表示の取扱い

1　議決権行使書面の株主の賛否の表示の取扱い

〔設　問〕

「賛否を〇印で表示せよ」と記載されている議決権行使書面に対して株主から次のような表示がされているが、どのように判断したらよいか。
① 賛否欄の賛に〇印、否に×印または否を抹消
② 賛否欄の賛に×印または賛を抹消、否に〇印
③ 賛否欄の賛否双方に〇印または賛否双方に×印あるいは双方を抹消
④ 賛否欄の賛または否に△印（◎、〇、×、抹消など明らかに株主の意思表示が推定できる以外の意思不分明の記号）
⑤ 賛否欄の賛否の表示がない。
⑥ 賛否欄をすべて抹消している。
⑦ 賛否欄直下のみなし文言の記載を抹消している。

〔結　論〕

1　①の議決権行使は有効で、会社提案に賛成。
2　②の議決権行使は有効で、会社提案に反対。
3　③の議決権行使は無効であるが、出席株主の議決権数には算入する。
4　④の議決権行使は無効であるが、出席株主の議決権数には算入する。
5　賛否の表示のない場合は会社提案に賛成として取り扱う旨の記載（いわゆる「みなし文言」）があれば、⑤の議決権行使は有効であって、会社提案に賛成。みなし文言の記載がない場合は⑤の議決権行使は無効であるが、出席株主の議決権数には算入する。
6　⑥の議決権行使は無効であるが、出席株主の議決権数には算入する。
7　賛否欄に表示がない場合は⑦の議決権行使は無効であるが、出席株主の議決権数には算入する。賛否につき有効な表示がある場合はそれに従う。

〔説　明〕
(1)　議決権行使書面は施行規則66条で様式が規定されている。

　まず、議決権行使書面には、議案ごとに株主が賛否を記載する欄を設けなければならない（施66条1項1号）。この規定は、株主が書面投票によって株主総会に直接かつ適正に議決権を行使しうるようにして株主の利益を擁護することを目的としたものであるから、書面上に株主の意思が明確に表示されるための工夫が施されているのが普通である。各社の議決権行使書面上では、賛否を○印で表示するように記載されている例が多い。したがって、賛否いずれかに○印があれば表示としてはそれで十分である。

　〔設問〕①の場合は、賛には○印、否には×印とそれぞれ異なった記号が表示されている。×印は一般通念として○印の反意記号であるから、この場合の株主の意思表示には矛盾がなく、明確に賛否が判断できる。したがって、その議決権行使は有効であり、会社提案に賛成と判断すればよい。

(2)　(1)と同様に解して、〔設問〕②の議決権行使は有効であり、会社提案に反対と判断すればよい。

(3)　議決権行使書面を提出して書面によって行使した議決権の数は、出席した株主の議決権の数に算入する（会311条2項）。しかし、この議決権行使書面が形式的に瑕疵があるなど（たとえば、会日の前日経過後に到達したとき）の場合は出席した株主の議決権行使とは認められないから、出席株主の議決権数には算入されない。これに対して、右のような瑕疵はないが、表示された議決権行使の意思内容が不明なため無効とされる議決権行使書面は、実際に出席した株主の議決権の行使が無効な場合と同様に、出席株主の議決権数に含めると解するのが正当である（議事運営ガイドライン180頁）。

　〔設問〕③は、提出された議決権行使書面が賛否双方に○印または×印あるいは双方を抹消していて、表示された議決権行使の意思内容が不明であるから、その議決権行使は無効であるが、出席株主の議決権数に算入しなければならない。

(4)　△印は○印と×印との中間的な表示であるが、明確に○印ではない。したがって、△印で表示された④の議決権行使は意思内容が不明なため無効であり、③と同様に取り扱うことになる。

(5)　施行規則では、各議案の賛否を記載する欄に賛否の記載のない議決権行

使書面が会社に提出された場合には、会社は賛成、反対または棄権のいずれかの意思表示があったものとすることができる（施66条1項2号）。ただし、そのためには取締役は株主総会を招集する際に、賛否の記載のない議決権行使書面の取扱いについて事前に定めておく必要がある（会298条1項5号、施63条3号ニ）。したがって〔設問〕⑤のケースで議決権行使書面にその旨の記載（実務でいう「みなし文言」または「みなし記載」）がある場合には、賛否について表示がなくてもその書面投票は有効で、会社提案に賛成として取り扱えばよい。

一方、いわゆる「みなし文言」があらかじめ記載されていない議決権行使書面が賛否の表示のないまま会社に提出された場合は、株主の意思が判断できないから無効とするが、出席株主の議決権数には算入する。

(6) 議決権行使書面の賛否欄の抹消は賛否の表示をすることを何らかの意図で否定するものであるが、必ずしも棄権とまでは解しがたい。このように、賛否欄の抹消は議決権行使の意思内容が明らかでないから、〔設問〕⑥の議決権行使は無効とするが、出席株主の議決権数には算入する。

(7) みなし文言の記載が抹消された議決権行使書面の扱いをどうするかについては会社が事前に定めることができると解釈されるが、特別の定めがない場合には議決権行使の意思内容が不明であるとして無効と解釈される一方、出席株主の議決権数には算入する。

みなし文言を抹消しても、賛否の表示があればその表示に従うのは当然である。

2 議決権行使書面に対する株主のその他の表示の取扱い

〔設　問〕

次の各表示についてはどのように判断したらよいか。
① 賛否を記載する欄に表示された「第一号議案」の文字が抹消されている。
② 棄権と記載している。
③ 氏名、住所を訂正している。

④　議決権行使株式数を訂正している。

〔結　論〕
1　①の「第一号議案」の標題のみが抹消された場合は、その抹消された議案についての賛否の表示は無効であるが、出席株主の議決権数には算入する。
2　②の議決権行使は有効で、棄権として取り扱う。
3　③の住所の訂正は有効として扱うが、氏名を訂正した議決権行使は無効で、出席株主の議決権数にも算入しない。
4　④の議決権行使は有効で、議決権行使株式数は訂正前の株式数である。

〔説　明〕
(1)　議決権行使書面には、議案ごとに賛否欄を設けることが義務づけられている（施66条1項1号）。〔設問〕①のように、「第一号議案」の文字が抹消されている場合は、たとえ賛否について記載があっても株主の意思内容は不明であるから、その議案についての議決権行使は無効とするが、出席株主の議決権数には算入する。
(2)　議決権行使は、賛成、反対および棄権の3つの選択であるから、②の棄権の記載がある書面投票は有効であり、したがって棄権票は出席株主の議決権数に加えるとともに、賛否のカウントで反対票に入れることになる。
　施行規則66条1項1号では議決権行使書面に賛否欄とは別に棄権欄を設けることを認めており、棄権のあることを予測している。しかしながら、会社としては棄権欄を設けることに消極的であるので、この欄が設けられている書面を見かけることはほとんどない。したがって、棄権したい株主は棄権と記載することになるが、これは余事記載ではなく、必要事項の記載であるから当然に有効である。
(3)　議決権行使書面には、会社において議決権を行使すべき株主の氏名を記載しなければならないが（施66条1項5号）、住所については記載は要求されていない。実務では、住所氏名を記載しているのが普通である。
　株主の特定は株主名簿の記載によるから、それによって会社が記載した住

所氏名を訂正している書面は無効であるという判断も成り立つ。

しかしながら、差し支えない限り株主の利益に判断して考えれば、まず、住所については、その変更の可能性が多いので、会社は住所変更届の手続を用意している。また、議決権行使書面は、株主名簿上の住所宛に送付されても、転居先に転送されて（郵便法35条）、そこから会社に提出されることがある。その場合も株主名簿上の株主から会社に提出されたとの推定が働くから、その書面投票は有効として扱う。

次に、氏名が訂正されている場合は、株主の同一性の認識がきわめて困難であるから、株主名簿記載の氏名について適式の変更手続を経たものでないかぎり無効として、出席株主の議決権数にも算入しない。

(4)　会社は、議決権行使書面に行使することができる議決権の数を記載（施66条1項5号）してこれを株主に送付するが、この議決権の数の記載の根拠となる資料は基準日現在の株主名簿である。

ところが、この名簿上の持株数が株式売買における名義書換手続の失念によって実質的な持株数と差異を生じるのはよくあることである。この場合、株式の移転は取得者の氏名および住所を株主名簿に記載しなければ会社に対する対抗力がないから（会130条1項、振替152条1項）、株主名簿上の持株数が議決権を行使しうる株式数であるとして処理していれば会社は免責される。したがって、書面に記載された持株数を株主が訂正してもその効力はなく、株主は訂正前の持株数についてのみ有効に議決権を行使しうる。

Ⅲ　議決権行使促進策

1　議決権行使促進策について留意すべき事項

〔設　問〕

　株主の議決権行使を促進するために、会社が議決権を行使した株主に対して金券等を提供することは許されるか。株主提案をした株主または裁判所の許可を得て株主総会を招集した株主が、議決権を行使した株主

に対して金券等を提供するのはどうか。

〔結　論〕
1　会社が議決権を行使した株主に対して金券等を提供することは、原則として利益供与に該当し許されないが、①株主の権利行使に影響を及ぼすおそれのない正当な目的に基づくものであり、②個々の株主に提供される金券等の額が社会通念上許容される範囲のものであり、③株主全体に供与される総額も会社の財産的基礎に影響を及ぼすものでない場合には、許される。
2　株主が議決権を行使した他の株主に対して金券等を提供しても利益供与には該当せず、原則として許される。ただし、具体的事情の下では株主総会決議取消事由となりうる。

〔説　明〕
(1)　会社は、何人に対しても、株主の権利の行使に関し、財産上の利益の供与をしてはならない（会120条1項）。この規定は、もともとはいわゆる総会屋を排する目的に出たものであるが、条文上は非常に広範に規制を受ける規定ぶりとなっているため、何らかの正当な理由があれば利益供与に該当しないと解釈するのが適切である。

そこで、利益供与禁止規制の現代的意義を考えるに、この規定の趣旨は、会社経営の公正性・健全性を確保するとともに、会社財産を保護する点にあるから、この趣旨に反しない場合については利益供与禁止規制が及ばないということができる。

これを議決権行使について見れば、議決権という株主の権利の行使に関して、会社の計算により、株主に金券等を提供することは、利益供与に該当するから、原則として許されないことになるが、前記の趣旨に照らして、①供与される利益が、株主の権利行使に影響を及ぼすおそれのない正当な目的に基づき供与される場合であって、かつ、②個々の株主に供与される額が社会通念上許容される範囲のものであり、③株主全体に供与される総額も会社の財産的基礎に影響を及ぼすものでないときには、例外的に許容されると解さ

れる（モリテックス事件・東京地判平成 19・12・6 判タ 1258 号 69 頁参照）。

　モリテックス事件では、取締役および監査役の選任議案について、会社と大株主がそれぞれ選任議案を提出し、委任状合戦（プロキシーファイト）を行っていた状況の下で、会社が、議決権行使を条件として株主 1 名につき Quo カード 500 円分を贈呈するとしつつ、会社提案に賛同してほしいと呼びかけたことについて、②③は満たすとされた一方で、議決権行使を促すことを目的とするものであったことは否定されないとしても、会社提案に賛成する議決権行使の獲得をも目的としたものであると推認できるから①は充足しないとして、会社法 120 条 1 項の禁止する利益供与に該当し、許されないと判断された（その結果、決議の方法が法令に違反するとして決議取消事由があるとされた。なお、控訴審で和解となっている）。

　モリテックス事件を踏まえると、一般論としては、会社が定足数確保を目的として、議案についての賛成・反対を問わず議決権を行使した株主に金券等を提供することは、社会通念上許容される額であり、会社の財産的基礎に影響を及ぼさないものである限り、株主全体の利益に資するものとして許容されうるだろう。

　もっとも、実務上は、賛否の表示をせずに議決権行使書を投票した場合、会社提案には賛成、株主提案には反対の意思表示をしたものとみなす旨の文言（いわゆるみなし文言）を議決権行使書に記載し、賛否の表示がなされなかったときは、そのように取り扱う（施 66 条 1 項 2 号参照）のが通例である。

　そうすると、株主提案が出されている場合や委任状合戦となっているような場合には、会社側が、株主が会社提案に賛成するように誘導する目的があることは否定しがたいため、そのような場合には、①の要件に反するから、議決権を行使した株主への金券等の提供は許されないというべきであろう（なお、中村直人「モリテックス事件判決と実務の対応」商事 1823 号（2008）28 頁〜29 頁参照）。

　なお、単に、株主に対するアンケートの回答に対する謝礼として金券等を提供しても、通常は、「権利の行使に関し」の要件に該当せず、利益供与規制には抵触しないと解される（クレアホールディングス事件・東京高決令和 2・11・10 金判 1608 号 46 頁参照）。

(2)　利益供与禁止規制の趣旨は、上で見たように、会社経営の公正性・健全

性を確保するとともに、会社財産を保護する点にあるから、株主自身が他の株主に金券等を提供するのは利益供与には該当しない。裁判所の許可を得て株主総会を招集する少数株主も、その招集について、会社の機関的地位に立つと解されているものの（会社法コンメ(7)66頁〔青竹正一〕）、当該少数株主が会社の負担において金券等を提供しているわけではないから、当該少数株主による金券等の提供であっても、利益供与には該当しないと解される。

　このように、株主が他の株主に利益を供与するのは、原則として、「不正の請託」（会968条）といえない限り違法性はないということになる（江頭370頁注24参照）。

　しかし、利益供与に該当しないとしても、具体的事情の下では、決議の方法が著しく不公正であるとして決議取消事由（会831条1項1号）があるとされる可能性がある点には留意が必要である。

　この点に関連して、裁判所から株主総会招集許可決定を得て臨時株主総会を招集した株主が、議決権行使をした株主にQuoカード2,000円（後に3,000円に増額）を贈呈する旨を表明した点が争点の1つとなったプラコー事件（東京高決令和2・11・2金判1607号38頁）で、Quoカードの贈与の表明が、本件臨時株主総会の決議に影響を与えるものであるか否かは、議決結果の全体状況によるものであると判示された点が参考になる。

　モリテックス事件も踏まえると、自身の提案議案に賛成する方向で誘導するような形での金券等の提供であれば、議決権行使結果を歪め、決議に影響を与えたという方向に傾きやすいだろう。

　他方、提案議案への賛成・反対を問わず、単に議決権行使を促すにとどまる場合は、必ずしも議決権行使結果を歪めることにはならないと解する余地もないではないと思われる。この点は、株主提案をした株主の場合には、みなし文言は自己に有利には働かないことからすれば、よりそのようにいえるかもしれない。もっとも、他の株主と利益相反が生じているような場合には、金券等を提供すること自体が議決権行使結果を歪めると判断されることもありうる（経済産業省「企業買収における行動指針──企業価値の向上と株主利益の確保に向けて」（2023年8月31日）4.3は、企業買収において、買収者が議決権行使や委任状の勧誘を行う際に金品・財物の交付を行うことは望ましくないとする）。

なお、近時、賛否が拮抗する総会では、会社側が、あらかじめ招集通知において、提案株主から金券等の提供を受けて、議決権行使をしたり委任状を提出したりした事実が客観的に確認された場合には、議決権行使の公正性を害するものとして無効とすることがあると警告する実務が形成されつつある点には留意が必要である（伊藤広樹ほか「賛否拮抗総会に関する近時の裁判例からの実務上の示唆」商事2294号（2022）38頁参照）。

第 5　会場の整理

1　開会宣言前および閉会宣言後の総会の混乱を収拾する者

〔設　問〕

　　開会宣言前の総会の混乱は誰が収拾するか。閉会宣言後はどうか。

〔結　論〕

　いずれも代表取締役である。

〔説　明〕

　議長の開会宣言により総会が開始した後の秩序維持に関する権限は、議長にある（会315条）。しかし、その権限は、総会開会宣言前および閉会宣言後の事態には及ばない。

　これに対し、取締役会の決議に基づき総会を招集した代表取締役は、総会招集から閉会まで、総会が適法に開催されることについての責任を有し、かつ建物の管理権を有する。

　したがって、開会宣言前の総会の混乱は、代表取締役が収拾する。同様に、総会が閉会となって一部の株主らが残って退場しないときは、代表取締役が建物の管理権に基づき収拾する。

2　入場しきれない株主の処理

〔設　問〕

　　総会会場に入りきれない株主の処理は、どのようにしたらよいか。

〔結　論〕

　入りきれないからといって参加させないまま決議すれば、総会決議取消しの原因となる。したがって、できるかぎり当該会場に入れるようにしなければならない。しかし、会場への入場が不可能であるならば、会場を広げるとか、別の大きな部屋に移すといった適宜の処置をとるべきである。また、別室にモニターやスピーカー等を設置し、本会議場での総会運営を把握できる状況で、かつ、別室の株主もマイクや発言取次などにより質問等や議決権行使ができるのなら、別室も会場といってよい。それでも無理であるならば、会場を変更せざるをえない。

〔説　明〕

(1)　株主の少ない同族会社などは別として、上場会社のように多数の株主を有する会社においては、実際問題として株主全員が出席できる会場を設定することは困難である。しかし、そのような会社でも、現実の出席株主数はほんのわずかであるというのが実状であるから、全株主を収容するに足る会場を用意する必要はなく、経験に照らして予想される出席株主を収容できる会場を準備すれば足りる。

(2)　しかし、総会当日予想以上の株主が来たため、入りきれなくなった場合、予想以上であるからといって入場させないというわけにはいかない。議決権等は重要な株主の権利であり、会場が狭いからといって制限してしまうわけにはいかないのである。したがって、株主を入場させずに決議をすれば、取消しの原因となる（大阪地判昭和49・3・28判時736号20頁。この判決は、結局最判昭和58・6・7民集37巻5号517頁により是認された）。従来の株主の参加実績から十分収容可能であると考えて設営した会場であったが、予想外の株主が参加した結果一部の株主が会場に入場できない事態が生じ、そのこ

とについて会社側に何らの手落ちや責められるべきものがなかったとしても、決議取消事由は客観的にとらえるべきものであるから、一部の株主が入場できないまま開催することは、決議取消事由になると解される。

(3) このような場合には、会場を広げるべきである。判例も、会場が狭いため会場の縁外である庭先に議長席を設けて、議長がそこから開会を宣したケースで、会場は議長席のところまで拡張されたとみるべきだとしている（大判昭和5・12・16法律学説判例評論全集20巻刑訴56頁）。

(4) さらに、同一会場かどうかは同じスペース内に限られないと解すべきであり、たとえ別室であっても、スピーカー、さらにはすぐその場で用意しうるならばモニターなどの設置により報告、説明を聞くことができ、マイクや発言取次（前記大阪地判の控訴審たる大阪高判昭和54・9・27判時945号23頁参照）などにより質問、動議の提出その他により議案の審議に参加でき、議決権を行使することができれば、その別室も会場とみて差し支えないものといえる（第1 **1** 〔p.4〕参照）。

(5) 以上のような対応がいずれも不可能であれば会場の変更をするか、会場の変更が無理なら期日の変更などをする必要がある。これらの変更は、取締役会の決議を得る余裕がなければ、代表取締役の判断で行うことができると解する（大隅＝今井32頁）。この場合、すでに議場に入場している株主の多数の同意を得ておくことが実務の運用としては妥当であると考える。しかし、さらに進んで、この同意がなければこれらの変更ができないと解する見解（今井宏「『チッソ』株主総会と決議の取消」ジュリ561号（1974）67頁）は妥当でない。なぜなら、入場しきれない株主の議決権行使の機会の確保の点から、入場している株主のみで議題についての決議をすることはできないと解されるからである。したがって総会の当日に変更すべき会場を確保できなければ、招集権者たる代表取締役は会日の延期（この場合には、会社法317条の延期・続行と異なり、改めて招集手続をとる必要がある）をせざるをえない。

3 株主以外の者の入場の適否・マスコミ公開

〔設　問〕

① 株主以外の者を入場させ、株主総会を傍聴させてもよいか。
② 株主総会をマスコミに公開することはどうか。
③ 実質株主が傍聴を求めてきた場合はどうか。

〔結　論〕

1　株主以外の者を入場させ、傍聴させることはできるが、傍聴者は決議に加わる権利を有しないのはもちろん、質問、動議提出、意見陳述などの総会参与権すら認められない。なお、実際にも、議場の秩序維持の観点から、非株主の入場、傍聴を認めていない扱いが多い。
2　株主総会をマスコミに公開することも可能である。
3　実質株主の傍聴を認めるかは、会社の裁量に委ねられる。

〔説　明〕

(1)　株主総会は、株主によって構成される会社の意思決定機関であるから、株主以外の者の参加は認められないのは当然である。例外的に入場・傍聴を認める場合にも、その判断は、開会宣言後は議場の秩序維持権を有する議長が建物管理権を有する代表取締役と共同して行うが、それ以前は建物管理者たる代表取締役が行うことになる。

(2)　傍聴者の席は、株主席と画然と区別し、傍聴者をして総会に参与させないようにしなければならない。株主以外の者が入場することにより株主が入場できなくなったり、議事進行を妨害したりすれば、総会決議取消しの原因となるので、議長は直ちに退場させるべきである。また、株主以外の傍聴を認められた者が決議に参加した場合も当然取消しの原因となる。したがって、実務的にはできれば傍聴を認めないほうが安全ではなかろうかと考えられる。実際にも、傍聴は原則として断っているところが多い。

(3)　もっとも、負傷者・身体障害者の株主の介護者は株主の権利行使の補助として入場させてよく、また議場の秩序維持のため警察官を、議長の議事運

営の補助のため顧問弁護士を入場させることも許される。なお、通訳の入場については、第3**4**〔p.44〕参照。

(4)　株主総会を、モニターテレビを通じてマスコミに公開している会社や、株主総会に報道機関の入場を認める会社も少数であるが存在する。株主総会は、私企業の会議であり、裁判の対審および判決のように（憲法82条）、公開を義務づけられているものではない。そして、株主総会で企業秘密に関する審議を行う場合等は、非公開が相当な場合もある。また、株主総会のマスコミへの公開は、株主の発言を心理的な意味で萎縮あるいは制約してしまう可能性も否定できない。他方で株主総会をマスコミに公開することは株主総会の審理、決議方法の適法性、公正性を確保する機能を有するだけでなく、そこでの審理が報道されることから日常的な会社の業務執行全般の適法性、公正性の確保に資するものである。

したがって、会社は株主総会をマスコミに公開することも、あるいは逆にそのような公開をしないことも可能であり、その判断は、前記(1)同様に開会宣言後は議場の秩序維持権を有する議長が建物管理権を有する代表取締役と共同して行う。なお、議長が公開、非公開を総会に諮り株主の意思表明を求めることはもとより差し支えない。

以上から、訴訟上の和解や合意で「将来にわたって、株主総会のマスコミへの公開を会社に義務づける」内容を取り決めることは必ずしも適切とはいえない。

(5)　撮影や録音およびその報道については、株主の肖像権やプライバシー権に十分配慮する必要がある。会社が撮影しているモニターテレビをマスコミに公開する場合、同意なく発言株主のみならずその他の株主の容貌を人物が特定できる形で撮影すべきではなく、その撮影対象は役員席に限定すべきであり、また音声等についても発言株主が特定されない配慮が必要となる。

議場に入場した報道機関も、その撮影、録音およびその報道について、株主の肖像権やプライバシーを侵害することのないよう配慮が必要である。

(6)　株主名簿上の信託銀行名義・株式保管銀行（カストディアン）名義の場合の多くは、その株式の実際の投資決定権限者、議決権行使決定権限者は投資会社などであり、名義人とは別である。

株主名簿上の名義人の背後に存在する実際の投資決定権限者、議決権行使

決定権限者は、実質株主と呼ばれるが、実質株主であるからといっても、株主名簿上の株主ではなく、当然に総会の議場に入場が認められるものではない（会130条1項）。この点、コーポレートガバナンス・コード補充原則1-2⑤「信託銀行等の名義で株式を保有する機関投資家等が、株主総会において、信託銀行等に代わって自ら議決権の行使等を行うことをあらかじめ希望する場合に対応するため、上場会社は、信託銀行等と協議しつつ検討を行うべきである。」とも関連するが、同補充原則から、直ちに、実質株主につき、株主総会への出席、議決権行使、傍聴、見学が認められるものではないと解され、これを認めるかは、（株主平等原則には留意する必要があるが）会社の裁量に委ねられている。

なお、株主総会白書2024年版（商事2376号104頁以下）によれば、株主でない代理人等の入場承認の可否について「名義株主の背後にいる実質株主（グローバルな機関投資家等）は認めることがある」と回答した会社が514社（27.3％）、うち「会社の裁量により総会の傍聴を認める」との回答が361社（70.2％）、「ケース・バイ・ケースで対応」との回答が107社（20.8％）、「名義株主からの委任状が確認できれば代理人として出席を認める」、「特段の事情があれば名義株主の代理人として出席を認める」と回答した会社がそれぞれ53社（10.3％）、44社（8.6％）であった。

4 株主は弁護士や公認会計士を総会に同伴できるか

〔設　問〕

> 会社は、株主が弁護士または公認会計士を連れて総会に入場したい旨の申出を拒否できるか。

〔結　論〕

拒否することができる。

〔説　明〕
　総会への入場資格は株主本人かその代理人であることが原則であり、株主本人とその代理人の両名が出席することもできないし（会310条5項の類推適用）、株主が自分の能力を補うために弁護士や公認会計士を補助者として同伴して出席することもできない。したがって、会社は、このような株主の申出を当然に拒否できる。株主が自分の能力では適切な質問や議決権行使ができないため、弁護士や公認会計士を同伴したいというのであれば、総会出席前にそれらの専門家の助言を得て準備するか、それらの専門家を代理人にすればよい。ただし、代理人は当該会社の株主に限る旨定められているときは、この要件も具備しなければならない（東京地判昭和57・1・26判時1052号123頁）。

5　従業員株主の優先入場・前方着席

〔設　問〕
　従業員株主を一般株主より優先的に総会場に入場させ、前方に着席させることは許されるか。

〔結　論〕
　株主総会の議事進行の妨害等の事態が発生するおそれがあることのみを理由にこのような措置をとることは適切ではない。
　会社がこのような措置をとることは、実務上は避けるべきである。

〔説　明〕
(1)　最高裁は、四国電力の株主総会において従業員株主を優先的に入場させ、会場の前方に着席させた事案（四国電力事件）に関し、以下のように判示して株主の上告を棄却した。
　「株式会社は、同じ株主総会に出席する株主に対しては合理的な理由のない限り、同一の取扱いをすべきである。本件において、被上告会社が（中略）本件株主総会前の原発反対派の動向から本件株主総会の議事進行の妨害

等の事態が発生するおそれがあると考えたことについては、やむを得ない面もあったということができるが、そのおそれのあることをもって、被上告会社が従業員株主らを他の株主よりも先に会場に入場させて株主席の前方に着席させる措置を採ることの合理的な理由に当たるものと解することはできず、被上告会社の右措置は、適切なものではなかったといわざるを得ない。しかしながら、上告人は、（中略）本件株主総会において、会場の中央部付近に着席した上、現に議長からの指名を受けて動議を提出しているのであって、具体的に株主の権利の行使を妨げられたということはできず、被上告会社の本件株主総会に関する措置によって上告人の法的利益が侵害されたということはできない。（中略）被上告会社が不法行為の責任を負わないとした原審の判断は、是認することができ、原判決に所論の違法はない。」（最判平成8・11・12判時1598号152頁）。

(2) 以下、前記最判について、理論上の分析を試みる。

　a　前記最判は、従業員の優先入場・前方着席について、同じ株主総会に出席する株主に対しては合理的な理由のないかぎり、同一の取扱いをすべきであり、本件株主総会の議事進行の妨害等の事態が発生するおそれがあることをもって、四国電力が前記措置をとることの合理的理由に当たるとはいえず、右措置は適切ではなかった旨判示した。

　本件は慰謝料請求事案であることから、右判示の読み方が問題となる。

　これについては、①不法行為責任の有無という主文の結論に直接関係しない単なる傍論とみる立場、②不法行為の成立要件を相関関係的に捉えたうえで、かかる会社の措置について間接的事実の1つとして認定したと捉える立場、③株主の着席位置設定に関する会場設営者の広い裁量権を前提として、裁量権濫用に当たる例外的な場合にのみ違法となると捉え、本件の場合は違法（裁量権の濫用、逸脱）には当たらないと判示したものと解する立場、④株主総会の場でも株主平等原則が適用されることを明らかにしたうえで、かかる措置が株主平等原則上問題があることを指摘したとする立場（末永敏和「四国電力事件最高裁判決の検討」商事1443号（1996）6頁）などが考えられる。

　b　なお、前記③の考え方に関連して、株主に総会の座席を自由に選択しうる利益ないし権利があるかという点も問題となりうる。これについては、

①議決権の内容の一部として肯定する立場、②株主平等原則の一内容として肯定する立場、③会場設営者の裁量権の問題であるとして否定する立場（高松地判平成 4・3・16 判時 1436 号 102 頁〔四国電力事件第一審判決〕参照）などが考えられる。

c 　前記最判は、本件措置については「適切なものではなかった」とした。しかし、一般論としては、「合理的な理由」がある場合は、同じ株主総会に出席する株主に対して「同一の取扱い」をしなくてもよく、従業員株主を優先的に入場させて株主席の前方に着席させることも許される余地がある、とも解しうる。

そこで、いかなる場合に「合理的な理由」があるといえるかが問題となる。

四国電力事件は、①四国電力の株主である原告が平成 2 年 6 月の定時総会に出席するため、会場である四国電力本社ビルの前で開門前の早朝から原発反対派株主とともに列に並び、午前 8 時の開門と同時に受付手続を済ませて会場に入ったが、すでに従業員株主らが株主席の最前列から 5 列目までのほとんどおよび中央部付近の合計 78 席に着席していたため、原告は前から 6 列目の中央部付近に着席した、②他方、四国電力は、過去に原発反対派の者に本社ビルを取り囲まれたり、ビルの一部を占拠されたことがあり、本件総会前に 1,000 項目を超える質問書の送付を受けていたことなどから、総会の議事進行が妨害されたり議長席および役員席を取り囲まれたりするといった事態が発生することをおそれ、従業員株主にあらかじめ指示し、午前 8 時の受付開始時刻前に会場に入場させ株主席の前方部分に着席させた、という事案であった。

前記最判は、このような事実関係の下で、四国電力が総会の議事進行の妨害が発生するおそれがあると考えたことについて、「やむを得ない面もあったということができる」と判断したものの、このようなおそれがあることは「合理的な理由」には当たらないとしただけで、「合理的な理由」があるとされる場合の基準や具体例を何ら示さなかった。

実務上、社員株主が株主席の前方に着席することで、特殊株主が議長に暴行を加えようとするのを事実上阻止する防波堤の役割を果たしているとされていることから、従業員株主の前方着席なる措置は、元来、総会の円

滑な議事運営を維持する目的でなされたともいいうる。しかし、前記最判は、前記のような事実関係においてさえ、株主総会の議事運営が妨害されるおそれがあることをもって優先的に入場させたことの「合理的な理由」には当たらないと判示した。

　したがって、「合理的な理由」があるとされる場合は、きわめて例外的・限定的な場合に限られることになろう。

(3)　そこで、実務の対応が問題となるが、前記に述べたように、前記最判は、四国電力の措置について違法とは明言しなかったが、「適切でなかった」として否定的な評価をしている。また、最判の述べる「合理的な理由」のある場合の範囲はきわめて限定的で不明確であるため、かかる措置をとろうとする際に、当該措置が適法ないし相当かどうかの判断は実務上容易ではない。他方で、株主総会の円滑な運営に対する危惧については、適宜な警備の強化等によって相当程度までは対応できるとも考えられる（前掲四国電力事件第一審判決参照）。

　したがって、これらの事情を考慮すれば、会社が従業員株主を優先入場させて前方に着席させるといった措置をとることは、実務上は避けるべきであろう。

　なお、株主総会の円滑な議事運営を図るための代替策としては、①ガードマンの適正配置、②役員・議長席と株主席との間隔を広げたり、段差を設けたり、ロープを張るなどの会場設営の工夫、③危険物や会場混乱の原因となりうる物のチェックなどの諸方策を総合的に図ることが考えられる。

6　テープレコーダー・カメラなどの持込み

〔設　問〕

　総会会場へ株主がテープレコーダー、カメラ（カメラ機能付携帯電話を含む）、ビデオなどを持ち込むことを制限できるか。

〔結　論〕

　総会会場の施設管理者たる代表取締役の裁量により一定の場合（総会会場

の議事運営に混乱を来すことが予測される場合、または議場の平穏を乱すおそれがある場合、その他総会の秩序が乱されるおそれがあると判断する相当の理由がある場合など）には、テープレコーダー、カメラ、ビデオなどの持込みを制限することができる。

〔説　明〕

(1)　株主が株主総会に出席し、記録をするための方法として、メモはもちろん、現実にはテープレコーダー、カメラ、ビデオなどを持ち込むということもありうるところである。株主が株主としての権利行使の範囲内において、個人的に総会を記録するということ自体は株主の自由であるが、他方でテープレコーダー、カメラ、ビデオなどを株主が使用することは、自由な質疑・討論に対する支障や他の株主のプライバシーや肖像権侵害のトラブルが生じるおそれがあるので、それらの会場への持込み、使用に関しては一定の制限をなしうる。したがって、総会会場の施設管理者たる代表取締役は、その裁量により総会直前の状況、前回の総会の状況、最近の他社総会の状況、株主間の対立状況などから総合判断して、会場内において不特定の株主が不規則に写真やビデオの撮影を行うことにより、プライバシーや肖像権の問題から株主相互の不快感や軋轢が高じて、議場の平穏を乱したり、自由な質疑討論の妨げにもなるおそれがある場合には、カメラやビデオの持込みを制限することができる（九州電力事件・福岡地判平成3・5・14判時1392号126頁、東北電力事件・仙台地判平成5・3・24資料版商事109号64頁参照）。そして、テープレコーダーについても肖像権の点を除き、基本的には同様のことがいえる。また、場合によっては、株主が総会にカメラ、ビデオ等を持ち込むことを禁止する仮処分が認められる（東京地決平成20・6・25判時2024号45頁）。

　なお、持込制限の必要性を判断する場合においては、テープレコーダーのような音声のみの録音機器とカメラ、ビデオのような映像記録機器とでは多少異なった考慮が必要とされよう。

(2)　なお、何らの理由もないのに、一般的・画一的に一切の持込みを禁止し、その持込みを理由に株主の入場を拒否することがあれば、総会決議取消しの原因になるおそれがある。また、前述の裁判例で問題となっているのは、あ

くまで持込制限であって、録音・録画機器等の所持を理由とする入場自体の制限ではない。

7 テープレコーダー・カメラなどの持込みへの対処

〔設　問〕

　出席株主が持ち込んだカメラ（カメラ機能付携帯電話を含む）、テープレコーダー、ビデオなどの使用が議事の運営の妨げになっているのを発見した場合、どのような措置をとればよいか。

〔結　論〕

　株主によるこれらの使用が総会の議事運営の妨げとなっているとき、および妨げとなると判断できる場合には、議長はその使用を禁止することができる。

〔説　明〕

　議長は、法令、定款に従って、すなわち適法に（会831条1項1号）議事を進行させる職責を有する。そのために、議長には総会の秩序維持権（同時に義務でもある）が認められる（会315条1項）。

　議長は、この権限を行使して、自由かつ平穏な議事進行を図らなければならない。したがって、株主が角材やプラカードを議場に持ち込んでいることを発見した場合には、議長は、直ちに警備要員をして、株主から提出させ、閉会までこれを保管させるなど適宜の措置をとる必要がある。

　これに対し、〔設問〕のカメラなどは、角材などと異なり、議場に持ち込まれること自体が一般的に直ちに、自由かつ平穏な審議の妨げとなるとはいえないであろうが、光や音などの物理的影響やそれらの使用による自由な質疑討論に対する支障、他の株主のプライバシーや肖像権侵害等のトラブルにより、議場の平穏が乱されるおそれが生じるなどその使用の態様において議事運営の妨げとなると判断できる場合には、その段階で議長は使用を禁止することができる（なお、テープレコーダー、カメラ、ビデオなどについては、一

定の場合事前にその持込み自体を制限できることについては**第5⑥**〔p.70〕参照）。

　議長のこの使用禁止権限は、会社法に直接規定されている秩序維持権の具体化であるから、定款や総会議事運営規則にこれに関する定めがあるか否かを問わず行使することができ、かつ、行使しなければならない。

　議長は、前記使用禁止命令に従わない者に対しては、退場を命ずることができる（会315条2項）。

8　途中入場者の出席拒否の可否

〔設　問〕

　　途中入場者の出席を拒むことができるか。

〔結　論〕

　拒むことはできない。

〔説　明〕

　議決権制限株式（会108条1項3号）の株主以外については、株主は、総会に出席して議決権を行使する権利を有する。この議決権は、株主総会の決議または定款をもってしても奪いまたは制限することはできないと解されている。

　もちろん、議長の退場命令権の規定（会315条2項）は、たとえば角材持参の株主のごとき総会の秩序を乱す株主に対する入場禁止処分（入場禁止権限が議長にあるか、代表取締役・取締役会にあるかは議論が分かれうるが）、およびこのように入場を禁止された者が議決権を行使できなくなることを予定し、これを認容しているといえる。

　しかし、途中入場そのものが総会の秩序を乱すとはいえない。したがって、定款または総会決議をもってしても、出席を拒むことはできないと解される。

9　株主になりすまして総会場に入場した者の刑事責任

〔設　問〕

　株主の名をかたり、株主になりすまして総会の受付手続を済ませ総会場に入場した者は、どのような刑事責任を負うか。

〔結　論〕
　刑法130条の建造物侵入罪に当たり、3年以下の懲役または10万円以下の罰金に処せられることがある。

〔説　明〕
(1)　総会屋の中に〔設問〕のような動きをする者が見られるので、例を総会屋として説明する。

　総会屋の行為に関する刑法130条の構成要件は「正当な理由がないのに人の看守する建造物に侵入」することである。総会屋のこの行為に正当な理由が認められないことは当然である。

　次に、総会場が「人の看守する建造物」といえるかであるが、総会場が自社ビル内であるときはもちろん、ホテル等他社ビルの一室を借りているときも、少なくとも総会またはその準備等に使用している間は、その一室は借主たる会社の代表取締役が「看守」（管理の意であることは最判昭和59・12・18刑集38巻12号3026頁参照）する建造物である。

　さらに、「侵入」に関し、最判昭和58・4・8刑集37巻3号215頁は、「刑法130条前段にいう『侵入シ』とは、他人の看守する建造物等に管理権者の意思に反して立ち入ることをいうと解すべきであるから、管理権者があらかじめ立入り拒否の意思を積極的に明示していない場合であっても、該建造物の性質、使用目的、管理状況、管理権者の態度、立入りの目的などからみて、現に行われた立入り行為を管理権者が容認していないと合理的に判断されるときは、他に犯罪の成立を阻却すべき事情が認められない以上、同条の罪の成立を免れない」と判示している。

　そこで、その判旨に沿って〔設問〕を考えてみる。

総会の受付係（管理権者である代表取締役の履行補助者である）が総会屋の入場を拒否しなかったとしても、それは総会屋が株主の名をかたり株主になりすまして受付係を錯誤に陥れたからである。総会場という建造物の使用目的からして、非株主であることがわかっていれば、受付係はその者の総会場への立入り行為を容認しなかったはずであるから、総会屋の行為は「侵入」となる。

　総会屋が株主の名をかたる手段はさまざまでありうるが、株主である他人の議決権行使書面を持参する場合のみならず、その持参を忘れたとして当該株主の住所氏名を申告する等も含まれる（東京地判昭和62・5・19商事1117号32頁）。

　総会屋は、遅くとも会場に立ち入った時点であれば、建造物侵入罪の既遂が成立することに疑問はない（前掲・東京地判昭和62・5・19）。開会前であっても、株主として発言しなくても、または直ちに退場しても罪の成立に影響はない。

(2)　建造物侵入罪は退去するまで犯罪が継続する継続犯である（最決昭和31・8・22刑集10巻8号1237頁）から、総会屋が退去するまでは「罪を行っている」現行犯人（刑訴212条1項）として、誰でも逮捕状なくしてその者を逮捕することができる（刑訴213条）。逮捕に先立ち退場要求をすることは必要なく、いきなり逮捕しうる。会社側の警備要員等の私人が逮捕したときは、直ちにこれを臨場の警察官等に引き渡さなければならない（刑訴214条）。

(3)　総会屋と建造物侵入を共謀し、総会屋がそれを実行したときは、実行に加わらなかった他の共謀者も建造物侵入罪の共謀共同正犯（刑60条）としての刑事責任を負う。他の総会屋をしてこのような侵入行為をさせた総会屋がこれに該当する場合が多い。

(4)　科される刑罰は3年以下の懲役または10万円以下の罰金である。また、非親告罪であるから、検察官が公訴提起をするについて会社側その他の者の告訴は不要である。

10　暴力的行為の発生が予想される場合の警備対策

〔設　問〕

　出席した株主の暴力的行為の発生が予想される場合、当日の警備対策はどうあるべきか。

〔結　論〕

　その場合の当日の警備対策としては、
1　必要があれば手荷物検査を行うことも許される。
2　警察官の臨場も許される。
3　警備は自社社員だけでなく、ガードマンを委嘱することも許される。
4　議長席を、妨害物の適切な配置によってガードすることは許される。

〔説　明〕

(1)　手荷物検査について、九州電力決議取消請求事件判決（福岡地判平成3・5・14判時1392号126頁）は、「議場の平穏が乱され、円滑な議事運行の妨害となるおそれがある」状況においては、会社は「秩序ある株主総会の議事を運営すべき立場にある」から「バッグを一時的に預けるように要請し、これに応じない者については、バッグの中にこれらのもの（この事案ではビラ・チラシ）が入っていないことを確認しようとすることは、不当なものとはいえない」と判示している。東北電力決議取消請求事件判決（仙台地判平成5・3・24資料版商事109号64頁）は、「総会会場へのカメラ、テープレコーダーの持ち込みはご遠慮願います。誠に恐れ入りますが総会会場入口で手荷物のチェックをさせていただきますのでご了承願います」との掲示をしていたケースについて、「出席する全株主の協力を求める形で手荷物検査をし、カメラ、テープレコーダー等を一時頂かること」は「議事運営権の裁量の範囲に属する」と判示している（カメラ、テープレコーダー等の持込みについての説明は第5 6〔p.70〕・7〔p.72〕参照）。

(2)　警察官の協力を要請するか否か、また、どの程度の協力を要請するかは総会の運営に責任を有する代表取締役ならびに議長の判断によって決められ

る裁量権の範囲の問題である。総会場では、秩序ある議事運営に責任を有する議長の裁量判断によって、警察官を場外別室に待機させること、警察官を総会場内に臨場させること、いずれも可能である。

(3) 自社社員による警備だけでなく、警備員を警備会社のガードマンに委嘱することもできる。

(4) 議長席に向って物が投げつけられるとか、議長席に駆け寄って議長を殴りつけるなどの暴力的行為が発生するおそれがある場合は、議長席をガードする必要がある。このような事態を可及的に予防するため、役員席を壇上に上げたり、議長席の前に事務局または速記係を配置する、盛花・植木鉢等を並べて妨害物による事実上の防止線をつくる等の措置を採用することも可能である。

警備員の配置については、会場整理のため会場内の適宜な位置に配置することができる。

11 暴力行為が発生した場合の処理

〔設　問〕

株主による暴力行為が発生した場合、どのように処理すべきか。

〔結　論〕

1　暴力行為が犯罪に該当すれば、逮捕することができる。

2　暴力行為が犯罪に該当せずまたは該当するか不明な場合でも、退場命令を発令して執行し場外に退場させ、退場に応じなければ逮捕することができる。

〔説　明〕

(1) 暴力行為は、通常、暴行罪（刑208条）、傷害罪（刑204条）に該当する。場合によって、脅迫罪（刑222条）、業務妨害罪（刑234条）にも該当しうる（第8⓫〔p.111〕参照）。したがって、その犯罪となる暴力行為を行った者は、現行犯人であり、何人も（警察官だけでなく、私人である社員や警備員も）逮

捕することができる（刑訴213条）。私人が現行犯人を逮捕したときは直ちにこれを警察官等に引き渡さなければならない（刑訴214条）。

(2)　会社法は、議長の議事整理権と退場命令権を明定している。すなわち、議長は総会の秩序を維持し議事を整理する権限を有し（会315条1項）、その命令に従わない者その他総会の秩序を乱す者を退場させる権限を有する（同2項）。

　暴力行為が犯罪に該当しないときまたは該当するか不明であるときでも、その株主が総会の秩序を乱すときは、予告をして（たとえば、「○番の株主さん、これ以上発言を続けられますと退場願うことがあります。」）、退場命令を発動することができる。退場命令は、「○番の株主さんの退場を命じます。警備担当者はその株主さんを退場させて下さい。抵抗するときは臨場の警察官に引き渡して下さい。」等と発言する。議長の退場命令権は、当然退場命令に従わない者に対して相当なる実力行使をもってその者を場外に退場させる権限を含む。また、退場命令に従わない者については、不退去罪（要求を受けて建造物より退去しない罪）が成立しうる（刑130条）。犯罪である不退去罪に該当すれば、やはりその退場しない株主を現行犯逮捕（刑訴213条）することができる（第8**11**〔p.114〕参照）。

　退場命令を発令した以上、その執行は必ず行うべきである。退場命令は総会の秩序維持のための最後の手段であり、これがきちんと執行されなければ、発令後の総会は無秩序状態となりかねないからである。

(3)　なお、現行犯人として逮捕された者については、総会終了後、会社より被害届の提出あるいは告訴を行うべきである。総会の秩序を乱し議事を混乱させる株主に対して、また翌年以降の株主総会の秩序維持のため、確固たる姿勢をとるべきである。

　退場命令が執行されたときは、後日のため証拠を保全しておく必要があるので、単にテープレコーダーによる状況の録音やビデオによる状況の撮影のみではなく、これに加えて関係者（議長・総務部長・警備員等）の報告書・聴取書を作成しておくことが、後日刑事上、民事上の問題になった場合に役立つ。

12　ウェブ修正

〔設　問〕

招集通知発送後にインターネット上で株主総会参考書類等を修正することができるのはどのような場合か。

〔結　論〕

単純な誤記や印刷ミスは WEB 修正が可能であるが、議案の追加や議案の同一性を失うような修正を WEB 修正で行うことはできない。

〔説　明〕

(1)　株主総会参考書類に記載すべき事項、事業報告、計算書類および連結計算書類の内容とすべき事項について、招集通知を発出した日から総会の前日までの間に修正をすべき事情が生じた場合における修正後の事項を株主に周知させる方法を、当該招集通知と併せて通知することができ（施65条3項・133条6項、計133条7項・134条7項）、修正後の事項を株主へ周知させる方法として、インターネット上のウェブサイトに掲載する方法が一般的にとられている（以下「WEB 修正」という）。修正後の事項を株主に周知させる方法の通知としては、招集通知に、「株主総会参考書類、事業報告および計算書類の記載事項に修正が生じた場合は、インターネット上の当社ウェブサイト（http://xxxxx）に掲載いたします」などの文言を記載する。

これは、参考書類等の記載に誤りがあった場合や発出後の事情変更があった場合、本来は速やかに修正されることが望ましいところ、書類の再交付が必要となると、費用負担の問題のほか、招集通知の発出期間の規制との関係が問題となるため、別途の対応が可能である旨を明らかにしたものとされている（相澤哲編著『立案担当者による新会社法関係法務省令の解説（別冊商事法務300号）』(2006) 15頁）。

(2)　単純な誤記や印刷ミスは、WEB 修正が可能である。

また、招集通知の発出後に新たに発生した事情によって、議案そのものではない記載事項に変更、追加が生じた場合にも WEB 修正が可能である。

事業報告や計算書類は監査の対象であることから（会436条1項・2項・444条4項）、監査報告に影響を与えない形式的な誤記等の場合にはWEB修正が可能と解される。

　これに対し、議案の追加は、招集通知から予見可能な範囲を超えるものであるから、原則としてWEB修正によることはできない。例外的に認められる場合があるかについては複数の見解があるが（郡谷大輔＝松本絢子「WEB修正の実務対応」商事1834号（2008）43頁、神作裕之「会社法施行下の株主総会──『2006年版株主総会白書』を読んで」商事1787号（2006）5頁）、追加的な修正や議案の同一性を失うような修正をWEB修正で行うことはできない（野村修也ほか「会社法下の株主総会における実務上の諸問題」商事1807号（2007）65頁）と解するのが相当であろう。

(3)　WEB修正が規定されていない、狭義の招集通知、会計監査報告、監査報告、議決権行使書面等について誤記等があった場合、明白な印刷ミス等であれば、法律上のWEB修正とは評価されないものの、WEB修正を利用することができると解すべきである（前掲・野村ほか66頁）。

(4)　WEB修正の時期について、株主に周知できる合理的な時期に行わなければならないと解されている。WEB修正の対象となる書類（株主総会参考書類、事業報告、計算書類、連結計算書類）は、株主が総会における議決権行使の参考にするものだからである（木村敢二「WEB開示とWEB修正の実務対応」商事1959号（2012）42頁）。

第6　取締役等の出席

1　取締役等の総会への全員出席の要否

〔設　問〕

① 取締役、監査役、会計参与、執行役(以下、第6において「取締役等」という)は、全員総会に出席しなければならないか。
② 次の理由で取締役等が総会を欠席したら、どうなるか。
　1　遠隔地駐在、出張もしくは重要な商談などの業務従事中または病気
　2　他社取締役の兼務
③ 取締役等の全員または一部の者が、総会にオンライン出席することはできるか。

〔結　論〕

1　①は、出席取締役等により説明義務を尽くしうるならば、全員が出席する必要はない。
2　②の1は欠席の正当事由となり、②の2は当該他社の業務従事中である場合にのみ欠席の正当事由となる。もっとも、他の出席取締役等により説明義務を尽くしうるならば、正当事由なく欠席した者がいても決議方法に法令違反があることにはならない。
3　③は、会議としての即時性・双方向性が満たされる形で運営される限り、取締役等の全員または一部の者がオンライン出席することができる。

〔説　明〕
(1)　会社法314条は、取締役等の説明義務を定めたが、説明をするためには総会に出席していることを要するから、この規定は、取締役等の総会出席義務を間接的に定めたものと解されている（会社法コンメ(7)245頁〔松井秀征〕）。

　しかしながら、確保されるべきは、あくまでも株主の質問に対する説明であって、出席そのものではないから、他の出席取締役等により説明義務を尽くしうるのであれば、必ずしも全員が出席している必要はない。

(2)　取締役等は善管注意義務（会330条・402条3項、民644条）を負い、さらに取締役、執行役は忠実義務（会355条・419条2項）を負っているから総会に出席すべきは当然であるが、正当の事由あるときは出席しなくても義務違反の責任を負わない。〔設問〕②の1は、いずれもこの意味の正当事由となるが、〔設問〕②の2は当該他社の業務従事中である場合にのみ正当事由となると解する。

　しかし、その義務違反について、当該取締役等が過料に処せられ、当該決議が決議方法についての法令違反（会831条1項1号）となるのは、説明義務であって（会314条・976条9号）、出席義務ではない。したがって、一部の者（A取締役、甲監査役）が正当の事由なく欠席したが、総会では他の出席者（B取締役、乙監査役）が株主の質問に対して説明をした場合には、Aも甲も過料に処せられず、決議方法についての法令違反もない。この場合、株主の質問が、A取締役の監視義務、甲監査役の監査について、それぞれ「A取締役」または「甲監査役」と指名したものであっても、必ずしもこの指名に拘束されないから、質問に対する出席者の説明がなされるかぎり、過料や決議の瑕疵の問題は生じないと解される。

(3)　会社法上、取締役等が総会に出席するにあたって、常に物理的な会場に赴いて出席しなければならないという規定はない。また、総会の「場所」（会298条1項1号）とは、株主が出席できるようにするための物理的な場所であって、取締役等がいなければならない場所ではない。

　したがって、総会が開催された場所に物理的に出席しなくても、情報伝達の即時性・双方向性が満たされる形で運営されていれば、実際に取締役等が総会の「場所」に存しなくてもよいと解される（施72条3項1号は、オンライン出席ができることを前提とした規定であるとされている。弥永真生『コンメン

2 社外取締役、社外監査役、監査等委員の総会への出席の要否

〔設 問〕

① 社外取締役、社外監査役が他社の取締役等を兼務している場合、総会に欠席してもよいか。
② 監査等委員会で選定された（総会で監査等委員会の意見を述べる予定の）監査等委員が事故により総会を欠席する場合はどうか。

〔結 論〕

1 当該他社で業務に従事中である場合には、欠席しても正当な事由ありと判断される。
2 任務懈怠責任が生じうるため、（総会で監査等委員会の意見を述べる）代わりの監査等委員を選定するように尽力すべきである。

〔説 明〕

(1) 社外取締役、社外監査役のいずれも、株主総会において説明義務を負っている（会314条）。また、これらの者は善管注意義務（会330条、民644条）も負っているのであるから、総会に出席して説明のできる態勢を整えておくべきことが原則で、望ましいことはいうまでもない。社外取締役も社外監査役も、各々取締役ないし監査役としての権限・義務上は他の取締役、監査役と変わりはない。

前記のとおり、「出席義務」は善管注意義務から導かれる義務としてあるわけで、具体的に出席義務を定めた規定はない（会計監査人についての例外。会398条2項）。

したがって、正当な事由があれば欠席してもやむをえない。社外取締役ないし社外監査役が他社の取締役等を兼務しているような場合、当該他社で業務に従事している場合には株主総会に欠席しても正当な事由ありと判断される。このことは、当該取締役が監査等委員である場合も異ならない（後記(2)

のとおり、監査等委員会が選定した監査等委員である場合を除く。）。

　もし、正当な事由なく総会に欠席した場合、善管注意義務を尽くしたことになるかという点が問題となる。説明義務との関係では、社外取締役ないし社外監査役の出欠にかかわらず、説明義務として尽くされたかどうかのみが問題となる。すなわち、他の取締役等により、説明が尽くされていれば、決議の瑕疵にはならない（なお、監査役ガイドライン370頁参照）。

(2)　監査等委員会が選定する監査等委員は、株主総会において、「監査等委員である取締役以外の取締役の選任若しくは解任または辞任」、「監査等委員である取締役以外の取締役の報酬等」について、監査等委員会の意見を述べることができる（会342条の2第4項、会361条6項）。なお、当該意見は、株主総会において、監査等委員が述べることができるとされる意見とは異なる（会342条の2第1項、会361条5項）。

　監査等委員会で株主総会において意見を述べるよう選定された監査等委員においては、株主総会において、自らの欠席により監査等委員会の意見が述べられないこととなれば、任務懈怠責任（会423条1項）が生じうる。さらに、他の監査等委員においても、選定された監査等委員が事故により欠席することを把握した後、意見を述べる他の監査等委員を選定しない場合には、善管注意義務違反による任務懈怠責任が生じうる。

　以上のように、選定された監査等委員が事故により欠席することとなった場合には、株主総会において、適切に監査等委員会の意見が述べられるよう、他の監査等委員を選定するように尽力する必要がある。なお、予期せぬ欠席に備えて、意見を述べる監査等委員を選定する際、あらかじめ次順位の監査等委員を選定しておくことが適切と思料される。

3　定時総会において会計監査人の出席を求める決議があった場合

〔設　問〕

　定時総会において会計監査人の出席を求める決議があったが、会計監査人が出席しておらず、直ちに意見を求めることができない場合はどう

> なるか。

〔結　論〕
　当該定時総会の続行の決議を得たうえで、継続会において会計監査人が意見を陳述すべきである。

〔説　明〕
(1)　会計監査人は、取締役等とは異なり、当然には株主総会への出席義務、説明義務を負うものではないが（会314条参照）、議長または説明義務者の求めに応じて会計監査人としての立場で意見を述べることは何ら差し支えない。
　一方、定時総会において会計監査人の出席を求める決議があったときは、会計監査人は定時総会に出席して意見を述べなければならないとされている（会398条2項）。そして、この会計監査人の意見は、出席を求める決議がなされた当該定時総会において陳述されなければならないものと解される。これは、会計監査人の職務は計算書類の監査をすることであることから、会計監査人の意見陳述義務も、定時総会に出席した株主が計算書類の報告を受けまたはその承認をするための参考に資するべく規定されたものと解されるからである。
(2)　そうすると、定時総会において、いつ会計監査人の出席を求める決議がなされるかは予測できない以上、会計監査人は、いつでも遅滞なく定時総会に出席しうる態勢をとっておく必要がある。この点、実際には、会計監査人は総会会場外の別室で待機しているという例が多いと思われる。
　しかし、もし、定時総会において会計監査人の出席を求める決議があったにもかかわらず、会計監査人が出席しておらず、直ちに意見を述べることができなかった場合は、当該定時総会の続行の決議（会317条）を得たうえ、継続会において会計監査人が意見を陳述すべきである。仮に、継続会を開催せずに、単に会計監査人が当初の定時総会の開催日後に意見を述べたとしても、それは当該定時総会の決議についての株主の議決権行使の参考としての意味を有しない以上、会計監査人は意見陳述義務を果たしたことにはならないというべきである。

第7 議長

1 議長の資格

〔設　問〕

議長となりうる資格とは、どのようなものか。

〔結　論〕

株主または取締役であることを要する。

指名委員会等設置会社においては、執行役も議長の資格を有する。

〔説　明〕

会社法には議長の権限に関する規定はある（会315条）が、議長の資格についての規定はないため、解釈上問題となる。

旧商法においても議長の資格についての規定はなかったため、議長は株主たることを要するかという問題提起のもと、従来から争いのあるところである。会議体の一般原則からすれば、議長はその会議体のメンバー（株主総会の場合は株主）たることを要する。しかし、会社運営について責任を負う立場にある取締役は、総会の議事運営についても責任を負うのであるから、代表取締役その他の取締役も、仮に非株主であっても議長となりうる。

このように、議長は株主または取締役たることを要すると解するのが多数説である（ただし、議長は株主総会の構成メンバーたる株主に限るという説もある）。議長は議事運営にあたるだけであるから、監査役さらには第三者であっても議長となりうるとの見解もあるが、実務的には多数説に立った処理

が無難である。

　なお、指名委員会等設置会社においては、執行役も取締役と同様に、総会に出席する義務を負っているものと解される（会314条）。そして、指名委員会等設置会社の場合は、株主総会の招集は取締役会が決定し（会298条4項）、代表執行役が執行する形で招集する。この場合、執行役は取締役と同様に会社運営について責任を負う立場にあり、議長の資格があるものと解する。

2　特別利害関係ある者と議長適格

〔設　問〕

　議題と利害関係ある者は議長になれるか。

〔結　論〕

　なることができる。

〔説　明〕

　議長はその地位においては議事運営にあたるだけであるから、総会の決議につき特別の利害関係を有する者も議長となりうると解する（東京地判平成4・12・24判時1452号127頁）。ただし、特別利害関係ある者が議長となった結果、著しく不公正な議事運営がなされれば、その議長の下でなされた総会決議は取消しの原因となる（会831条1項1号）。

　実務上、その総会限りで退任する取締役に対する退職慰労金贈呈議案の審議採決の場合、その取締役が議長となっているときには、その議案の上程中に限り、議長に差し支えありとして議長を交替する例があるが、それは特別利害関係人だからという理由ではなく、自ら退職慰労金贈呈議案の提案説明（その中には「在任中の功労に報いるため」という慣用句が入る）をしにくいという事情があるからに過ぎない。

　ではその場合、定款によればその取締役（たとえば代表取締役社長）が議長となると定められているとすると、自発的な議長交替は定款違反となるか。

これについては、定款違反にはならないと解する。議長に関する定款規定は、総会の都度の議長選任の煩を避けるための便宜的なものに過ぎず、前記のような公正らしさを確保するための議長交替を認めない趣旨ではないからである。その交替は、自発的辞退であるから、定款に定める「社長に事故あるとき」のうちの事実的障害として、次順位の取締役が議長となる（なお、特別利害関係を有する者は議長たりえないとする説では、これは法的障害となり、必ず議長交替を要することになる）。

このように、議案についての特別利害関係を有する者も議長となりうると解すると、議長不信任動議が出された場合の2つの審議採決、すなわち①その動議を議題とするか否かの審議採決および②これが可決された場合の不信任動議を議題とする審議採決のいずれにも当該議長は議長であり続けることができると解される。動議を採決にかけるその行為自体は、出席株主の意見を問う単純な行為に過ぎないのであり、また議長の不信任動議を当該議長自身が採決にかけたからといって、直ちにそのこと自体をもってその採決の公正さが失われるとは考えられないからである（前掲・東京地判平成4・12・24参照）。東京地判平成23・1・26判タ1361号218頁も、「議長は、議案が議長の不信任案であったとしても、定款に別段の定めがない限り、その地位を回避することを要しないというべき」と判示している。

3　議長の途中交替の方法

〔設　問〕

議長の途中交替については、どういう方法があるか。

〔結　論〕

定款に定めがあればこれにより、なければ総会決議をもって選任する。

〔説　明〕

(1)　議長の「交替」は、元の議長の「退任」と新しい議長の「選任」を意味する。

議長の選任について、旧商法237条ノ4第1項では、定款に定めがあればこれにより、定めがない場合は総会において選任する旨の規定があったが、会社法ではこの規定が削除されている。

　しかし、多くの会社の定款には「株主総会の議長は、社長がこれに当たる。社長に事故あるときは、あらかじめ取締役会で定めた順序に従い他の取締役が議長となる。」との定めが置かれている。明文の規定が削除された会社法のもとでも、この定款の効力を否定する理由はない。よって定款に定めがあればこれによることになる。

　この場合、定款に「社長に事故あるときは、……」の事故とは、病気、途中退場や特別利害関係議案についての自発的辞退など議長となることの拒否のような事実的障害のほか、議長不信任決議の成立のような法的障害も含まれる。

(2)　他方、定款に定めがない場合、あるいは定款には「社長に事故ある場合、あらかじめ取締役会が定めた順序により、他の取締役がこれにあたる。」との定めがあるものの、あらかじめ取締役会が議長となる取締役を定めていないような場合は、株主総会で議長を選任することになる。

　この点、取締役会設置会社の株主総会は法定事項および定款規定事項に限り決議できる（会295条2項）ところ、会社法では旧商法の法定事項（議長の選任）が削除されたため、そもそも取締役会設置会社の株主総会に議長を選任する権限が存するかが問題となるが、選任権限は存するものと解する（なお、取締役会非設置会社の株主総会は、一切の事項について決議することができるものとされている（会295条1項）ため、この点は特に問題とならない）。

　なぜなら、法律が削除され明文規定がなくなったとしても、株主総会の議長を当該会議体である株主総会が選任することは、会議体の一般原則に基づく当然の帰結だからである。

　また、この場合の議長選任決議は、招集通知に記載されていなくても、当然にできる。

(3)　なお、交替した議長は、事故となった障害が解消したときには、定款の定めにより先順位の者が議長に復帰する。

4　少数株主が招集した総会の議長

〔設　問〕

少数株主が招集した総会の議長は誰がなるか。

〔結　論〕

総会で議長を選任する。

〔説　明〕

少数株主が招集した総会（会297条4項）の議長についても、社長その他の取締役が議長となる旨の定款の規定によるとの説もあるが、多くの下級審の裁判例（ただし、昭和56年商法改正前のもの）ならびに多数説は、この定款の規定は取締役会が招集を決定した通常の総会を前提とするものであり、少数株主自ら招集した総会には適用がないことを理由に、当該総会において別に議長を選任すべきであると解している（なお、会社法のもと、取締役会設置会社の株主総会にも会議体の一般原則の帰結として議長の選任権限はある。**第7 3**〔p.89〕参照）。

そして、その議長選任のための議事においては、総会を招集した少数株主が仮議長となって、選任の決議がなされるものと解される。この決議において、結局、社長その他の取締役を議長に選任することは差し支えない。

そのようにして社長が議長に選任されると、少数株主の招集する総会の議題が当該社長の「取締役解任の件」である場合には、その決議につき特別利害関係を有する者が議長となりうるかの問題がでてくるが、これを肯定するのが多数説である。

ただ、昭和56年商法改正前ではあるが、議長たる社長が蛸配当の罪（旧商489条3号）により告訴され、さらに当該総会においてその責任追及がなされようとしているような場合には、議長を他に譲るべきものとする判例がある（大阪高判昭和42・9・26判時500号14頁）。

なお、総会における議長選任の決議は議事運営に関する事項であるから、定款に別段の定めがない限り、普通決議による（会309条1項）。

最後に、少数株主の請求に応じて取締役会が招集した総会（会297条1項）の議長については、反対説もあるが、社長その他の取締役が議長となる旨の定款の規定が適用されると解するのが多数説である。

5 議長が遅刻しまたは欠席した場合の処理

〔設　問〕

議長が遅刻しまたは欠席した場合の処理は、どのようにしたらよいか。

〔結　論〕

いずれの場合も、総会は別に議長を選任しなければならない。ただし、定款上議長に事故ある場合について議長就任者の定めがあれば、これに従う。

〔説　明〕

〔設問〕は、定款で議長に就任すべき者が定められている場合に、その者が総会に遅刻または欠席したときの処理の方法を問うものである。

議長は総会の秩序維持と議事整理権を有する中心的な機関であるから、本来遅刻するとか欠席するなどということはあってはならないことではあるが、仮にかかる事態が生じた場合、議長に事実上の障害があるものとして総会で別に議長を選任しなければならない（なお、会社法のもと、取締役会設置会社の株主総会にも会議体の一般原則の帰結として議長の選任権限はある。第7❸〔p.89〕参照）。しかしこの場合、定款に「あらかじめ取締役会で定めた順序により他の取締役が代わって議長をつとめる」など議長就任者の順序が定められているときはこれに従えばよく、総会で改めて議長を選任する必要がない。

もっとも遅刻については、30秒ないし1分とかきわめてわずかな時間の遅刻もあれば、数時間にわたる遅刻もあるし、また交通事故の発生や交通機関のストライキ決行のためなど、そのときどきの事情もあるから、状況に応じて出席株主全員に説明のうえ、許容される時間（たとえば30分程度）待ってもらうこともありうる。

遅刻により「事故ある場合」として資格を失った定款所定の議長が議場に到着して議長の職務をとりうる状態に至ったときは、事故は解消し、その者が議長資格を回復する。なお、資格を回復したからといって直ちに議長の交替をしなければならないものではなく、遅滞なく交替すれば足りる。なぜなら、議事運営を円滑に行うことは議長の職責であるから、資格を回復した議長が議事進行のタイミングを見計らってスムーズに交替することは、議長の善管注意義務上相当と思われるからである。

6　議長の違法または不当な権限行使

〔設　問〕

　　議長の違法または不当な権限行使があった場合はどうなるか。

〔結　論〕

　決議方法が法令・定款に違反しまたは著しく不公正なものとして、決議取消事由となる。

〔説　明〕

(1)　議長の違法または著しく不公正な権限行使として一般に考えられるのは、下記のとおりである。

　　a　議長が特定の株主を不当に入場させないとき
　　b　不当な退去命令によって特定の株主を退場させたとき
　　c　株主からの動議の提出を不当に阻止または却下するとき
　　d　不当に質問を打ち切り、討論を十分尽くさせないまま採決するとき
　　e　議長が、株主より正当な質問権の行使があるのに、取締役・監査役に説明をさせないとき
　　f　株主の議決権行使を不当に制限するとき
　　g　誤って非株主に議決権を行使させたとき
　　h　不当に発言を禁止したり、中止させるなどして、特定の質問者の権利を正当な理由なく制限するとき

(2) 議長は総会の秩序を維持し、議事を整理し、総会の秩序を乱す者を退場させることができる（会315条1項・2項）。したがって、議題ないし議案の審議の順序、採決方法などの議事進行にかかる事項は、特に一つひとつ議場に諮って株主の意向を確かめることを要せず、議長の専権として、善良な管理者の注意義務に基づいて適切に議事進行を図らねばならない権限と義務がある。

しかし、議長の議事進行整理権、秩序維持権の濫用は、決議方法が法令・定款に違反しまたは著しく不公正なものとして決議取消事由となる（会831条1項1号）。もっとも、報告事項については、決議取消しの問題は生じない。また、決議事項であっても、議題が複数ある場合は、それぞれの議題ごとに決議取消しが検討される。

(3) 決議取消事由が存在しても、瑕疵が招集手続または決議方法の法令・定款違反という手続上の瑕疵である場合には、裁判所は①その違反する事実が重大でなく、かつ②決議に影響を及ぼさないものであると認めるときは、取消請求を棄却することができる（会831条2項）。これを裁量棄却という。これに対し、招集手続や決議方法が著しく不公正な場合はそれ自体重大な瑕疵があるものとして裁量棄却は認められていない。

このため、議長の権限の不当行使が決議取消しの瑕疵に当たる場合に、まず、それが単なる法令・定款違反かまたは著しく不公正な場合に当たるのかを選別する必要がある。

そして、違反する事実が法令・定款違反である場合には、被告（会社側）において、議長の権限行使に違法はあるが、重大な瑕疵ではないこととともに、その瑕疵が決議の結果に影響を及ぼさないことを主張・立証しなければならない。

7　議長資格に関する質問に対する答弁の要否

〔設　問〕

議長資格に関する質問に答える必要があるか。

〔結　論〕

答える必要はない。

〔説　明〕

総会の議題が議長資格に関する定款規定の変更を目的とするものであるときには、議長資格に関する株主の質問は議題に関するものとして、取締役の説明義務の範囲に属する。

これとは別に、議長の「私は社長の誰々であります。定款の定めにより本総会の議長をつとめさせていただきます。ただいまから第何回定時株主総会を開催いたします」との開会宣言直後に、出席株主から「そんな定款規定は知らない。第何条か」との質問や「出席株主に定款を配布せよ」との要求が出ることがありうるが、そのような質問に対する説明や要求に対する配布はまったく必要ない。

議題に関せず、かつ定款の株主に対する拘束力（大阪地判大正6・4・20判例体系17 Ⅱ巻193頁）を忘れた質問であり、要求だからである。

8　議長の不信任動議が可決された場合の措置

〔設　問〕

株主総会で社長が議長となるにつき、不信任動議が賛成多数で可決された場合、どのように処理すべきか。
① 定款に「株主総会の議長には社長がこれにあたる」との定めがある場合
② 定款に「株主総会の議長には社長がこれにあたり、社長に事故がある場合、あらかじめ取締役会が定めた順序により、他の取締役がこれにあたる」との定めがある場合
③ ②の場合に出席株主らが取締役以外の者を議長に選任する動議が提出され、可決された場合

〔結　論〕
1　社長は議長を解任され、当該総会において社長以外の者の中から議長を選任する。
2　不信任動議の可決は、定款の「社長に事故ある場合」に該当することから、定款の定めに従って、あらかじめ取締役会が定めた順序により他の取締役を議長にあたらせる。
3　当該定款規定の効力は停止し、総会で選出された取締役以外の者が議長にあたることになる。

〔説　明〕
(1)　議長の不信任動議については、当事者である議長が裁量的にその採否を決めることになじまないことから、必ず総会に諮らなければならない（なお総会といえども定款の定めに拘束されるとして不信任動議は却下し総会に諮る必要はないとする説あり）。
　そして総会に諮った結果不信任動議が可決された場合、本定款は「株主総会の議長には社長がこれにあたる」とだけ規定され、一般にみられるような「社長に事故ある場合」に他の者が議長になる旨の規定がないことから、総会で議長を選任することになる。
　この点議長について定款に定めがないときは総会で選任するとした旧商法237条ノ4第1項は会社法上削除されたことから、総会で議長を選任できるかが問題となるが、会議体の一般原則から定款の定めがないときは、総会で当然選任できると考えるのが一般である（江頭371頁）。
(2)　不信任動議の可決は、定款の「社長に事故ある場合」に該当することから、定款の定めに従い、あらかじめ取締役会が定めた順序により他の取締役が当然議長に当たることになる（なお「社長に事故ある場合」とは、社長が病気などで物理的に出席不能な場合、動議の可決などの法的障害がある場合、のみならず自己の意思で欠席する場合もこれにあたる。第7**3**〔p.89〕参照）。
　ただし、総会決議により、前記「他の取締役」以外の者を選任することも可能である。
(3)　定款の議長たる者の定めは、総会のたびごとに議長を選出する手間を省くための便宜的規定であって、総会で社長が議長となることについての不信

任動議が可決され、取締役以外の者を議長に選任する動議が提出されて賛成多数により可決された場合には、その定款の定めは効力を停止し賛成多数により選出された取締役以外の者が議長にあたることになる（江頭371頁）（「社長に事故があるときは……他の取締役があたる」とする定款規定に違反するという説もあり）。

第8 議事進行

1 議事進行につき議場に諮るべき事項と議長が独自に判断できる事項

〔設 問〕

議長が議事の進行につき、議場に諮らなければならない場合と、議長独自の判断で決定できる場合とはどのように区別されるか。

〔結 論〕

議長が議場に諮らなければならないのは、総会の延期・続行、総会提出資料調査者の選任、会計監査人の出席要求の各決議、議長不信任の動議、ならびに議題および議案に関する修正動議などの場合で、その他は議長の判断で決定できる。

〔説 明〕

(1) 議長が議場に諮らなければならない場合

 a 法令により総会で決議すべきものとされている総会の延期・続行（会317条）、総会提出資料調査者の選任（会316条）、会計監査人の出席要求（会398条）については、議長はこれを総会に諮らなければならない。これらの決議は主に株主の動議によってなされるが、議長が提出することも差し支えない。ただし、これらを求める株主の動議が合理的理由がないことが明白な場合には、議長権限で前記動議を却下しても差し支えない。

 b 議長不信任の動議については、議長の選任・解任権が総会にあるので、総会に諮る必要がある。ただし、前記の動議が権利の濫用に当たる場合に

は、議長はこれを却下して差し支えない。
　c　議題および議案について修正動議が提出された場合、議長はこれを総会に諮り、質疑討論を尽くして採決しなければならない。
(2)　議長が独自の判断で決定できる場合
　議長には株主総会の秩序維持、ならびに議事を整理する一般的権限があることから（会315条）、以上のほかは、すべて議長の職権行使に委ねられていると解される。
　特に議長の専権として独自に判断できる事項を摘示してみると、次のようなものである。

a　総会の開会および閉会

　議長は、総会が成立したと判断したときには開会宣言をもって総会を開始し、そして閉会宣言をもって総会を終了させる。したがって、議長の前記宣言は、総会の開始と終結の決め手になる重要な事項になる。

b　総会の休憩

　いつ、どの程度の休憩をとるか、あるいは休憩はとらないかは、すべて議長独自の判断で決める。もちろん総会の意向を聴取してもよいが、それには拘束されない。また、休憩の動議が提出されても、不相当と判断すれば却下して議事進行を図る。

c　発言の許可

　議場内での発言は、質問者、回答者を問わず、すべて議長の許可を得なければならない。したがって、議長の指示に従わない発言は、直ちに発言を禁止または中止することができる。発言の順序、時間等についても議長判断に任されている。

d　議事の審議の順序変更

　総会に付すべき議題が複数存する場合、その間の審議順序には法律的拘束力はなく、議長は合理的判断に従って、いずれの議題から審議に付してもよい。

e　質疑打切り、質疑続行

　議題が提出されたとき、その当否を決定するために質疑応答が行われ、また各自の意見が陳述されることは、会議体として当然のことである。そして、これら質疑、意見陳述等が時間、内容、取締役の説明等から客観的

に採決をなすに熟したと認められるとき、議長は質疑を打ち切り、採決に移行することとなる。質疑打ち切りのタイミングについて中部電力事件では「平均的な株主が客観的にみて会議の目的事項を理解し、合理的に判断することができる状況にあると判断したときは、まだ質問等を求める者がいても、そこで質疑を打ち切って議事進行を図ることができる」と判示しており（名古屋地判平成5・9・30資料版商事116号187頁）、これが判例の一般的傾向であることからすれば、これを一応のメルクマールとして議長は質疑打ち切り、採決のタイミングを判断することになる。

　このように、議長は質疑打切り、続行の決定権者であるが、事態が紛糾し、議長としては十分質疑がなされたと考えるが自らの判断のみによる決定には若干の不安が存する場合は、自らの心証を確認する手段として現にその場で審議に参加している株主の意向を問い、大多数の株主が質疑応答等は十分になされたと認めて質疑等打切りを希望しているときは、その会議体としては客観的に質疑応答等が十分なされた状況にあると推認できる。質疑等続行についても同様である。質疑等打切りか続行かの最終的判断は重要であり、これについて迷うような場合は、総会に事務局等として臨席している弁護士にアドバイスを受けることが必要である。

f　採　決

　採決方法については、書面投票が記名投票であるほかは何らの定めはなく、議長は、議案に対する賛成の議決権が決議に必要な数に達したか否か確認できる方法であれば、いかなる方法を用いてもよい（最判昭和42・7・25民集21巻6号1669頁。東京地判平成14・2・21判時1789号157頁は「株主総会における決議の方法については、法律に特別の規定がないから、定款に別段の定めがない限り、……議案の賛否について判定できる方法であれば、いかなる方法によるかは、総会の円滑な運営の職責を有する議長の合理的裁量に委ねられているものと解される」と判示している）。なお、株主提案権にかかる議題については10分の1以上の賛成を得たか否か（会304条ただし書）、また株式買取請求権が問題となる議題（会116条・117条・469条・470条等）における反対株主の確定などを必要とする議題につき、採決方法として適当と思われる動議が提出され、議長が相当と考えたときは、議場に諮ることが適切であろう。

g 一括審議

一括審議をなす合理性・関連性を有する場合（たとえば取締役の一括選任、監査役の一括選任）には、議長はその権限において一括審議に付すことができる。なお、中部電力事件判決（前掲・名古屋地判平成5・9・30）では、議長が合理的と思われる審議方法を採用する裁量を有するとされ、また一括審議方式自体が不公正な審議方法とはいえないとも判示している。

2 休憩、延期・続行の決定権者

〔設　問〕

> 休憩、延期・続行の決定は議長権限でできるか。また、いわゆるバーチャルオンリー型株主総会の途中で通信障害が発生した場合、どのように対処するべきか。

〔結　論〕

休憩は議長権限でできるが、延期・続行は総会の決議を要する。バーチャルオンリー型株主総会の途中で通信障害が発生した場合に備え、あからじめ総会の冒頭で延期・続行の総会の決議を行い、また、実際に通信障害が起きた場合、改めて株主総会を招集、開催する。

〔説　明〕

(1)　休憩は、議長判断で、議事の進行状況や議場の状況などからみて適宜宣告することができる。議場から休憩動議があっても、議長はその相当性を判断して必要を認めないときは却下し、議事進行を図っても差し支えない。

議長の休憩処置に対し株主から異議が述べられた場合、議長が議場に諮ってその採決を求めることは、議事の円滑な進行を図るために適当なこともあるが、議場に諮るかどうかは、あくまで議長の裁量に任されているため、採決を求めることは義務ではない。

(2)　総会の延期・続行は、総会の決議による（会317条）とされており、議長権限では決められず、議事に入らずに会日を後日に変更する延期の場合も、

株主総会の決議が必要となる。継続会の日時・場所については、議長に一任する決議も許容されるが、決定次第事前に株主に十分な周知をするべきである。

不適切な会計処理が発覚し、計算書類の報告ができないなどの理由により、延会・継続会を開催する事例では、あらかじめ招集通知やネット上でのリリースにて、延会または継続会を開催する予定であることや継続会の目的事項が知らされるなどしている。

このほか、延期・続行の問題は、議場が混乱するなどして正常な審議が困難になった場合とか、一般株主が議場に入れず審議に参加できないような状態になった場合などに起きる。議長がその状況を判断して延期を議場に諮ることはできるが、株主から延期の動議があれば、延期すべき合理的理由がないことが明白な場合を除き、必ず議場に諮らなければならない。なお、混乱のため開会宣言や延期の決議も不能なとき、あるいは定足数を充足しない場合などは、議長権限で流会を宣言する必要が生ずることもある。なお、コロナ禍などの未曽有の危機状況においては、継続会の開催について緩やかに解されることもありうるが、ごく例外的なものであり、平時にも適用されるものではない。

(3) 議題の審議が質疑の状況から決議をなすに熟さず、なお相当の時間を要するというような状況下で続行の動議が提出されれば、総会を続行すべきかどうかについて総会で採決することになる。株主からの総会続行の動議が、総会で客観的に審理が尽くされている状況にあるのに、いやがらせとか、単なる引き延ばしと認められる動議のときは、議長権限でその動議を却下することができる。

(4) 産業競争力強化法66条に基づいて経済産業省令・法務省令で定める要件を満たし、経済産業大臣および法務大臣の確認を受けて定款を変更した上場会社は、会社法の定めによらず場所の定めのない株主総会（いわゆるバーチャルオンリー型株主総会）を開催することができる。バーチャルオンリー型株主総会は、インターネットの通信設備を用いて株主が特定の場所に集まることなく株主総会に出席することができるが、停電や通信設備の不具合、故障、悪意ある第三者によるハッキングなどによる通信障害が発生した場合、株主総会の議事を適切に進行することに著しい障害が生じ、株主総会決議取

消事由（会831条1項）や決議不存在事由（会830条1項）に該当する可能性がある。

　そこで、このような通信障害の発生に事前に備えて、総会の延期・続行について日時の決定を含めて議長に一任する決議を株主総会の冒頭に行っておくことが考えられる。また、総会の延期・続行について決議をする前に通信障害が発生して必要な株主総会決議を行うことができなかった場合、改めて招集、開催する必要があるが、あらかじめ招集通知や自社のホームページで総会の延期・続行による変更や再度の開催について、変更内容などを知らせる方法などを記載、記録して周知を十分に行うのが望ましい。

3　株主の発言と議長の許可

〔設　問〕

　株主が発言するときは、議長の許可を要するか。

〔結　論〕

　株主は、議長の許可を得てから発言すべきである。

〔説　明〕

(1)　議長は総会の秩序を維持し議事を整理する権限を有し（会315条1項）、議長の命令に従わない者その他総会の秩序を乱す者を退場させることができる（会315条2項）。したがって、議場内での発言はすべて議長の議事整理権に服することになる。そしてこのことは、株主のみならず取締役、監査役についてもすべて同様である。

(2)　議長の許可を得ない発言は、質問あるいは回答として取り扱われないばかりか、質疑としての意味を持たず、かえって禁止または中止の対象となるし、さらに議長の命令に従わないと、退場させられることもある。

　もっとも、議長のこの権限行使は正当な議事整理のためであるから、理由なくして発言を禁止したり中止することは許されない。行き過ぎた違法な議事整理の下でなされた決議は、決議の方法が著しく不公正なときに該当する

として決議取消の事由となることがある（会831条1項1号）。

(3) なお、議長は、議事運営権に基づいて、発言者（質問の場合を含む。）の名前と出席票の番号を確認する裁量を有していると解されるが、入場時に合理的な資格確認がなされていることを前提とすれば、発言者のプライバシー等にも配慮し、発言時の確認は出席票の番号のみに留めることも考えられる。

4　質問者の順序決定方法

〔設　問〕

質問者の順序はどのように決定するか。

〔結　論〕

議題の審理状況と質問者の数および発言の前後などを総合的に勘案し、議長権限で決定する。

〔説　明〕

質問者は議長の許可を得なければ質問できないわけであるから、当然質問の順序も議長権限で決められることになる。議長は総会の秩序を維持し、議事を整理する職務を有するから、活発で充実した審理を実行するには、合理的な時間内にできるだけ多くの株主に集中的に質問の機会を与えるよう会議をリードする必要がある。ことに、質問者が少数の場合は発言の順序に従えば問題はないが、質問者が多数の場合は、単に発言の前後とか、発言者を全部質問させるということでは議事の整理はつかないことになる。

この場合、議長は、そのときの議題の審理状況と質問者の希望に応じた合理的で充実した審理の遂行という観点から、質問者の質問を整理し、合理的な範囲で制限し、秩序立てをすることができる。なお、質問者の権利は正当な理由なくして制限することができないから、議長の整理が違法であれば決議取消の事由になる（会831条1項1号）。

5 質問を希望する株主の質問制限の可否

〔設　問〕

　質問を希望する株主の全員に対し、質問の機会を与えなければならないか。

〔結　論〕

　質問にかかる議題につき合理的に判断するに必要な程度説明がなされれば、必ずしも他の株主に質問の機会を与える必要はない。

〔説　明〕

　総会において会議の目的事項につき質問することは株主の固有の権利であるから、多数決をもってしても質問の機会を奪うことはできない。しかし、一方で総会は会議体であるから、一定の合理的な時間内に終結しなければならないという基本的な制約があるし、できるだけ多くの株主に質問の機会を与えるために、質問者が多数の場合は各株主の質問時間を制限しなければならない必要も生じてくる（第8**4**〔p.103〕参照）。そして、このような制約のほか、多数の株主が質問を希望すればそれだけ時間を要することは避けられないから、すべての株主に質問の機会を保障しなければならない理由もまったくない。

　要は、総会の目的は議題の公正な審議にあるのであるから、議題を合理的に判断するに必要な程度に質疑が尽くされていれば十分であって、その時点で質疑を打ち切ることは適法である。東京電力決議取消訴訟において、東京地方裁判所は「議長は、株主がなお質問を希望する場合であっても、議題の合理的な判断のために必要な質問が出尽くすなどして、それ以上議題の合理的な判断のために必要な質問が提出される可能性がないと客観的に判断されるときには、質疑応答を打ち切ることができ」るとして同様の判断を示している（東京地判平成4・12・24判時1452号127頁）。ただし、質疑がまだその程度に至らないのに、単に長時間経過したという理由だけで打ち切ることは、残りの株主の質問の機会を奪うことになるから注意しなければならない。

6　説明に納得せず平行線をたどるときの処置

〔設　問〕

　説明に納得せず、平行線をたどるときは、どのように収拾するか。

〔結　論〕
　議長は、取締役または監査役からの説明が尽くされていると判断したときには、その質問を打ち切り議事を進行する。

〔説　明〕
(1)　質問者が主観的に納得しないだけで客観的にはすでに相当の説明がなされている場合は、もはや、合理的な範囲を超えた冗長な発言になるから、議長は自らが有する総会の議事整理権に基づき、その発言を禁止または中止する必要がある。質問者がそれに応じない場合は、情況によりその質問者に退場を命ずることもできる。
(2)　反対に、その原因が明らかに取締役または監査役の説明義務の不十分さにあると認めるときには、議長は前記説明義務を尽くすよう促し、なお十分な説明をしない場合には、その取締役または監査役は説明拒否に該当することになるから、取締役または監査役の説明拒否に正当な理由がある場合を除いて、議長自ら相当の処置（たとえば、ほかの取締役に説明させること）をとる必要が生じる。
　いずれにしても、平行線を繰り返すような質疑は議案の賛否を決するための合理的判断に役立たないものになりがちで、内容の充実した審議を期するためには、なるべく早期（数分以内）に打ち切り、適切な処置をとることが必要であり、まさに議長の手腕が問われるところである。

7　質問を打ち切ることができる場合

〔設　問〕

質問者の質問を打ち切ることができるのは、いかなる場合か。

〔結　論〕
1　質問の内容自体が議題の合理的判断のため必要がないと判断されるとき。
2　1人の質問が合理的限界を超えて長時間にわたるとき。
3　質問が次の事項に該当するため会社法314条ただし書により説明を拒むことができるとき。
　イ　質問事項が会議の目的事項に関しないとき
　ロ　説明することにより株主共同の利益を著しく害するとき
　ハ　その他正当な事由がある場合として法務省令（施71条）で定める場合

〔説　明〕
　以下の各場合、議長は自らの判断で質問を打ち切ることができる。
(1)　取締役・監査役の説明義務は当該総会の審議に必要な情報の提供を目的とする制度であるから、株主の立場から議題の合理的判断のために必要がないと思われる場合の質問にまで説明義務は及ばないことになる。したがって、このような質問を打ち切ることは質問権の侵害にはならない（会314条ただし書。制度趣旨からの制約）。
(2)　1人の質問者が長時間にわたって質問をすることは、他の株主の質問の機会を奪うことになりかねないので、議長は、かかるおそれが生じた場合には、当該質問者に対し、合理的限界を超えないよう質問時間を制限することができるし、前記限界を超えて長時間質問を続ける場合には、当該質問を打ち切ることもできる。なお、1議案につき1人の質問は2〜3分間程度で十分可能である。問題が多岐または複雑な場合は別として、通常は5分間程度を一応の合理的限界のめどと解してよいであろう。
(3)　会社法314条ただし書、施行規則71条は、〔結論〕3のイないしハに

掲げた事由に該当する質問に対し説明を拒絶できるものとしている。

次の①〜⑬は、前記規定を敷衍して説明を拒絶できる質問を挙げたものである。

① 株主の質問が会議の目的たる事項に関しないとき（会314条ただし書）。
② 質問に対し説明することが株主共同の利益を著しく害するとき（会314条ただし書）。
③ 質問が説明をなすに調査を要する事項のとき（施71条1号）。
④ 質問が重複するとき（施71条3号）。
⑤ 帳簿閲覧権を行使して初めて知りうる事項を聞く質問（施71条4号）。
⑥ 調査をするに社会通念上多額の費用や労務を要する質問（施71条1号ロ参照・4号）。
⑦ 説明することが、顧客・取引先・従業員等の会社関係者のプライバシーを侵害する質問（施71条2号）。
⑧ 説明することが、取締役・監査役またはその親族あるいは会社が刑事訴追を受け、または有罪判決を受けるおそれのある場合の質問（施71条4号）。
⑨ 説明することにより、他人の名誉や信用を毀損するような質問（施71条2号）。
⑩ 株主の権利の行使と関係のない役員の私行についての質問（会314条ただし書、施71条4号）。
⑪ 一般的知識、時事問題、思想信条等に関する質問（会314条ただし書）。
⑫ 法律用語の意味、法律解釈についての質問（会314条ただし書）。
⑬ 説明することがインサイダー取引規制に照らして不相当な質問（施71条4号）。

8　審議打切りの時点

〔設問〕

審議打切りは、いかなる場合にできるか。

〔結　論〕
　相当の時間をかけて質疑・討論し、議題の審議が尽くされたとき。

〔説　明〕
(1)　総会において、多数の株主が説明を求めれば、ある程度時間を要することがあっても、取締役および監査役はこれに対して説明義務を尽くさなければならない（会314条本文）。しかし、総会も会議である以上、合理的な時間内に終結するべきであるし、かつ他の株主にも質問の機会を平等に与えるよう、各株主の質問時間を制限する必要も出てくる。また、議長は、その与えられた議事整理権に基づき、相当の時間審議され、議題の合理的判断ができうるような状況に至ったと判断したときは、質疑・討論を打ち切り、採決しなければならない。
　以上の判断は議長がなすわけであるが、重要なポイントは、単なる時間の経過を問題にするのではなく、株主が議題を合理的に判断するために必要な質問が十分行われたか否かという観点から決することである。
(2)　どの程度の時間をかけるのが合理的かは一概に判断することは困難であるが、わが国の今日の総会の実情では、正当な質問が行われることによって5～6時間を要するというような総会は考えがたい。会社の業績、出席した株主の数などの状況にもよるが、通例の総会において数名の株主から質問がなされたとしても、質疑に要する時間は約1時間程度、報告・議題説明などに要する時間を含めて2時間ないし3時間くらいかければ公正で充実した審議はできるように思われる。
(3)　なお、審議に入るに先立って質疑時間を一般的に制限することは問題があるが、具体的な議事の内容に応じて、審議の経過を見ながら、個別的に相当な範囲である程度の制限（たとえば質問を2～3分程度とする）をすることは適法であり、許される。

9 議事進行につき顧問弁護士が果たすべき役割

〔設　問〕

事務局として総会に参加している弁護士は議長の議事進行についてどのような役割を果たすべきか。特に説明義務を尽くしたのか、質疑打切りのタイミングなどに関する議長の判断につき、どのように関与し、またアドバイスをすべきか。

〔結　論〕

事務局として総会に参加している弁護士は、議事進行の状況を冷静かつ客観的に判断して、説明が充分になされたか、質疑を打ち切ってよいのか等の判断について議長にアドバイスをすべきである。

〔説　明〕

質疑打切りのタイミングが早過ぎると、説明義務違反として総会決議の取消事由（会831条1項1号）となりうるので、事務局として総会に参加している弁護士としては議長に適宜的確なアドバイスをして、適正な議事進行がされるよう注意する必要がある。議長席のすぐ後ろに事務局席を配置し、事務局として総会に出席している弁護士はそこにいて、議長に臨機応変な助言をすべきである。議長はややもすれば、当事者的になり、冷静な判断を欠くこともあるので、冷静な法的判断ができる事務局として総会に参加している弁護士の役割はきわめて重要である。議長としては、充分な説明をしたと考えているにもかかわらず、株主から同様の趣旨の質問が繰り返され、質疑打切りとすべきか判断に迷ったときには、事務局として総会に参加している弁護士に助言を求めるなどして、客観的に十分な質疑が尽くされたのかを慎重に判断したうえで、議事進行をするように務めるべきである。

10 従業員株主が総会で発言し、与党的立場で議事の進行を支援することの是非

〔設　問〕

　従業員株主が「賛成」「異議なし」「了解」「議事進行」などと発言して、与党的立場で議事の進行を支援することは差し支えないか。

〔結　論〕

　従業員株主が総会当日株主としての自己の意思に基づいて発言することは、他の株主の権利の妨害とならないかぎり、差し支えないが、その行為が他の一般株主の権利行使を不当に阻害する場合には決議取消事由とされる可能性がある。

〔説　明〕

　従業員株主がその会社の株主総会に出席することは、従業員としての地位を離れた一株主の行動として考えられる。したがって、勤務時間中に株主総会に出席する場合は、欠勤扱いとするか、有給休暇をとって出席するのが妥当である。

　ところで、従業員株主が与党的株主の役割を果たしたといっても、会社がその旨指揮命令したからではなく、従業員としての地位を離れた株主の自主的な意見と自由な判断に基づきしたものであれば差し支えない。しかし、その度が過ぎて、他の株主の発言を封じ、株主の質問権の行使を妨げ、動議の提出を妨げ、これによって他の株主の株主権の行使を妨害してはならないことは言うまでもない。

　従業員株主の妨害により、他の株主が議案審議に参加できず、または一般株主の発言や質問の機会が奪われたような場合には問題がある。この点の参考判例として、会社が従業員株主を出席させて議事進行を円滑に進めようとした事案についての住友商事決議取消訴訟判決がある（大阪高判平成10・11・10資料版商事177号253頁）。この判決で、大阪高等裁判所は、会社が従業員株主を出席させて総会のリハーサルをし、従業員株主に、議長の報告や付議に対して「異議なし」「了解」「議事進行」などと発言させることを準備

させたうえで、株主総会においてこれを実行した事案について次のような注目すべき判断を下した。「株主総会招集権者が、自ら意図する決議を成立させるために、右従業員株主に命じて、役員の発言に呼応して賛成の大声を上げたり、速やかな議事進行を促し、あるいは拍手するなどして、他の一般株主の発言を封殺したり、質問する機会を奪うなど、一般株主の株主権行使を不当に阻害する行為を行わせた場合は、取締役ないし取締役会に認められた業務執行権の範囲を越え、（旧）商法274条1項1号（会831条1項1号）にいう法令に違反し、または決議の方法が著しく不公正な場合に該当するというべきである」。この判決では、議長が、一般株主に発言や質問の機会を与えていたという事情を考慮して、具体的事案の判断としては、決議取消事由に該当するとまでは判断しなかったものの、円滑な議事進行を進めるためとはいえ、従業員株主の協力を得ての行き過ぎた議事進行は決議取消事由となる場合があることには十分に注意し、一般株主の発言の機会を確保し、質問権を形骸化させないように留意する必要がある。

11　退場命令に応じない者への措置

〔設　問〕

退場命令に応じない者には、どうしたらよいか。

〔結　論〕

1　自力救済または正当防衛の認められる範囲内において、実力で排除できる。
2　また、不退場が不退去罪に当たる場合は、何人でも現行犯逮捕することができる。

〔説　明〕

(1)　昭和56年の改正商法は、従来から解釈上当然のこととして認められていた議長の権限を明文で定めた（会315条）。その最も強いものに、総会秩序を乱す者に対する議場からの退場命令権がある（会315条2項）。改正商法

は、その一方で、取締役・監査役の説明義務という形で株主の質問権を保障した（会314条）が、他方で、特殊株主（総会屋）によってこの質問権が濫用されるのを防止するために議長の退場命令権を明定し、総会における議長の秩序維持権の行使を実効あらしめようとしたものである。

　そこで、退場命令を受けた者が総会屋と仮定して話をすすめる。

　さて、議長の適法な退場命令に対しては、議場にある者は従う義務がある。では、これに応じない総会屋がいる場合には、議長はどうすべきか。

　これについては、商法学説（大隅＝今井83頁）は、自力救済（刑35条がその根拠）が認められる範囲内において、実力で排除できると解している。この「自力救済」とは、①一定の権利を有する者が、②これを保全するため官憲の手を待つにいとまがなく、③自ら直ちに必要な限度において適当な行為をすること、たとえば、盗犯の現場において被害者が盗まれた物を取り返すような場合をいうと解するのが判例である（最判昭和24・5・18判例体系30巻799頁）。

　そこで、この判例の見解に沿って考えてみる。
① 　議長は退場命令権を有する。
② 　原則として所定の会日の相当時間内に議事採決が終わることを前提とする株主総会での退場命令権の保全は、まさに司法救済の手を待つにいとまがない。
③ 　警備要員などに命じて総会屋を議場外に退場させる行為も、保全に必要な限度の適当な行為である。

　してみると、③の連れ出し行為が過剰にわたらないかぎりは、議長の退場強制行為（警備要員など実力行使者に対する指示。以下同じ）は適法な自力救済となると解される。

　他方、多くの刑法学説（注釈刑法(2)Ⅰ126頁〔福田平〕、232頁〔藤木英雄〕）は、一般に退場を強制する行為を正当防衛（刑36条）と解し、「正月の酒宴を妨害し一たん退去させられたにかかわらずさらに屋内に入りこんで穏便に退去しないという一連のしつこい行動をした者に対してオーバーのえり首をつかんで屋外路上へ引き出し押し倒す」行為は、急迫不正の侵害に対するもので、正当防衛と認められる（大阪高判昭和29・4・20高刑集7巻3号422頁）と判例を紹介している。この正当防衛説に立っても、総会屋の退場しな

い行為は、「不作為ではあるが、刻々その場所の平穏な状態を害しているので、退去にいたるまでは、場所の平穏を害する状態は刻々継続している」（注釈刑法(2)Ⅰ232頁〔藤木〕）、つまり急迫不正の侵害行為が継続しているわけであるから、連れ出し行為が過剰にわたらないかぎりは、議長の退場強制行為は正当防衛となると解される。

自力救済または正当防衛のいずれにしても、実力行使には相当性（過剰にわたらないこと）が要求されるのであるから、議長は、実力行使に先立つ事前の警告を一度は与えておくこと、強制行為に伴う実力行使は総会屋の出方その他その際の状況から見て必要かつ相当な程度にとどめるよう警備要員に徹底することに注意すべきである。

議長の退場強制行為が自力救済または正当防衛であれば、違法性が阻却され、議長が暴行罪（刑208条）や強要罪（刑223条）の間接正犯または教唆犯等として処罰されないことは言うまでもない。警備要員など実力行使者の総会秩序を乱す者を退場させる行為については、正当業務行為（刑35条）または他人のための正当防衛（刑36条。他人のための自力救済は許されないものと解されている。注釈刑法(2)Ⅰ125頁〔福田〕）として、違法性が阻却される（その場合には、議長の退場強制行為は教唆犯とならない）。

自力救済または正当防衛の対象となる不退場は、違法であれば足り、犯罪を構成することを要しない（注釈刑法(2)Ⅰ234頁〔藤木〕）。

(2) 不退場そのものが犯罪を構成することがある。それが刑法上の不退去罪（刑130条後段）であり、3年以下の懲役に処せられることもありうる。不退去罪の構成要件は、人の看守する建造物等より要求を受けて退去しないことである。総会場となるビルの一室は取締役の管理する建造物である。株主として適法に総会場に入場した者が、議長（取締役議長の場合は建造物の管理者本人として、非取締役議長の場合は取締役から管理権を行使することを認容された者として）から要求を受けて退場しないときに、この罪が成立する。したがって、総会屋が、「自分は株主だから総会に出席する権利がある」と抵抗してもはじまらず、そのように抵抗して退場しないこと自体が犯罪行為を構成する。退去の要求は、明示的な要求であることも、繰り返されることも必要でないと解されている（注釈刑法(2)Ⅱ248頁〔福田〕）が、明示しかつ繰り返したほうが、総会屋の犯罪の成立をなお明白にする。

不退去罪は退去するまで犯罪が継続する継続犯であるから、総会屋が退去するまでは「現に罪を行っている」現行犯人（刑訴212条1項）として、誰でも逮捕状なくしてその者を逮捕することができる（刑訴213条）。私人が現行犯人を逮捕したときは、直ちにこれを警察官等に引き渡さなければならない（刑訴214条）。なお、議長は、不測の事態を避けるために、あらかじめ私服または制服の警察官を議場に入れておくこともできる。暴力的な総会屋の活動は、最近沈静化してはいるが、警察が総会に臨場して警戒にあたっているという事実自体が暴力行為や不退去を抑制する効果を有することからすれば、総会の混乱が予定されるときには日程、会場等が決まり次第、暴対課および所轄署に相談し、総会への臨場要請をすることが賢明である。

(3)　このように、警備要員を配備したり、警察官を入場させたりすることは、議長権限でできることである。そして、ことは会場警備に関する事項であって、建物の管理権を有する代表取締役および総会場の秩序維持の権限を有する議長の権限に属するので、総会屋から「警察官（または警備要員）の退場を求める動議」なるものが出されたとしても、適法な動議として扱う必要はない。

また、議長の退場強制行為その他の権限行使の適法なること、もしくは総会屋の不退場の違法なることの証拠保全として、議長は、ビデオやテープレコーダーを使用することができる。総会屋がこれを恐れて「使用しないことの動議」なるものを出しても、議場の整理に関する事項で議長の権限に属するので、これも適法な動議として扱う必要はない。

(4)　総会の秩序を乱す総会屋に対して、その適用が検討さるべき罪名として、ほかに次のものをあげることができる。

他の株主、取締役・監査役その他会社の使用人または警備要員に対する暴力の行使は暴行罪（刑208条）、これらの者を畏怖させるおそれのある害悪の告知は脅迫罪（刑222条）となる。（暴行・脅迫その他の）威力（人の意思を圧迫するに足りる勢力）を用いて議事を妨害すれば、取締役の株主総会開催の業務を妨害したものとして、業務妨害罪（刑234条）となる（大判昭和5・12・16法律学説判例評論全集20巻刑訴56頁）。

12 障害者差別解消法への対応

〔設　問〕

障害者差別解消法の改正により令和6年4月1日から事業者に合理的配慮の提供が義務づけられたが、株主総会の運営にあたってどのような点に留意するべきか。

〔結　論〕

株式会社は、事業者として、招集通知の記載の工夫、総会当日に会場に同伴する介助者や手話通訳者の入場許可、モニター・スクリーンで上映する際の字幕機能の活用など過重な負担に当たらない限り、必要かつ合理的な配慮を講ずることが求められる。

〔説　明〕

障害者差別解消法が改正され、令和6年4月1日から事業者には障害者から社会的障壁の除去を必要としている旨の意思の表明があった場合、負担が過重でないときは、障害者の権利利益を侵害することとならないよう、当該障害者の性別、年齢および障害の状態に応じて、社会的障壁の除去の実施について必要かつ合理的な配慮（以下「合理的配慮」という。）をすることが義務化された。株式会社が株主総会を開催する際も事業者として障害者に対する合理的配慮が求められる（障害者差別解消法8条2項）。

合理的配慮は、事業者の事務・事業の目的・内容・機能に照らし、①必要とされる範囲で本来の業務に付随するものに限られること、②障害者でない者との比較において同等の機会の提供を受けるためのものであること、③事務・事業の目的・内容・機能の本質的な変更には及ばないことに留意する必要があるとされており、会場内の希望するスペースの確保や他の障害者ではない株主とは別に質問時間を確保することなどまでは義務ではないと考えられる。

合理的配慮をすることが過度な負担かは、事業への影響の程度（事業の目的・内容・機能を損なうか否か）、実現可能性の程度（物理的・技術的制約、人

的・体制上の制約）、費用・負担の程度、事業規模、財務状況などを考慮して判断される。もっとも、上場企業の場合、中小企業に比べて求められる合理的配慮の水準が高くなると考えられる。また、努力義務にとどまるが、個々の障害者に対して行われる合理的配慮を的確に行うための不特定多数の障害者を主な対象として行われる事前的改善措置も環境の整備として事業者である株式会社に求められている（障害者差別解消法5条）。リアル株主総会を行う際にバリアフリー対応の施設、建物を選定する、あらかじめ申し出あった場合に手話通訳を用意するなどは、義務ではないとしても好ましい対応であるといえる。

　株式会社が株主総会を開催するにあたって求められる合理的配慮としては、視覚障害者向けに招集通知や株主総会参考資料の文字列や色のコンストラストを工夫して視認性を高めたり、総会当日に歩行困難などの障害を有する株主の介助者や聴覚障害者である株主の手話通釈者の同伴を株主であるか否かを問わず許可すること、事業報告のモニター上映やバーチャル株主総会のテレビ会議配信システム利用時の字幕機能の利用、手話通訳者による同時手話通訳などが考えられる。

　あらかじめ招集通知に合理的配慮が必要な場合には、対応可能な範囲でできる事項を提供する旨を具体的に通知し、株主から申し出てもらい、総会当日に対応することも総会を運営するにあたっての予測可能性を高めるものであるといえる。

　なお、本項につき「障害者差別解消法に係る経済産業省対応指針の改正等について」（経済産業省経済社会政策室、2024年）、リーフレット「令和6年4月1日から合理的配慮の提供が義務化されました」（内閣府、2024年）参照。

第9 株主の質問権

1 代表取締役でない取締役や監査役宛の質問状の効力

〔設　問〕

　株主の質問状が代表取締役でない取締役・監査役宛に送られてきた場合に、事前の質問事項の通知として有効か。

〔結　論〕
1　株主の質問状が代表取締役でない取締役や監査役の自宅宛に送られてきた場合は、個人的な私信と考えるべきであって無効と解される。
2　これに対して、質問状が会社内の取締役・監査役を宛先として送られてきた場合には有効と解される。

〔説　明〕
(1)　株主の質問状が代表取締役でない取締役や監査役の自宅宛に送られてきた場合は、個人的な私信と考えるべきであって、その質問状は無効と解される。株主の質問に対する取締役、監査役等の説明義務（会314条）はあくまで会社の機関としての義務であって、取締役等が個人として負う義務ではないと解されるし、実際上も、自宅に来たものまで選り分けなければならないとするのは非常に困難なことであって、一律に無効と解すべきであるからである。
(2)　次に、質問状が会社内の取締役・監査役を宛先として送られてきた場合はどうであろうか。

「○○株式会社取締役何某」という表示は、一般的に会社を代理する表示と考えられている。また、監査役は一人ひとりが独立した機関である。さらに、株主が会社内の取締役・監査役を宛先としている質問は、それらの役員自身に質問したいとの表明と考えられる。したがって、以上の理由から、会社内の取締役・監査役宛の質問状はいずれも有効と解される（もっとも、かかる質問状が有効であるからといって、当該質問状で予告された質問が総会の場でなされた場合でも、質問状の名宛人である当該取締役等が自ら総会において説明しなければならないわけではなく、説明するのに最も適した取締役等が質問に答えればよい（第10 I ❷〔p.133〕参照）。

また、「○○株式会社御中」のように会社の名前だけを表示したものも有効であるし、「○○株式会社総務課御中」と書かれている場合でも、総務課という表示は会社内の担当部署という意味に解することができるので、やはり有効である。「監査役会」宛も同様に、監査役を宛先とした質問として有効とみるべきである（第10 I ❺〔p.139〕参照）。

(3) なお、会社内の取締役・監査役の宛先となっている質問状は無効であると考える説もありうる。理由は、代表取締役だけを受領能力者と解することと、会社内の取締役・監査役の宛先となっているものには私信もあるだろうし、いちいち内容を見て私信かどうかを選別するのでは煩雑であり、客観的な基準になりえないと考えるものである。

しかし、質問状は招集通知を発送してから総会日前までに集中するのであるから、それほど煩雑とはいえないし、前記(2)で述べた理由により有効説が妥当である。

2　総会直前の通知による質問の扱い方

〔設　問〕

総会直前の株主からの通知による質問には、どう対処したらよいか。

〔結　論〕

当該質問に対する説明のために必要な調査が著しく容易である場合や、簡

単な質問で調査を要しないようなものであれば説明すべきであるが、説明するのに相当の期間の調査を要する質問であれば、その総会で説明する必要はない。

〔説　明〕

　事前質問通知制度（会314条ただし書、施71条1号イ）の趣旨は、会社役員等に事前に調査する機会を与え、その代わり、会日においてその質問がなされたときに、調査を要することを理由として説明を拒絶することを認めないというものである。

　しかし、事前質問状には全部説明しなければならないというものではなく、会社法314条ただし書、施行規則71条1号イは、あくまで株主総会の日より「相当の」期間前に到着した質問状に対しては、調査を要することを理由として説明を拒絶することはできないとしている。

　したがって、まず、総会直前の通知による質問が、答えるのに相当の期間をかけて調査する必要がある質問であれば、調査に必要な相当の期間がないのであるから、説明を拒絶できる（なお、「相当」の期間といえるかどうかの判断は、質問状が届いた日から総会までの日数のみでなく、質問の種類、内容や会社の規模等を考慮して相対的に判断される）。

　一方、会社法下では、会日になされた質問に対し、その説明をするための調査が著しく容易な質問である場合は、調査を要することを理由としては説明を拒否できないことが新たに明文化されている（会314条ただし書、施71条1号ロ）。このことから、総会直前の通知による質問であっても、説明をするために必要な調査が著しく容易である場合（あるいは簡単な質問のためそもそも調査を要しない場合）であれば、答えるべきである。

3　質問状を提出した株主の欠席と回答の要否

〔設　問〕

　あらかじめ質問状を提出した株主が欠席した場合は、質問に答える必

要があるか。

〔結　論〕
答える必要はない。

〔説　明〕
(1)　会社法314条ただし書、施行規則71条1号イの事前質問通知制度は、株主が説明を求める事項を総会の日より相当の期間前に会社に通知したとき、取締役、会計参与、監査役および執行役は、調査を要することを理由としては説明を拒絶できないとしたものである。この制度の趣旨は、株主に事前に質問事項を通知させることによって、取締役等に対して説明のための準備の余裕を与えることにより、総会においてより実質的な討議がなされることを期そうとしたものである。

(2)　ところで〔設問〕は、あらかじめ質問状を提出した株主が欠席した場合にその質問状に答える必要があるかということであるが、事前の質問通知はあくまで質問の予告であって、株主総会における質問に代わるものではないのであるから、質問通知をした株主も、改めて総会に出席して質問をすることを要するのであり、当日欠席した場合には質問状に対して答える必要はない（後記第9 3〔p.119〕参照）。

4　一括回答

〔設　問〕

① 　いわゆる一括回答方式とは何か。
② 　一括回答方式は適法か。
③ 　報告事項のみならず監査役の監査報告や決議事項に関する質問に対するものをも含めて一括回答をすることは適法か。
④ 　不十分な一括回答は違法か。

⑤ 一括回答において質問状提出株主の氏名を明らかにする必要があるか。
⑥ 監査役に関する質問に対する一括回答を取締役が代読することは適法か。
⑦ いわゆる質問状を提出した株主が欠席した場合、一括回答を読み上げるべきか。
⑧ 議長は、「一問一答方式にせよ」との動議が提出された場合どうするか。
⑨ 議長は、一括回答終了まで株主の発言を禁止することができるか。

〔結　論〕
1　質問状（会314条ただし書、施71条1号イの質問事項の事前通知）に対する対応として、取締役および監査役の報告終了後、出席株主との個別の質疑応答前に、一括して回答することである。
2　適法である。
3　適法である。
4　違法ではない。
5　必要はない。
6　適法である。
7　質問状提出株主やプロ株主が1人も出席していなければ読み上げず、出席していれば読み上げるのが相当である。
8　議長独自の判断でこれを却下し、一括回答方式での議事進行をしてよいが、動議を総会に付議してその決定に従ってもよい。
9　禁止することができる。

〔説　明〕
(1)　会社法314条ただし書、施行規則71条1号イの質問事項の事前通知は、一般に「質問状」といわれているが、これに対する対応としては、実務上、取締役および監査役の報告終了後、議場に質問状提出株主の出席を確認し、出席していればその者に質問をさせ、これに対し取締役や監査役等の会社側

が回答し、これを繰り返すという「一問一答方式」と、〔結論〕1で述べた「一括回答方式」とがある。

　昭和56年の商法改正により明文化された説明義務の規定（旧商法237条ノ3（会314条本文））をよりどころに、プロ株主により一問一答方式が長時間総会演出の手段として使われた実務の経験から、多数の会社が円滑な議事進行を図るために一括回答方式を採用した（2024年総会白書120頁によれば、「着実に広まり、今や議案の審議方法の主流となっている。」とされている）。この方式のメリットとして、従前は、①プロ株主の質問状に事寄せた長広舌を聞かないで済むし、また、②一括回答後は総会において株主の質問を認めなければならないが、その質問に対する回答がすでになされた一括回答に含まれておれば、回答済みであることを理由に再度の重複説明を拒否することができるなど円滑な議事進行に資することが指摘されていた。

　もっとも、前記のメリットに加えて現在では、一括回答は、一般株主のためのいわゆる「開かれた総会」対策として、より積極的な意義を持っているといえる。すなわち、一括回答には、事前に関係各局と打ち合わせるなどして、一般株主の関心事にポイントを置いた丁寧で充実した回答のための十分な準備が可能となるなどのメリットがあるのである。

　なお、「一括回答」の呼称については、総会における出席株主からの質問を待たずに行うところから、「回答」ではなく「一括説明」と呼ばれることもあるが、ここでは「説明」は会社法314条本文の義務の履行として行われる場合、すなわち総会における出席株主からの質問に対する説明の場合に使うこととし、これと区別する意味で一括「回答」と呼ぶこととする。

(2)　会社法314条ただし書、施行規則71条1号イによれば、株主が会日より相当の期間前に総会で説明を求める事項を通知したときは、取締役等は、調査を要することを理由として説明を拒むことはできない。前述したように、この通知は一般に「質問状」といわれるが、その機能は質問事項の事前通知であって、質問そのものではない。会社法314条本文に定める取締役等の説明義務は、総会において株主から説明を求められて（すなわち質問があって）初めて生ずるものである。したがって、質問状提出株主が総会当日に欠席し、または出席しても総会で質問をしなければ質問はないことになり、取締役等がこれについて説明をすることは義務ではない（同旨、東京地判平成

元・9・29判時1344号163頁。その控訴審・東京高判平成2・7・3資料版商事78号100頁、上告審・最判平成2・10・29商事1237号39頁もこれを是認した）。

　しかし、その場合に、取締役や監査役において、総会で改めて株主からの質問を待つことなく、質問状により明らかにされた株主の聞きたい事項を報告事項の報告または監査報告の追加として回答することは、総会の運営方法の当否の問題として会社に委ねられているところであるから適法と解される（結論同旨、東京高判昭和61・2・19判時1207号120頁。なお、最判昭和61・9・25金法1140号23頁はこれを是認した）。それのみか、一括回答に対し「極めて合理的な説明方法」との積極的な評価をしている判例もある（名古屋地判平成5・9・30資料版商事116号187頁）。

(3)　一括回答は、議事進行上は取締役および監査役の報告終了後の段階でなされるが、その内容は前記報告に関する事項のみならず、まだ付議されていない決議事項に関する質問に対する回答をも含んでされることが多い。要するに、当日の報告事項および決議事項に関するすべての質問（もちろん総会で質問されれば説明を要するものに限って）に対する回答を前記段階で行ってしまうわけであるが、これも(2)と同様に、総会の運営方法の当否の問題として会社に委ねられている範囲内のこととして適法である。監査役に関する質問に対する一括回答についても同様である。

(4)　総会において株主から説明を求められた（すなわち質問を受けた）取締役等が十分な説明をしなければ、会社法314条本文に規定する説明義務に違反し、それが決議事項に関するときは決議方法の法令違反（会831条1項1号）の問題ともなりうる。

　これに対し、一括回答は、前述したように、取締役または監査役の報告の追加であると解されるから、その不十分とは追加報告が不十分であることを意味するにとどまり、それ自体としては何ら違法の評価を受けるべきものではない（同旨、福岡地判平成3・5・14判時1392号126頁）。一括回答中ある事項に関する部分が不十分であれば、その後の質疑応答の際に株主から重ねてその事項を質問されたときに、すでに回答済みであるとして説明を拒否できないだけである（もちろん、それでは一括回答の実益が失われるし、IR的観点からも、すべての事項につき必要かつ十分な回答をしておくことが実務上相当

である)。また、一括回答がすべての事項につき不十分であれば、一括回答はなかったものとして、一問一答方式に戻るだけである。

さらに、取締役の報告事項の報告および監査役会・監査役の監査報告自体が法の要求(会438条3項・439条・384条後段)を充足するものであれば、その追加としての意義を有する一括回答が不十分であっても、前記報告自体が適法であることもまた当然である。

(5)　前述したように、一括回答は取締役または監査役の報告の追加と解され、かつそれは任意になされるものであるから、そこにおいて質問状提出株主の氏名を明らかにすることが義務であると解する余地はない(結論同旨、前掲・東京高判昭和61・2・19)。回答後の質疑応答の際の株主からの質問に対し、すでに回答済みであるとして説明を拒否するために、回答中において当該株主の氏名を明らかにしておく必要があるというわけでもない。質問者の氏名は会議の目的たる事項に関しないので、これを回答の対象から除外しても、質問に対する説明がすでに行われた回答中に含まれているといえるための妨げとはならないからである。

(6)　監査役に対し、取締役の職務執行の監査に関する事前通知による質問がある場合に、これに対する回答を監査役が作成し、それを他の回答とともに取締役が一括して代読する例があるが、これは会社法314条本文の監査役の説明義務の生じていない段階で行われるものであり、何ら違法ではない。仮に取締役が回答を作成しかつそれを読んだとしても同様である。そして〔設問〕⑥の場合には、回答は監査役自らが作成し、取締役は監査役の履行補助者としてこれを代読しているに過ぎないのであるから、回答後に出席株主から監査役に対し同一事項に関し質問があれば、監査役は自ら回答済みであることを理由に説明を拒否することができる。

(7)　一括回答の目的の1つとして、プロ株主の長広舌を封ずるなど円滑な議事進行に資するという点があるから、質問状提出株主やプロ株主が1人も出席していなければ、準備した回答であっても読み上げる実益はない。また、理論上も、総会当日において実際に質問が出なければこれに対する説明義務も生じないので、これを省いてよい。

しかし、①質問状提出株主本人が出席していなくても、その代理人が出席して株主の質問状により通知された事項と同じ質問をした場合は、取締役等

は調査を要することを理由としては説明を拒否できないと解されるし（結論同旨、前掲・東京地判平成元・9・29）、また、②質問状提出株主は欠席したが、他の出席株主が質問状提出株主と同様の質問をした場合も、取締役等は事前に調査してこれに対する回答を準備しているはずである以上、やはり調査を要することを理由としては説明を拒否できないと解される（新版注釈会社法(5)154頁〔森本滋〕）。このように解される以上、質問状提出株主本人が欠席していても、その代理人や他のプロ株主が出席している場合は、準備した回答を全部読み上げておくことが議事進行上適切である。

(8) 質問状に対し、報告の追加としての一括回答をするか、または説明義務の履行としての一問一答方式をとるかは、株主総会の運営を担う議長たる代表取締役の議事整理権に基づく裁量に委ねられていると解される（前掲・東京高判平成2・7・3）。つまり、「一問一答方式にせよ」との動議は、総会に必ずその採否を諮らなければならない必要的動議ではなく、議長が裁量によりその採否を決する任意的動議である（**第11 I 2**〔p.251〕参照）。したがって、かかる動議が提出された場合、議事整理権を有する議長としては、独自の判断でこれを却下して一括回答方式の議事進行をしてもよいし、あるいは、動議を総会に付議してその決定に従ってもよい。

(9) 議長が、取締役等の一括回答終了まで、議長不信任動議の提出を含めて、すべての発言を禁止する措置をとることは許されるものと解される。株主のどのような発言を議事のプロセスのいつの段階で許可していくかは、それが時機を失するものでなければ、まさに議長の議事整理権行使の範囲内の問題であるところ、一括回答終了までに許可されないことによって、その意義が失われる類の発言は、通常は考えることができないからである。なお、議長不信任動議の提出は例外的に認めざるをえないとの見解もありうる（東京弁護士会会社法部編『株主総会ガイドライン〔改訂第2版〕』（商事法務研究会、1991）170頁、議事運営ガイドライン133頁）が、前述のように、議長はいかなる段階で株主発言を許すかの決定権限を有するのであって、動議提出の旨の株主発言といえども、総会の「冒頭手続中や代表取締役による報告事項の報告中に、これを中断してまで株主の発言を優先すべき理由はないのであって、右報告の間における株主の発言を禁止する旨の議事運営は、議長の善管注意義務に照らして、不当なものとはいえない」（前掲・福岡地判平成3・

5・14)と解される。そして、一括回答中も、右判示と同じ理由により、議長は株主発言の禁止措置を一括回答終了まで及ぼしうるものと考えられる。

5　代理人による質問権

〔設　問〕

① あらかじめ質問状を提出した株主が代理人を出席させて質問を代理させることができるか。
② また、株主は代理人によって質問状を提出することができるか。

〔結　論〕

①、②いずれの場合にも、代理人によってなすことができる。

〔説　明〕

　会社法は代理人によって議決権行使ができることを認めており、その場合には代理権を証明する書面を会社に提出（ないし同書面に記載すべき事項を電磁的方法により会社に提供）することを要すると定めている（会310条1項・3項、施行令1条1項6号、施230条）。会社法が議決権の代理行使を認める以上、その議決権行使の合理的な判断の資料入手のために認められる質問権も、当然に代理人によってなすことができる。したがって、〔設問〕①、②のいずれの場合にも、株主は代理人によってなすことができると解せられる。

6　外国人株主の対応（外国語での質問対応）

〔設　問〕

　（会社が通訳を置いておらず、本人も通訳を同伴しない状況における）株主総会において、外国人株主が外国語で質問をした場合、どう対処すればよいか。

〔結　論〕
　日本語で質問することを求め、その後も外国語で質問を続ける場合には、質問を打ち切ってよい。

〔説　明〕
　まず、日本法に基づいて設立・運営されている会社が日本において開催する総会について、外国人株主のために翻訳を義務づける規定はないが、日本語を理解できない株主の存在をまったく無視した総会運営が好ましいともいえない（第3**4**〔p.44〕）。
　そのため、会社は、外国人株主の出席に備えて、人的設備として通訳を置くことできるが、経営判断として、外国人株主の持株比率や通訳のコストを考慮して通訳を置かないこともできる。
　〔設問〕は、会社が通訳を置いておらず、さらに、株主が通訳を同伴せずに質問している場面であるが、当該外国人株主の質問内容を他の株主が理解できない可能性がある以上、議長が質問を打ち切っても「著しく不公正」（会831条1項1号）とは言い難く、むしろ、議長は総会の秩序維持および議事整理権限（会315条1項）の行使として、当該株主の発言を制止することが適切である。
　なお、〔設問〕の外国人株主は、単身で株主総会に参加しており、日本語も一定程度理解できるものと思われるため、議長は、質問を打ち切る前に、日本語での質問を促すこと（日本語で質問があれば、日本語で回答）がよいだろう。

7　バーチャル総会における株主のオンライン質問

〔設　問〕

① ハイブリッド出席型バーチャル総会（以下「出席型」という。）における株主のオンライン質問にはどのように対応すればよいか。ハイブリッド参加型バーチャル総会（以下「参加型」という。）ではどうか。
② バーチャルオンリー型株主総会（以下「バーチャルオンリー型総会」という。）における株主の（オンライン）質問にはどのように対応すればよいか。

〔結　論〕

1　「出席型」については、テキストの送受信による方法、音声による方法またはこれらの併用で質問を受け付けることとなる。なお、合理的な範囲で質問の回数等の制限は可能であり、質問について合理的な選別も可能である。他方、「参加型」の場合、オンライン参加の株主につき、質問（や動議）を認める必要はないが、「コメント」としてテキストの送受信を受け付けることは可能である。
2　バーチャルオンリー型総会については、「出席型」の取扱いが参考となる。

〔説　明〕

(1)　「出席型」は、リアル株主総会への出席に加え、追加的な出席手段を提供しているものと整理されており（経済産業省「ハイブリッド型バーチャル株主総会の実施ガイド」（2020年2月26日。以下「実施ガイド」という。）12頁参照）、かかる整理によれば、リアル出席株主とバーチャル出席株主との取扱いに実務上必要な限度で取扱いに差異を設けることも可能と考えられる。もっとも、追加的な手段ではあるとしても、株主を「出席」として扱う以上、バーチャル出席株主からの質問等を受け付けないという選択肢は合理的とはいいがたい。

バーチャル出席株主からの質問受付方法の具体例としては、テキストでの

受付（実施ガイド 20 頁）のほか、ウェブ会議システムや電話を用いた音声での質問も行われている（実施事例集〔実施ガイド（別冊）〕31 頁）。

バーチャル出席株主からの質問をテキストで受け付ける場合、リアル株主総会とは異なり、物理的に議長と対峙していないこと等、リアル出席株主と比べて、心理的ハードルが下がること、内容についてコピー＆ペーストが可能であり、議事運営を妨害するといった不当な目的で、同内容の質問を複数回送られることなど、質問権の行使や動議の提出が濫用的に行われる可能性も懸念されるところである。

この点、実施ガイドでは、「リアル出席株主とバーチャル出席株主との出席態様の違い等から、一体としての株主総会を運営するにあたり、従前の体制の下ではおよそ対応できないなど、会社の合理的な努力で対応可能な範囲を超えた困難が生じると判断される場合に、事前の通知を前提として、そのような困難に対処するために必要な限度で質問や動議に制限を設けることは、バーチャル出席株主の権利を特段毀損していることには当たらず、許容されると考えられる」との法的見解を示しつつ、以下のような具体的取扱いが紹介されている。

○ 1 人が提出できる質問回数や文字数、送信期限（リアル株主総会の会場の質疑終了予定の時刻より一定程度早く設定）などの事務処理上の制約や、質問を取り上げる際の考え方、個人情報が含まれる場合や個人的な攻撃等につながる不適切な内容は取り上げないといった考え方について、あらかじめ運営ルールとして定め、招集通知や WEB 上で通知する。
○ バーチャル出席株主は、あらかじめ用意されたフォームに質問内容を書き込んだうえで会社に送信する。受け取った会社側は運営ルールに従い確認し、議長の議事運営においてそれを取り上げる。

他方、参加型において、インターネット等の手段を用いて参加する株主は、株主総会に出席しているものではないため、会社法上、株主総会において出席した株主により行うことが認められている質問（会 314 条）や動議（会 304 条等）を行うことはできない。もっとも、実施ガイドでは、「それら（引用者注：質問、動議）とは別のものとして、株主総会の会議中にインター

ネット等の手段による参加株主からコメント等を受け付けることについては工夫の余地があり、株主とのコミュニケーション向上に資すると考えられる。」とされ、以下のような取扱いが紹介されている。

・リアル株主総会の開催中に紹介・回答（多くの株主の関心が高いと思われるコメント等について、事業報告や議案に係る役員等の説明や、その後の質疑において、リアル出席株主との質疑の状況もふまえつつ、議長の裁量で議事運営上可能な範囲で紹介し、回答する。）
・株主総会終了後に紹介・回答（株主総会終了後に、インターネット等の手段により参加した株主によるコメント等を紹介し、回答する。たとえば、株主総会後に開催される株主懇談会等の場を活用することも考えられる。）
・後日 HP で紹介・回答（後日、会社の HP 等で回答とともに紹介する。たとえば、後日 HP 等で動画を公開する場合などに併せて掲載するといった工夫も考えられる。）

(2) 上場会社は、経済産業大臣および法務大臣の確認を受けた場合に限り、株主総会を「場所の定めのない株主総会」とすることができる旨を定款に定めることができ、この定款の定めのある上場会社については、バーチャルオンリー型総会の開催を可能としている。

　もっとも、バーチャルオンリー型総会につき、株主からの質問や動議を受け付けない取扱いを許容する規定はなく、場所の定めのない株主総会においては、会社法の原則どおり、株主からの質問や動議を受け付ける必要がある。

　質問の受付方法については、「出席型」と同様の対応となる。

　ここで、バーチャルオンリー型総会においては、「出席型」とは異なり、株主に対してリアル出席に加えて追加的な機会を与えているという整理はできないものの、濫用的な質問に対する議長の議事整理権（会315条1項）に基づく合理的な制限や、質問内容の取捨選択についてあらかじめ定めた方針を周知しておき、多くの株主にとって有意義な質問を合理的に選別することは可能であろう。

第10 説明義務

I 説明義務者

1 会社法における説明義務者と補助者による説明の可否

〔設　問〕

　会社法における説明義務者は誰か。また、説明義務者に代わって適当な補助者（執行役員、部課長、顧問弁護士等）に答えさせることができるか。

〔結　論〕

　説明義務者は、取締役、会計参与、監査役および執行役であり、説明義務者は、適当な補助者に答えさせることができる。

〔説　明〕

(1)　会社法では、取締役、会計参与、監査役および執行役は、株主総会において、株主から特定の事項について説明を求められた場合には、当該事項について必要な説明をしなければならないとされており（会314条）、取締役、会計参与、監査役および執行役が説明義務者とされている。

　取締役等に対する質問については、取締役等が説明義務を負う。しかし、要は、質問に対する説明が尽くされれば足りるのであるから、説明義務者の責任において、その補助者に答弁させることができる。したがって、執行役員、部課長、顧問弁護士等に説明をさせることは問題ない。

(2) まず、取締役より説明をなすべき場合について考える。説明は一般に業務執行であるから、これに関する決定は取締役会において行い、その執行である説明は代表取締役が行うことになる（末永敏和「説明義務の機能」民商法雑誌85巻4号（1982）29頁以下参照）。ところが、質問のあるごとに取締役会を開き、その説明の要否、説明の範囲、程度を決するわけにはいかない。しかし、株主総会の議題を決するとき（会298条1項2号）に総会における議題についての説明が当然に予想されるところであるので、特段他の取締役を説明者にあらかじめ定めて授権をしない限り、一般に従い代表取締役が説明の授権を包括的に受けたものとしてその履行をなすべきである。

　代表取締役は、質問者に対して質問事項の説明を尽くすことが義務の内容であり、また、それをもって足りるから、株主の指名に拘束されず、自ら説明するか、または説明を尽くすに適当な取締役を自らの責任において指名して説明させることができる。また、株主は要を尽くした説明を求めることができるところに意味があり、それで十分であるから、取締役個人を指名してその旨の説明を求める権利まで有するものではない。

　なお、議長の議事整理権に基づく指名は、説明義務者である取締役等の指名に止まり、説明義務者でない補助者をいきなり指名できるものではないが、議長が取締役として説明するために補助者を指名することは当然なしうることである。補助者の採否や指名は、説明義務者の専権に属する。執行役員制度を採用する会社が多くなったところ、それらの会社では執行役員が説明をするケースがままあるが、その説明も、議長である代表取締役の補助者としてか、または他の取締役の補助者としての説明ということになるので、説明にあたってはその旨を明確にしておくことが望ましい。

(3) 執行役についても執行役が説明義務を負っているものであるが、どの執行役に説明させるかについては取締役会の定める執行役の職務分掌（会416条1項1号ハ）によるし、説明義務者の判断で補助者によって説明させることもできる。

(4) 上場企業において会計参与が選任されることはほとんどないと思われるが、会計参与は取締役と共同して計算書類等を作成し、会計参与報告を作成し（会374条1項、施102条）、これらの書類を保存しなければならないとされている（会378条）。このように、会計参与の権限は計算書類の作成等に

限られるので、説明義務の範囲もその範囲に限られる。

(5) 監査役に対する質問については、議長は、監査役会または監査役の協議により定められた監査役を指名し、その者が説明をすることになるが、当該監査役がその責任においてしかるべき補助者に答えさせる旨を述べて、その補助者に説明させることもできる。

2 株主から指名された説明義務者は答弁義務を負うか。また、取締役等の候補者は答弁義務を負うか

〔設　問〕

> 株主から指名された説明義務者は、必ず質問に応ずべきか。また、取締役等の候補者は、株主から質問があれば回答しなければならないか。

〔結　論〕

　必ずしも株主から指名された説明義務者が答える必要はない。他の適当な説明義務者に答えさせることができる。

　取締役等の候補者には説明義務はない。

〔説　明〕

(1)　取締役、会計参与、監査役および執行役は、株主総会において、株主から特定の事項について説明を求められた場合には、当該事項について必要な説明をしなければならないとされており（会314条）、この説明義務は、株主がその権限を有効適切に行使できるように、株主の総会参与権を実質的に保障するためのものである。取締役等はこれに沿うべき説明を尽くす義務があるが、しかるべき説明義務者がこれに答えれば足り、質問者の指名した説明義務者がこれに必ず答える必要はない。

(2)　株主総会における説明義務者は、質問者に対して質問事項の説明を尽くすことが義務の内容であり、また、それをもって足りるから、株主の指名に拘束されず、議長が取締役として自ら説明するか、または説明を尽くすに適当な取締役等を指名して説明させることができる。かえって質問者の指名し

た説明義務者に説明を任せ、これが要を尽くさなければ、説明義務違反に問われる。また、株主は要を尽くした説明を求めることができるところに意味があり、それで十分であるから、特定の取締役等を指名してその旨の説明を求める権利まで有するものではない。

(3)　次に、監査役より説明をなすべき場合は、監査役は各個独立の機関であり、各監査役が監査報告を作成し（施129条、計127条）、監査役会設置会社では監査役が作成した監査報告に基づき、監査役会の監査報告を作成することになるが（施130条、計128条1項）、説明義務は個々の監査役にある。したがって、株主からの指名にかかわらず、監査役会または監査役の協議により定められた監査役に答えさせることができる。ただし、監査役監査報告の内容と監査役会監査報告の内容が異なるときは、監査役監査報告の内容を監査役会監査報告に付記することができ（施130条2項、計128条2項）、異なる内容の監査報告を作成したことに関して、当該監査役を指名して質問があった場合には、必然的に当該監査役が回答することにはなるが、株主に指名権があるということではない。

(4)　なお、説明義務者のいずれが答えるべきかについては、業務の決定・執行についてならば取締役、執行役、その違法性の監査についてならば監査役、取締役と、質問の内容によりおのずから決せられ、議長がこれを区分する。明確でない場合は、指名にとらわれず、説明義務者間で協議して決定することが妥当であろう。

(5)　取締役等の候補者を指名して質問がなされることがあるが、候補者はあくまで候補者であるから、説明義務はない。現に取締役として在任し、再任の候補者となっている者も、候補者としての説明義務はなく、また、当該株主総会における選任決議により選任された後における質問だとしても、未だ何らの職務執行は行われていないのであるから、説明すべき義務もない。ただし、IRの意味で、候補者が抱負を述べたりすることは問題ない。

3 社外取締役・社外監査役等への質問についての対応

〔設　問〕

① 社外取締役・社外監査役を指名してなされた質問には、どのように対処したらよいか。
② 監査等委員のうち社外取締役を指名してなされた質問の場合や任意の諮問委員会の委員である社外取締役が指名された場合はどうか。

〔結　論〕

1　社内の取締役・監査役に対する質問についての対応と変わるところはない。
2　監査等委員である社外取締役が指名された場合や任意の諮問委員会の委員である社外取締役が指名された場合も前記1と異なるところはない。

〔説　明〕

(1)　社外取締役とは、株式会社の取締役であって、次のイからホのいずれにも該当するものをいう（会2条15号）。

　イ　当該株式会社またはその子会社の業務執行取締役等でなく、かつ、その就任の前10年間当該株式会社またはその子会社の業務執行取締役等であったことがないこと。

　ロ　その就任の前10年内のいずれかの時において当該株式会社またはその子会社の取締役、会計参与（会計参与が法人であるときは、その職務を行うべき社員）または監査役であったことがある者（業務執行取締役等であったことがあるものを除く。）にあっては、当該取締役、会計参与または監査役への就任の前10年間当該株式会社またはその子会社の業務執行取締役等であったことがないこと。

　ハ　当該株式会社の親会社等（自然人であるものに限る。）または親会社等の取締役若しくは執行役もしくは支配人その他の使用人でないこと。

　ニ　当該株式会社の親会社等の子会社等（当該株式会社およびその子会社を除く。）の業務執行取締役等でないこと。

ホ　当該株式会社の取締役もしくは執行役若しくは支配人その他の重要な使用人または親会社等（自然人であるものに限る。）の配偶者または二親等内の親族でないこと。

　ここで業務執行取締役等とは、業務執行取締役（株式会社の363条1項各号に掲げる取締役および当該株式会社の業務を執行したその他の取締役）もしくは執行役または支配人その他の使用人をいう。詳述すると、ⅰ）代表取締役、ⅱ）代表取締役以外の取締役であって、取締役会の決議によって取締役会設置会社の業務を執行する取締役として選定された取締役、およびⅲ）当該株式会社の業務を執行したその他の取締役、ならびにⅳ）執行役または支配人その他の使用人である。

　社外監査役とは、株式会社の監査役であって、次のイからホに掲げる要件のいずれにも該当するものをいう（会2条16号）。

イ　その就任の前10年間当該株式会社またはその子会社の取締役、会計参与（会計参与が法人であるときは、その職務を行うべき社員。ロにおいても同じ。）若しくは執行役または支配人その他の使用人であったことがないこと。

ロ　その就任の前10年内のいずれかの時において当該株式会社またはその子会社の監査役であったことがある者にあっては、当該監査役への就任の前10年間当該株式会社またはその子会社の取締役、会計参与若しくは執行役または支配人その他の使用人であったことがないこと。

ハ　当該株式会社の親会社等（自然人であるものに限る。）または親会社等の取締役、監査役若しくは執行役若しくは支配人その他の使用人でないこと。

ニ　当該株式会社の親会社等の子会社等（当該株式会社およびその子会社を除く。）の業務執行取締役等でないこと。

ホ　当該株式会社の取締役もしくは支配人その他の重要な使用人または親会社等（自然人であるものに限る。）の配偶者または二親等内の親族でないこと。

社外取締役に対する質問も会社の取締役に対する質問の一場合であるに過ぎず、その社外取締役が質問された事項につき適正に答弁できる立場にあるならば、議長はその社外取締役を指名して答弁させればよいが、そうでなければ、他の取締役を指名して答弁させてよい。

また、監査役についても、法律上は、社外監査役であっても、監査役としての権限について違いはないし、特別な説明義務があるわけでもない。

株主から社外監査役を指定して説明を求める質問がなされた場合であっても、監査役会または監査役の協議により定める監査役、または適任の監査役に答えさせることができ、株主の指名に拘束されることはない。

(2) しかし、社外役員については、事業報告において、社外役員の意見により会社の事業の方針等が変更されたとき等は、重要でないものを除き、その内容を記載することになったので（施124条4号ハ）、その意見についての質問がなされれば、必然的に当該社外役員が説明することになろうが、株主に指名権があるということではない。

(3) 監査等委員である取締役は、監査等委員会設置会社もしくはその子会社の業務執行取締役もしくは支配人その他の使用人または当該子会社の会計参与（会計参与が法人であるときは、その職務を行うべき社員）もしくは執行役を兼ねることができず（会331条3項）、監査等委員会は、3人以上、かつ、過半数の社外取締役で構成される（同条6項）。

監査等委員会の職務に関する質問については、監査等委員が説明すべきものも想定されるが、そのような場合であっても、議長は、株主による社外取締役の指名に従う必要はなく、自らの裁量で回答する監査等委員を指名して差し支えない。

(4) コーポレートガバナンス・コード補充原則4-10①は、「上場会社が監査役会設置会社または監査等委員会設置会社であって、独立社外取締役が取締役会の過半数に達していない場合には、……取締役会の下に独立社外取締役を主要な構成員とする独立した指名委員会・報酬委員会を設置することにより、指名や報酬などの特に重要な事項に関する検討に当たり、……これらの委員会の適切な関与・助言を得るべきである。」として、任意の指名・報酬委員会の設置を要請している。

諮問委員会の概要、その審議事項が事業報告に記載されている場合などは、

「株主総会の目的である事項」（会314条ただし書）として取締役に説明義務が生じる質問も想定される。なお、任意の報酬諮問委員会については、事業報告のうち取締役の個人別の報酬等の内容に係る決定方針（施121条6号ないし6号の3）の記載内容にもなりうる点に留意が必要である。

　以上のような質問については、諮問委員会の構成員である取締役が回答すべきということとなるが、そのような場合であっても、議長は、株主による社外取締役の指名に従う必要はなく、自らの裁量で回答する諮問委員会の構成員である取締役（社内取締役を含む）を指名して差し支えない。

4　監査役に対して経営方針に関する質問があった場合の答弁義務の存否

〔設　問〕

　監査役に対して経営方針にかかる質問があった場合、監査役はこれに答える義務があるか。

〔結　論〕

　監査役は、経営方針について法令もしくは定款に違反するか、または著しく不当な事項があるか否かについてのみ答える義務があり、通常は答弁する必要はない。

〔説　明〕

(1)　監査役は、取締役が株主総会に提出しようとする議案、書類その他法務省令で定めるものを調査しなければならず、この場合に、法令、定款に違反し、著しく不当な事項があればその調査の結果を株主総会に報告しなければならないとされている（会384条）。

　したがって、議案もしくは書類（たとえば事業報告）の中に経営方針（経営方針そのものは記載事項ではないが、「対処すべき課題」（施120条1項8号）等との関係において記載されている場合）に関連するものがあれば、その質問については答弁することを要する。

　しかし、その答弁の範囲は監査役の職務の範囲により規制され、監査役は

経営方針の樹立には直接的に関与する立場にはないから、経営方針の樹立については答える必要はない。監査役は経営全般につき適法性の監査をする義務を負うものであるから、経営方針の中に法令もしくは定款に違反し、または著しく不当な事項がある場合にはその限りにおいて答弁する義務があり、またはそのような事項がない場合には適法かつ著しく不当でないと認めたことについて答弁する義務を負う。

ただし、内部統制システムについては、例外的に相当性についても及ぶものと解され（施129条1項5号・118条2号・100条1項・3項）、相当と認めたことについて説明を要する。

(2) なお、指名委員会等設置会社における監査委員会は、取締役および執行役の職務の執行の監督および監査報告の作成等を行うものであり（会404条2項・436条2項、施131条、計129条）、監査役設置会社の監査役または監査役会と同様の職務を行うものである一方、指名委員会等設置会社の取締役会は会社の経営の基本方針の決定を行うものである（会416条1項1号イ）。また、監査等委員会設置会社における監査等委員会は、指名委員会等設置会社の監査委員会と同じく、内部統制システムを利用した監査を行い（会399条の13第1項1号ハ）、監査報告の作成や調査権限についても、監査委員会と同様である（同399条の2・399条の3）。

指名委員会等設置会社や監査等委員会設置会社では、取締役、執行役が説明義務を負い、これらの中の誰かが適切な説明をすれば説明義務は充足される（会社法コンメ(7) 258頁〔松井秀征〕）。

5 監査役会または委員会に対する質問についての対応

〔設 問〕

① 株主より、監査役会または報酬委員会等の委員会としての説明を聞きたいとの質問が出た場合、監査役会または委員会としての回答をしなければならないか。また、議長は、どのように対処すべきか。
② 監査役会または委員会宛に事前の質問状が送られてきた場合はどうすべきか。

〔結　論〕
1　株主総会における説明義務は監査役にあり、監査役会としては説明義務を負わないから、監査役会として回答する必要はない。議長は、監査役会に対する質問でも監査役に対する質問とみなして、説明義務の範囲内にある事項については、監査役を指名して回答させればよい。しかし、株主があくまで監査役会としての説明を求めるものであれば、議長は却下してもよい。このことは委員会の場合も同様である。
2　監査役会または委員会宛の質問状であっても、監査役または取締役に対する質問として扱うべきである。

〔説　明〕
(1)　監査役設置会社においては、株主総会に提出する会計監査人の選任および解任ならびに会計監査人を再任しないことに関する議案の内容は監査役が決定する（会344条）。さらに、会計監査人の解任（会340条1項・3項・4項）、仮会計監査人の選任（会346条4項・6項）など、監査役会の権限とされていることから、それらについては、監査役会として説明するべきではないかが問題となる。

　監査役会として同意もしくは決議した事項であっても、説明義務を負うのは、監査役会ではなく、あくまで個々の監査役なのであるから（会314条）、説明すべき者は、監査役会ではなく、監査役である。したがって、株主は、監査役会に対する質問権はない。このことは委員会に対する質問についても同様である。

(2)　しかし、株主からの質問の趣旨があくまで監査役会としての回答を求めるものではなく、質問事項につき説明を求めるものと解される場合も多いと考えられることから、議長は、監査役会に対する質問として株主から発言があっても、これを監査役に対する質問とみなして監査役に回答させることが議事運営として適切といえる。このような場合に、監査役を指名して、監査役として回答させることは議長の議事整理権（会315条）の裁量の範囲に属することとして許されるものと解される。しかし、株主の質問が、あくまで監査役会としての回答を求めるものであれば、その質問は却下すべきである。このことは委員会に対する質問についても同様である。

(3)　次に、監査役会は、監査役の職務の執行に関する事項を決定することができるので（会390条2項3号）、実務的には事前に監査役の協議、あるいは監査役会の決議で、総会において説明すべき事項とその担当者を決めておき、これを議長となるべき者に告げておけば、議長はこれを考慮してその者を指名することになるであろう。もっとも、その説明の具体的な内容についてまで監査役会で決定し、これに説明担当の監査役が拘束されると解することはできない。監査役はあくまで独任制の機関であり、説明義務も個々の監査役が負っているのであるから、これを制約するような監査役会の決議はなしえないからである（会390条2項ただし書）。したがって、説明すべき内容をどのようにするかについては、監査役会における協議にとどめ、その協議の中で監査役相互の認識・考えを交換しておくべきであろう。

(4)　監査役会は説明義務を負うものではないが、監査役会に対する質問状も監査役に対する質問と解しうるので、監査役会宛の質問状であっても監査役を宛先とした質問と解して有効と扱うべきである。委員会宛の質問状も、取締役に対するものとして、理解しうるものであれば、そのように解して有効と扱うべきであろう。

(5)　指名委員会等設置会社や監査等委員会設置会社での説明義務を負うのは、取締役および執行役である。指名委員会、監査委員会報酬委員会および監査等委員会の各委員会としては説明義務を負わない。指名委員会等設置会社や監査等委員会設置会社では、取締役、執行役が説明義務を負い、これらの中の誰かが適切な説明をすれば説明義務は充足される（会社法コンメ(7)258頁〔松井秀征〕）。これについても、議長は、委員会に対する質問として株主から発言があっても、これを取締役に対する質問とみなして取締役に回答させることが適切といえる。

II　説明義務の程度

1　自己株式の取得に関する説明の程度

〔設　問〕

① 特定の株主から自己株式を取得することについて承認を求める際、当該株主の属性について質問された場合にこれを説明する義務はあるか。
② 市場取引等により自己株式を取得することを取締役会の決議によってできる旨の定款の定めがある場合において、株主から、すでに行われた自己株式取得の状況について質問された場合、これを説明する義務を負うか。

〔結　論〕

1　一般的には、当該株主の属性について説明する義務はない。ただ、例外的に当該株主からの取得の必要性との関係で、株主からの質問があれば説明すべき場合がある。
2　すでに行われた自己株式取得の状況の概略を説明すれば足りる。

〔説　明〕

(1)　〔設問〕①について

　会社法は、株主との合意によって自己株式を取得できる場合として、特定の株主から自己株式を取得する場合について定めている（会160条）。

　この場合には、株主総会の特別決議（会309条2項2号）により、ⅰ）取得する株式の数（種類株式発行会社にあっては株式の種類および種類ごとの数）、ⅱ）株式を取得するのと引換えに交付する金銭等の内容およびその総額、ⅲ）株式を取得することができる期間（1年を超えることができない）、ⅳ）当該特定の株主の氏名（名称）について承認を得なければならない（会156条1項・160条1項）。

　しかしながら、この際、一般的には、当該特定の株主の属性に関する情報についてまで説明する義務はないと考えられる。ただ、例外的に当該株主からの取得の必要性との関係で、他の株主からの質問があれば説明すべき場合がある。

　そもそも、特定の株主からの自己株式取得は、当該特定の株主の会社関係

からの離脱を意味するものであり、離脱する特定の株主の属性は、会社に残存する他の株主の地位に影響を与えるものではない。

会社法が承認事項として当該特定の株主の氏名（名称）を挙げているのは、他の株主が承認事項を判断するうえで、当該特定の株主の個性が重要であると判断したからであるといえるが、他方で当該株主のプライバシーの公表に当たることも考慮して、あくまで氏名（名称）の承認に限定しているものと考えられる。

また、対価たる「金銭等の内容及びその総額」の適否の判断においても、あくまで株式評価鑑定書などの客観的な資料によって判断されるべきであって、株主の属性が検討要素になることはないといえる。

以上から、特定の株主の属性に関する説明義務はないと解される。

(2) 〔設問〕②について

会社法は、株主との合意によって自己株式を取得できる場合として、定款の定めに基づいて取締役会の決議によって取得することができる場合を定めている（会165条2項・3項）。

この点、旧商法においては、定款授権に基づく自己株式の買受けを行った場合、「買受けを必要とした理由」、「買い受けた株式の種類・数」、「取得価額の総額」が報告事項とされていた（旧商211条ノ3第4項）。

これに対して、会社法においては、これらの事項は報告事項とされておらず、当期における自己株式の変動額および変動事由を、変動事由ごとに明らかにして株主資本等変動計算書に記載し、報告することが義務づけられているのみである（会439条・435条2項、計59条1項・96条7項）。

以上のような改正の経緯に照らせば、「取得」「処分」等の変動事由の概略を説明すれば足り、個別的な取引の必要性、時期、数量、単価などについてまでの説明をする必要はないといえる。

なお、上場会社等の上場株券等（金商24条の6、金商令4条の3）の発行会社では、自己株式取得決議から取得期間満了日まで毎月の買付け状況を記録した自己株券買付状況報告書を翌月15日までに内閣総理大臣に提出することを要し（金商24条の6第1項）、公衆縦覧に供されている（金商25条1項9号）。

2　WEB開示をしている事項に関する説明の程度

〔設　問〕

　参考書類、事業報告等に表示すべき事項についてWEB開示の措置をとった場合において、株主からWEB開示事項に関して説明を求められた場合、どの程度の説明をしなければならないか。

〔結　論〕

　WEB開示を採用した場合であっても、説明の程度・方法に差異があるとは解されない。WEB開示事項の要旨を説明すれば足り、開示事項の内容について逐次読み上げる義務はない。また、WEB開示事項を印刷した書面を総会の場で配布する義務はないと考える。

〔説　明〕

　施行規則・計算規則は、インターネット開示をする旨の定款の規定に基づき、株主総会参考書類に記載すべき事項の一部、事業報告に表示すべき事項の一部、計算書類のうちの株主資本等変動計算書・個別注記表に表示すべき事項、連結計算書類に表示すべき事項を、当該株主総会に係る招集通知を発出する時から当該株主総会の日より3カ月が経過する日までの間、継続してインターネットに接続されたサーバーを使用する方法により株主が提供を受けることができる状態に置く措置をとることにより、株主への提供に代えることができる旨定めている（WEB開示。施94条1項・133条3項、計133条4項・134条5項）。

　WEB開示制度は、株主への通知コストの削減のために、これらの書面を株主へ直接提供することを省略することができることとしたものである（かかる措置をとった場合、株主はインターネットを通じて当該事項を確認することになるため、一部のデジタルデバイド等の株主が、現実にWEB開示事項について確認できない事態も生じうるが、そのような事態が発生することも許容した制度と考えられる）。

　この場合、直接書面を提供した場合と異なり、WEB開示した事項につい

て逐次読み上げる義務が生じるというのでは、株主へ開示する情報量が増大したことに伴いWEB開示制度が認められた趣旨に反するし、また限られた時間内に報告をなし、質問等を受け、決議をするという株主総会の性格からしても妥当とは考えられない。

また、WEB開示事項について、WEB開示事項を記載した書面を総会の場で配付する義務もないものと考える。ただ、総会運営の実務上は、報告事項等の説明の便宜やわかりやすさ等を考慮して、WEB開示事項を総会会場でビジュアル化したり、書面配布したりすることが望ましい場合もあろう。

3　子会社が連結対象に当たるか否かの判断根拠に関する説明義務の程度

〔設　問〕

> 事業報告の対象に加えていない他の会社について、株主から子会社に該当するとしてその会社の状況に関する説明を求められた場合、連結対象でないと判断した根拠を具体的に示して説明する必要はあるか。

〔結　論〕

連結が合理的に疑われる他の会社については連結対象にならない根拠を示して説明する必要がある。

〔説　明〕

(1)　まず第1に、指摘された会社が「子会社」(会2条3号、施3条1項・3項)に当たらない場合は、その点を簡潔に説明する。有価証券報告書を提出する大会社については、連結計算書類の作成が義務づけられているが(会444条3項)、会社法では、連結の対象となる子会社該当性の判断基準として、旧商法における「議決権ノ過半数」(旧商法211条ノ2第1項)という形式的基準ではなく、「会社が他の会社等の財務および事業の方針の決定を支配している場合」との実質的支配基準が導入された(会2条3号、施3条1項)。

「会社が他の会社等の財務および事業の方針の決定を支配している場合」とは、①他の会社等の議決権の総数に対する自己(その子会社・子法人等を含

む）の計算において所有している議決権の数の割合が過半数である場合、②他の会社等の議決権の総数に対する自己の計算において所有している議決権の数の割合が 40％以上であって、かつ、ⅰ）自己所有等議決権数（自己所有議決権に自己と緊密な関係にある者が所有している議決権等を加算した数）が過半数である、ⅱ）他の会社等の取締役会等の構成員の過半数が自己の役員等である、ⅲ）自己が他の会社等の重要な財務および事業の方針の決定を支配する契約等が存在する、ⅳ）他の会社等の資金調達額の総額に対する自己が行う融資の額の割合が過半数である等のいずれかの要件を満たす場合、③他の会社等の議決権の総数に対する自己所有等議決権数の割合が過半数であって、かつ、前記②ⅱ）ないしⅳ）等のいずれかの要件を満たす場合をいう（施 3 条 3 項）。

(2) 第 2 に、「子会社」に該当するとしても、計算規則 63 条により連結対象から除かれる場合は、その理由を説明する必要がある。たとえば、支配が一時的であると認められる場合（計 63 条 1 項 1 号）や連結の範囲に含めることによってかえって利害関係人の判断を著しく誤らせるおそれがあると認められる場合（計 63 条 1 項 2 号）は連結の範囲に含まれず、また重要性の乏しいもの（計 63 条 2 項）は連結の範囲から除くことができるので、これらの理由を説明することになる。

4　吸収合併等における差損に関する説明の程度

〔設　問〕

　　差損が発生する吸収合併等における存続株式会社等の株主総会において、株主から消滅株式会社等の債務の履行の見込みに関する説明を求められた場合、どの程度の説明をする必要があるか。

〔結　論〕

　　差損の有無のみならず、債務の履行の見込みについても説明する必要がある。

〔解　説〕
(1)　会社法は、吸収合併、吸収分割、または株式交換（吸収型再編）を行う場合において、存続株式会社等に合併差損等の差損が生じる場合には、存続会社等の取締役は株主総会において、その旨を説明しなければならないと規定している（会795条2項1号・2号・3号）。

(2)　他方、会社法は、事前開示書類に吸収合併存続会社等の「債務の履行の見込みに関する事項」を記載することを義務づけているだけで（会782条1項、施182条1項5号等）、吸収合併契約等の承認決議における参考書類には、「債務の履行の見込みに関する事項」の記載が求められていない（施86条3号かっこ書）ことから考えると債務の履行の見込みについては説明する必要がないとも思える。

(3)　しかしながら、事前開示書類も株主が吸収合併等の可否を判断するうえでの基礎資料になるものであり、その意味では参考書類と区別する理由はないといえる。

　合併差損等が生じる吸収合併等において、債務の履行の見込みは当該吸収合併等が実際に存続株式会社等に損失を与えるかどうかを説明する中心的要素となるものであり、この部分について説明を受けることが株主の合理的判断にとって不可欠の要素であるといえる。

　よって、形式的な差損の有無のみならず、債務の履行の見込みについても説明する必要があるものと考えられる。

5　フェア・ディスクロージャー・ルール

〔設　問〕

　株主総会における説明についてフェア・ディスクロージャー・ルールは適用されるのか。

〔結　論〕
　適用される。

〔解　説〕
　平成29年金商法改正により、上場会社等においては、投資者に対する公平な情報開示を確保するため、フェア・ディスクロージャー・ルールの適用を受けることとなった（金商法27条の36）。

　同ルールの概要は、発行者が未公表の決算情報などの重要な情報を、その業務に関して取引関係者（同ルールの対象となる情報受領者）に伝達する場合、原則として、（意図的な伝達の場合には）同時に、（意図的でない伝達の場合は）速やかに、当該情報を公表することを求めるというものである。

　同ルールにおける「重要な情報」は、「当該上場会社等の運営、業務または財産に関する公表されていない重要な情報であって、投資者の投資判断に重要な影響を及ぼすもの」と規定され、「取引関係者」の範囲は、有価証券の売買に関与する蓋然性が高いと想定される次の①および②の者と規定されるところ（金商法27条の36第1項）、当該上場会社等が発行する上場有価証券等の保有者（株主等）も②に含まれる（重要情報公表府令7条）。

① 金融商品取引業者、登録金融機関、信用格付業者若しくは投資法人その他の内閣府令で定める者またはこれらの役員等
② 当該上場会社等の投資者に対する広報に係る業務に関して重要情報の伝達を受け、当該重要情報に基づく投資判断に基づいて当該上場会社等の上場有価証券等に係る売買等を行う蓋然性の高い者として内閣府令で定める者同ルールの適用対象となる受領者

　以上のとおり、上場会社等の株主総会における説明（質疑応答を含む）によって株主が未公表の重要情報の伝達を受ける場合には、同ルールの適用を受けることとなる（金融庁「コメントの概要およびコメントに対する金融庁の考え方」No.26参照）ため、株主総会の説明に際して、同ルール上の重要情報を述べないように留意しなければならない。

　なお、同ルールの「公表」は、次のiないしivのいずれかの方法（重要情報公表府令10条）による必要があり、株主総会の会場における株主への伝達はこれに該当しない点に留意すべきである。

　i　法定開示（EDINET）
　ii　適時開示（TDnet）

iii　インサイダー取引規制におけるその他の公表の方法（2以上の報道機関への公開から12時間の経過）
　iv　上場会社等による自社ホームページ（当該ホームページに重要情報が集約されており、掲載時から少なくとも1年以上投資者が無償でかつ容易に重要情報を閲覧することができるようにされているときに限る）への掲載

6　コーポレートガバナンス・コードに関する説明の程度

〔設　問〕

　株主からコーポレートガバナンス・コードに関して質問された場合、どの程度の説明をしなければならないか。

〔結　論〕

　コーポレートガバナンス・コードに含まれるすべての原則について説明する必要はないが、当該質問が株主総会の目的事項（決議事項および報告事項）に関連する場合には、コードの原則を実施するか否か等、必要な説明をしなければならない。なお、コードの原則を実施しない場合（実施できていない場合を含む）には、その実施しない理由を説明すべきである。

〔説　明〕

(1)　コーポレートガバナンス・コードとは、実効的なコーポレート・ガバナンスの実現に資する主要な原則を取りまとめたものであり、上場会社を対象に、平成27年6月1日から適用が開始されている。なお、同コードは東京証券取引所の上場規程の一内容として制定され、法的な拘束力はなく、いわゆるソフトローである。コードは大きく5つの「基本原則」（①株主の権利・平等性の確保、②株主以外のステークホルダーとの適切な協働、③適切な情報開示と透明性の確保、④取締役会等の責務、⑤株主との対話）で構成され、各基本原則のもとに31の「原則」が定められ、その原則のもとに細かな47の「補充原則」が定められている（3層構造）。

　コードの各原則（基本原則、原則、補充原則）の実施については、「コンプ

ライ・オア・エクスプレイン（原則を実施するか、実施しない場合にはその理由を説明するか）」の原則が採用されており、各会社の個別事情に照らして実施することが適切でないと考える原則がある場合には、実施しない理由を十分に説明することにより、一部の原則を実施しないことも許容されている。なお、各原則を実施しない場合には、実施しない理由をコーポレート・ガバナンスに関する報告書において説明することが求められている。

(2) 株主総会において、コードに関する事項について質問された場合、コードに法的な拘束力はなく、コードに含まれるすべての原則について説明する必要はない。

もっとも、質問が株主総会の目的事項（決議事項および報告事項）に関する場合には、コードの原則を実施するか否か等、必要な説明をしなければならない（会314条）。

説明内容について、具体的な質問内容によるが、コードの原則を実施する場合、実施の概要を説明することが望ましい。コードの原則を実施しない場合には、単に実施しない旨の結論だけでなく、実施しない理由を説明すべきであるが、説明内容としては、コーポレート・ガバナンスに関する報告書に記載している程度の内容で足りる。

(3) なお、株主総会の目的事項に関連する可能性があるコードの各原則の具体例としては、役員の選任に関しては、原則 4-11（取締役会・監査役会の実効性確保のための前提条件）や補充原則 4-11 ①〜③、原則 4-9（独立社外取締役の独立性判断基準及び資質）、役員報酬に関しては、原則 4-2（取締役会の役割・責務(2)）や補充原則 4-2 ①が想定される。また、株主の利益に関する議題に関しては、原則 1-3（資本政策の基本的な方針）、原則 1-6（株主の利益を害する可能性のある資本政策）、原則 5-2（経営戦略や経営計画の策定・公表）等が関連する可能性がある。

Ⅲ 事業報告に関する事項

1 事業報告に関する質問への説明

〔設　問〕

　事業報告に関する質問には、最低限どの程度の説明をしなければならないか。

〔結　論〕

　事業報告の内容およびその附属明細書の内容を原則とし、場合により若干付加補充する程度の概括的な説明をすることとなる（ただし、個々的な点は各項目参照）。

〔説　明〕

　会社の状況に関し、株主に説明すべき程度は、事業報告およびその附属明細書の内容（施117条～128条）とされた範囲に限定されるのを原則とし、ただし、その質問が会社経営に重大な影響を与える事項などの場合に限って、さらにこれに付加補足して説明する必要があると考える。

　この点、事業報告についていえば、事業報告の内容およびその附属明細書の内容を原則とするほか、会社（およびその子会社から成る企業集団）の現況に関する事項に関し、会社経営の実態として大きな要因たる事項、たとえば各事業部門それぞれにおける主力製品の売上げの推移、主力工場の稼働状況の推移などにつき、および前期、前々期より著しく増減した事項、同業他社と著しく差のある事項または信頼できる報道内容と異なっていた場合に若干付加補充する程度の概括的な説明ということとなろう。

2　事業報告記載の経済見通しに関する質問に対する説明義務

〔設　問〕

　事業報告の今後の経済の見通しに関する質問について説明の義務があるか。

〔結　論〕
　事業報告に記載された今後の経済の見通しが、現在における経済一般および当該事業分野の経済の見通しと大筋において一致しているものであれば、細かくその根拠を挙げて説明する必要はない。

〔説　明〕
(1)　事業報告には「対処すべき課題」(施120条1項8号) を記載しなければならないとされ、そこでは会社 (およびその子会社から成る企業集団) が与えられた現在および予測される経済環境の中で今後どのように事業を行っていくのかを示すこととなるが、その内容として、今後の経済の見通しを記載するのが一般である。しかし、経済の見通し (需要の大小、原材料価格の高低、諸経費の増減を含め) とはあくまで予測、将来に対する展望であり、もともと確たるものではない。しかも、今後の景気の動向は当該会社 (およびその子会社から成る企業集団) のみで左右、決定できるものではなく、日本経済全体および国際経済全般にかかるものであることから、多分に不確定要素を含むものといえる。
(2)　したがって、日本経済全体に対する現在の一般的評価また業界一般の景気動向の認識と大差なく大筋において一致している以上、その経済見通しについての細かな根拠をあげて説明する必要はない。ただし、具体的な数字をあげている場合には、その数字の根拠の概要を説明することを要する。
　逆に、当該業種の一般的見通し、日本経済の一般的評価と著しく異なった見通しを将来の見通しとして立てた場合には、なぜに当該会社 (およびその子会社から成る企業集団) においてのみ同業他社と著しく異なった見通しに立ったのかを説明する必要が存するといえる (すなわち、通常一般的に広く認

識された事実と異なる以上、報告として不完全な報告となるおそれが存するからである）。この場合には、当該会社（およびその子会社から成る企業集団）独自の景気に関しての予測・見通しとして、合理的な判断能力を有する一般の株主が一応納得できるだけの事情・理由を説明しなければならない。それが当該会社（およびその子会社から成る企業集団）における画期的新技術の開発、発明、新製品の発売など当該会社（およびその子会社から成る企業集団）独自の事業・経営を大きく左右するものに由来している場合には、その旨を理由として説明することとなる。ただし、会社法314条ただし書に当たる場合は説明を拒否できる。

(3) 以上、事業報告上の「対処すべき課題」として記載された将来の見通しに限定して説明したが、それ以外に株主総会において出される、将来における合併、増資、増配予定の有無というような抽象的な質問は、何ら報告事項に含まれるものでなく、また当期の決算と何ら関係するものでない以上、株主総会の目的事項ではないとして説明を拒否できる。ことに不確定要素を発表することは、株価の変動などにより株主一般に不測の損害を与えることになる。また、当日出席した株主にインサイダー取引規制の対象となる特別の情報を提供することにもなりかねない。

(4) さらに、抽象的な今後の景気の動向、経済の見通しなどは、もともと事業報告に記載すべき事項でもなく、また質問権、説明義務の対象ではない。したがって、「対処すべき課題」と関連のない経済の見通しについては、説明の対象とはならない。

3 生産・売上げの増減、期中の偶発事故などに関連する質問に対する説明義務の程度

〔設　問〕

　生産・売上げの増減、増減益、期中に起こった会社にとっての偶発事故などに関連する質問についての説明義務は、どの程度まであるか。

〔結　論〕
　事業報告および損益計算書、計算書類に係る附属明細書に記載された内容・程度を原則とし、このほか会社（およびその子会社から成る企業集団）の経営に重大な影響のある事項につきさらに若干付加補充し、わかりやすく説明する程度でよく、具体的には以下のとおりである。
　① 　各部門における主要製品が、その生産、売上げについて、前期・前々期と比べて著しい増減または増減益がある場合には、これを説明する（ただし、商品別などの金額の分類が難しいときまたは企業秘密に属するときは説明の必要はない）。
　② 　偶発事故については、それによる財産的損失額のうち、多額のものについてはその額、その事故のもたらす生産・営業上の減少割合、これに対する補完方法の概要を説明する。

〔説　明〕
(1)　事業報告は、会社の事業が2つ以上の部門に分かれていれば、部門別に区分することが困難である場合を除き、その部門別に区分して内容を記載しなければならないことになっており（施120条1項かっこ書）、また会社の生産能力などに重要な影響を及ぼすような事故については事業報告上「当該事業年度における事業の経過及びその成果」のうちに記載しなければならない（施120条1項4号）し、また特別損失に該当するときは、当該項目に係る損失を示す適当な名称を付して損益計算書に記載することとなる（計88条1項7号・7項）のであり、これにより事業全般における当期利益額、前期との増減額、増減割合が明らかになる。また、偶発事故（もちろん事業報告に記載される程度に重大なもの）についても、その会社（およびその子会社から成る企業集団）の事業的意義における概要は報告がなされており、これによる財産的損失額も表示されているものである。
(2)　したがって、これらについての説明は、事業報告、損益計算書、計算書類に係る附属明細書に記載された内容・程度を原則として（例外的場合に当たるときは、若干付加補足し）説明すれば足りるものといえる。
(3)　たとえば、前期・前々期に比べて生産・売上げの増減に著しい変動のある会社（およびその子会社から成る企業集団）においては、各部門での主要製

品、代表製品すなわち上位2位ぐらいにつき各別の売上げ概算額、前期との増減額、割合の概数を説明する。業種により区々に分かれると考えられるが、たとえば電気メーカーであるとすれば家電部門においての主要製品、テレビ、ビデオなど当該会社の上位2品目程度につき、また自動車メーカーなら乗用車部門の代表的車種の上位2位ぐらいまでにつき説明すればよい。商品別などの金額の分類が困難なとき、およびその金額を明示することが企業秘密（たとえば店舗別売上げなど）に属するときは説明の義務はない。

(4)　増減益については、増減益が著しいときは主としてどの部門の売上げ・生産が増減益と結びついたか、およびその理由を説明する（たとえば原料の高低であれば、期中の主要原料の値上り率の説明）。

(5)　偶発事故のうち、事業報告に記載しなければならない程度に重大な事故については、その事故の概要を説明するほか、これによる会社（およびその子会社から成る企業集団）の生産能力の減少割合など事業に対する影響および財産的損失の額の概数を、数字をあげて説明する。

(6)　これに対し、個々の商品一つひとつの売上げの推移などは株主総会の目的事項ではないとしてその説明を拒めるし、また偶発事故のうち、事業報告、損益計算書に記載する必要のない些細な事故は報告義務の対象とならないものであるから、株主総会の目的事項ではないとして拒否できる。また、事業報告に記載された偶発事故についても、事業上、財産上の問題と関係のない事故の情況などの詳細に関しても、特に会社役員に対する刑事責任の追及などがなされているような特別の場合（ただし、係争中であるときは、**第10 Ⅲ 5**〔p.157〕参照）を除き、同様に拒否できる。

4　金融機関の総会において融資先・融資額などの明示を求められた場合の対応

〔設　問〕

> 金融機関の株主総会において、融資先（特にサラ金業者など）および融資額などを明らかにせよとの質問には答える義務があるか。

〔結　論〕
1　詳細にわたる具体的な融資先に関する事項は、説明義務の範囲外である。
2　たとえ大口の融資先などに関する質問であっても、金融機関の業務の性質から、正当事由として拒否できる。

〔説　明〕
(1)　金融機関にあっては、融資先は膨大な量で存在しているものであり、これら膨大な量の融資先のうちの一つ二つを取り上げて、そことの具体的な融資金額、融資条件などについて明らかにせよとの質問が出されたとしても、これらの詳細な事項は業務執行にかかる微細な事項であり、もともと株主総会において議論すべき事柄ではない。また、事業報告、注記表によって報告、開示すべき事項にも含まれないものであることから、説明義務の対象外である。

これに対し、大口の融資先とか、その会社にとってきわめて事業上大きな意味を有する融資先については、その会社の事業全体にかかる事項として、質問を受けることがある。しかし、この場合には、以下に述べるとおり、金融機関としての特殊性、業務の形態、内容から拒否することとなる。

(2)　銀行その他金融機関は、業務の公共性から、信用を維持し、預金者などの保護を確保しなければならない（銀行法1条）。このことから、金融機関にあっては、顧客との間で成立した取引関係に関連して銀行が知りえた事項、すなわち顧客の財産状態に属するもの、たとえば会計書類、事業上の諸契約などは、顧客の依頼の有無にかかわらず、守秘義務を負うとされている。

(3)　銀行業務において銀行の守秘義務自体は銀行法上に明文の規定は存しないが、一般に争いなく承認されているところである。その法的根拠としては、①人格権として顧客が銀行秘密に含まれる事項を銀行が守秘義務に違反しないよう請求できる権利とする説、②銀行取引上の契約から生ずる付随義務または信義則に基づく補充義務（なお、銀行取引が成立しなかった場合でも銀行が守秘義務を負うのは、契約締結上の過失の問題ということになろう）と解する説などがある（詳細は、河本一郎「銀行の秘密保持義務」加藤一郎ほか編『銀行取引法講座（上）』（金融財政事情研究会、1976）26頁など参照）。

(4)　また、守秘義務自体の明文の規定は存しないが、銀行法上守秘義務を敷

衍したと考えられる規定が存する。たとえば銀行の株主は会社法433条の要件を備えても銀行の会計帳簿の閲覧権を否定されている（銀行法23条）。
(5) このように、会社法上帳簿閲覧権を有する株主の閲覧権をも否定し、顧客との取引内容の秘密保持をしている銀行業（およびその他の金融機関）にあっては、たとえサラ金業者との関係についてであれ、その取引内容については銀行業における守秘義務を理由に説明を拒否できる（その他の正当事由に当たる）。

さらに銀行業の性格より考えて、一回たりとも取引内容についての説明を行うことは、銀行業としての信用を著しく失墜することとなり、今後の銀行経営に著しい障害を招くこととなり、さらに場合によっては、内閣総理大臣による監督などを招くことにもなりかねず（銀行法24条以下）、銀行業としての説明拒否の正当事由に当たるとともに、株主の共同の利益を著しく害するものともいえる。

5 会社が当事者となっている訴訟についての説明義務の存否

〔設 問〕

会社が当事者となっている訴訟の進行状況について説明義務があるか。事件の内容・将来の見通しについてまで説明する必要があるか。

〔結 論〕
1 会社の財務に重要な影響を及ぼす損害賠償事件、会社の経営に大きな影響を及ぼすと考えられる事件および会社の経営に関し世間の関心を広く集めた事件については、その事件の請求内容および現在その事件の進行がいかなる段階にあるかについて説明することとなる。
2 将来の見通しについては拒否できる。

〔説 明〕
(1) 会社が当事者となっている裁判（仮処分、調停、各種委員会における審判手続をも含める広い意味で）は、多数存在している場合がある。重要な係争事

件に係る損害賠償義務は、貸借対照表の負債の部に計上されたもの以外は、注記表にその内容と額が記載される（計103条5号）。通常は、大がかりな公害事件など多額（会社の財産状況によって異なるが）な請求事件がこれに当たることとなる（ただし、まったくいいがかりと考えられるときは注記表への記載を要しない反面、重大な係争事件が複数存するときは、個別に記載しなければならない）。

　また、会社の経営に大きな影響を及ぼすと考えられる事件、たとえば会社役員の会社法違反、主力製品の重要な部分に関する工業所有権に関する事件、主力工場建設に対する住民からの差止請求などは、事業報告上「株式会社の会社役員に関する重要な事項」（施121条11号）、「事業の経過」（施120条1項4号）、「対処すべき課題」（同項8号）、「株式会社の現況に関する重要な事項」（同項9号）にそれぞれ該当する関係から、さらに現在事業に大きな影響はないとしても世間の耳目を集めた事件（もちろん会社の経営それ自体に関連して）、たとえば著名な労働事件、出版物に対する著名刑事事件などは、その結果いかんにより会社の今後の事業に支障が生ずるおそれもあることから、その訴訟での相手方または当社の請求内容の概要および金額、現在の進行状況（提訴されたか、係属中か）、また上訴中であるとするのなら一審の判決の概要について説明する義務が存する。

(2)　これに対し、通常の業務に関する事件で会社の財産状況または業務の遂行に重大な影響を与えないもの（通常の売掛金請求とか、本社ビル内の賃借人に対する明渡請求）は、事業報告の内容に該当しない些細な事柄であるから、株主総会の目的事項に含まれないものとして説明する義務はない。

(3)　なお、進行中の事件について、会社としての責任の有無の表明、解決方法の腹案、訴訟における今後の詳細な主張・立証予定などは、訴訟の相手方に対し、手の内を明らかにすることとなり、今後の訴訟上での攻防に著しい支障を与えることから、株主の共同の利益を害するものとして拒否できる。また、勝訴の見込みなどの説明を求められたときも、将来のことであるとともに同様に微妙な影響を与えることから、出訴期間の徒過、手続の明らかな違背などの場合を除いて拒否できる。ただし、会社において特に差し支えないと認めたときは、説明することは構わない。

6 従業員採用基準、定年制延長などの質問に関する対応

〔設　問〕

　従業員の採用基準、定年制延長についての質問があった場合、どのように答えるべきか。

〔結　論〕

1　従業員の採用基準については、会議の目的たる事項に当たらないとして拒否する。
2　定年制については、次のような説明をする。
　①　65歳まで定年を引き上げた。
　②　継続雇用制度を導入した。
　③　定年制を廃止した。

〔説　明〕

(1)　従業員の採用自体は、もっぱら業務執行権を有する取締役会において決定すべきことであり、本来株主総会において議論すべき事柄ではない。また、事業報告には「使用人の状況」を記載しなければならず（施120条1項2号）、会社の人的構成の概要も報告事項となっているが、そこで報告すべき事項は、一般には従業員数と前期比増減が記載されている。

(2)　このように「使用人の状況」を報告事項としたのは、物的施設と並んで企業活動を支えるいわば人的施設の状況を明らかにする趣旨である。

(3)　したがって、会社における従業員の採用基準（毎年の新規採用であると、またそれ以外の中途採用であるとを問わず）は、特段問題のないかぎり、人的施設の状況に含まれない事柄であるので、株主総会の目的たる事項には当たらないとして拒否する。

(4)　まして、より詳細な具体的な人事の当否については、人事権を一括して取締役会に一任している以上、株主総会において、本来議論すべき事項でないばかりか、特定のAあるいはBを今年度採用した（またはしなかった）理由の説明を要求されたときは、A（またはB）個人のプライバシーに関する

ことにもなり、株主総会の目的事項にも関しないとして、さらにその他正当事由があるとして拒否できる。

(5) 平成16年6月に改正された「高年齢者等の雇用の安定等に関する法律」が平成18年4月1日施行され、65歳未満の定年の定めをしている事業者は、①定年を引き上げる、②継続雇用制度（現に雇用している高年齢者が希望するときは、その高年齢者をその定年後も引き続いて雇用する制度）を導入する、③定年制の廃止、のいずれかの措置を講じなければならないことになった（同法9条1項）。これに違反している事業主には厚生労働大臣から指導および助言、勧告、公表がなされる（同法10条）。

なお、②については、平成25年4月1日から施行された改正法により、労使協定で継続雇用制度の対象となる高齢者の基準を定めることにより限定する制度が廃止された（ただし、経過措置あり）。また会社の子法人、親法人、関連法人などの特殊関係事業者が、定年後の雇用を希望する者を定年後も引き続き雇用する旨の契約を締結して雇用を確保する制度も②の措置に含まれることとなった。

多くの会社では、②の継続雇用制度の措置をとっており、その措置として導入した再雇用制度・勤務延長制度の要旨や就業規則等に定める継続雇用しない事由、継続雇用先を説明することになる。①②③の高年齢者雇用確保措置をとることは、その内容いかんによっては当該会社の人件費の大幅な増大を招来し、会社の収益を大きく圧迫するなど、経営状況にも大きく影響を与える要素となる反面、会社の社会的存在としての責任から、これらの措置をとらないことは、社会の一員としての会社の姿勢自体、社会的非難を受け、これにより会社経営に多大な影響を与えることにもなりかねず、会社の対処すべき課題（施120条1項8号）を補足するものとして説明する。

7 　後発事象について事業報告、個別注記表に記載できなかったときの取扱い

〔設　問〕

　重要な後発事象について事業報告、個別注記表に記載できなかった場合、株主総会で報告するべきか。

〔結　論〕
　会計監査報告、監査報告に記載した場合を除き、株主総会において取締役から口頭で報告することが妥当である。

〔説　明〕
(1)　個別注記表には、事業年度の末日後、翌事業年度以降の財産または損益に重要な影響を及ぼす事象が発生した場合、重要な後発事象として記載される（計98条1項17号・114条1項）。連結注記表には、事業年度の末日後、連結会社ならびに持分法が適用される非連結子会社および関連会社の翌事業年度以降の財産または損益に重要な影響を及ぼす事象が発生した場合、重要な後発事象として記載される（計114条2項本文）。子会社および関連会社の事業年度が異なる場合は、その子会社および関連会社の事業年度末日後に発生した場合の当該事象が重要な後発事象となる（同項ただし書）。

　また、事業年度の末日後に生じた財産・損益に影響を与えない重要な事象が生じた場合には、事業報告の「株式会社の現況に関する重要な事項」（施120条1項9号）に記載される（相澤哲＝郡谷大輔「事業報告〔上〕」商事1762号（2006）6頁）。

(2)　個別注記表や事業報告は、事業年度末から1カ月以内には作成されることが通常である。したがって、これらの書類の監査役および会計監査人への提供（計125条、施129条）後に発生した後発事象については、個別注記表・事業報告への記載が不可能である。

　会計監査人の作成する会計監査報告には、追記情報として、重要な後発事象で、会計監査人の判断に関して説明を付す必要のある事項または計算関係書類のうち強調する必要がある事項が記載される（計126条1項6号・2項

4号)。また、監査役、監査役会の監査報告には、重要な後発事象で、会計監査報告の内容となっていないものが記載される（計127条3号・128条2項2号）。

(3) このように個別注記表、事業報告、会計監査報告、監査報告に後発事象の記載を義務づけたのは、事業年度の末日後の株主総会までに会社の現況に関する重要な事象が発生したときは、その後発事象は次期以後の会社の財政状態および経営成績を正しく理解するための補足情報として株主に報告すべきであると考えたからである。

(4) ところで、旧商法においては、計算書類の提出時期として定時株主総会の8週間前という期限が定められていたが、会社法では当該期限は廃止された。また、旧商法では、取締役会で承認を受けた計算書類を監査役および会計監査人が監査していたが、会社法では、監査を受けた計算書類・事業報告・附属明細書を取締役会が承認することとなった（会436条3項）。総会の2週間前までに招集通知を発送しなければならない点に変わりはない（会299条1項）。したがって監査報告作成後株主総会までの間に生じた後発事象は監査報告にも記載することができない。

(5) (3)で述べたように、重要な後発事象が次期以降の会社の財政状態、経営成績の理解のため有用とされる補足情報である以上、会計監査報告、監査報告に記載できなかった場合（監査報告書を提出した後の場合も含めて）においては、株主総会において事業報告の際、取締役から口頭で報告することが妥当である（なお、改正商法逐条解説428頁は、「口頭で報告すべきものと解する」としている）。

8　親会社および子会社についての質問に対する答弁の程度

〔設　問〕

　　親会社および子会社に関する質問について、最低限どの程度答えればよいか。

〔結　論〕
　株主の質問に応じて、事業報告に「重要な親会社および子会社」として記載された子会社につき、次の事項をそれぞれに掲げた程度に説明する。
① 事業報告、注記表に記載された事項およびこれを付加・補足する程度に説明する。
② 親会社・子会社に関する事項であっても、会社およびその子会社から成る企業集団の事業・財産状況に相当の影響を及ぼすことが見込まれる場合には、関連する範囲で説明する。

〔説　明〕
(1)　親会社・子会社（会2条1項3号・4号、施2条1項・3条、計2条1項）といえどもその会社とは別個独立の法人格を有する別会社であり、その会社の株主総会においては別会社である親会社・子会社の内容そのものは本来報告・説明の対象ではない。親会社・子会社の問題は本来親会社・子会社において議論されるべきものであり、その営業に関する報告・説明は、親会社・子会社の株主総会において親会社・子会社の株主に対してなされるべきものであるのが原則である。
(2)　ところで、事業報告には、親会社・子会社を含めた会社の全体像を明らかにするためとして「重要な親会社および子会社の状況」を記載することを要し（施120条1項7号）、そこでは、親会社との関係として、親会社が保有する株式数や出資比率、親会社との取引状況、重要な子会社の状況として、その名称、資本金、主な事業内容が記載される。さらに、事業報告に記載される施行規則120条1項1号から9号に掲げる事項については、連結計算書類を作成している会社では、当該株式会社およびその子会社から成る企業集団の現況に関する事項とすることができる（施120条2項）。具体的には、連結ベースでの売上高および利益とその推移、子会社の異動・解散、子会社についての業務提携事業の譲渡、譲受け、合併、分割、株式交換、株式移転などが記載される。また、個別注記表には、貸借対照表等に関する注記として、関係会社（計2条3項25号）に対する金銭債権または金銭債務をその金銭債権または金銭債務が属する項目ごとに、他の金銭債権または金銭債務と区分して表示していないときは、当該関係会社に対する金銭債権または金銭

債務が属する項目ごとの金額または2以上の項目について一括した金額が記載される（計103条6号）。さらに、損益計算書に対する注記として、関係会社との取引による取引高の総額を、営業取引によるものとそれ以外のものとを区分して注記しなければならない（計104条）。そして、関連当事者（計112条4項）との取引に関する注記として、関連当事者との間に取引がある場合は、その名称、当該関連当事者の総議決権数に占める会社が有する議決権の数の割合および会社の総株主の議決権の総数に占める当該関連当事者が有する議決権の数の割合、ならびに会社と関連当事者との関係、取引の内容、取引の種類別の取引金額、取引条件および取引条件の決定方針、取引により発生した債権または債務に係る主な項目別の事業年度末日における残高、取引条件の変更があったときは、その旨、変更の内容および当該変更が計算書類に与えている影響の内容が記載される（計112条1項1号～8号）。

(3) このように、計算規則が、関係会社に対する金銭債権・金銭債務、関係会社との取引につき事細かく記載することを要求しているのは、関係会社に対する金銭債権・金銭債務についてはこれらによって連結・単体の計算書類の差異の原因を把握しうること、一般の他の会社などに対する債権や取引とは性質を異にするほか、子会社という従属的または弱い立場にある会社を使って親会社が不当・不正な取引、会計処理を行う可能性が高く、粉飾（または逆粉飾）決算が行われるおそれも大きいということにある。

平成26年会社法改正に伴い新設された施行規則118条5号により、当該会社とその親会社等との間の取引（当該会社と第三者との間の取引で当該会社とその親会社等の利益が相反するものを含む）であって、当該会社の当該事業年度に係る個別注記表において計算規則112条1項に規定する注記を要するものがあるときは、当該取引に係る次のイ）～ハ）に掲げる事項が事業報告に記載される（なお、同項ただし書により同項4号～6号および8号に掲げる事項が省略される場合は事業報告の附属明細書に記載される。施128条3項）。少数株主の保護のために情報開示の充実を図るものである。

イ）当該取引をするにあたり当該会社の利益を害さないように留意した事項

ロ）当該取引が当該会社の利益を害さないかどうかについての当該会社の取締役（取締役会設置会社では取締役会）の判断およびその理由

ハ）社外取締役を置く株式会社において、ロ）の取締役の判断が社外取締役の意見と異なる場合には、その意見

(4) 以上によれば、株主総会における親会社・子会社に関する質問に対しては、以下に述べるような説明をすることになる。

　親会社・子会社に関する事項についての説明義務は、いずれもこれら事業報告・注記表に記載された程度ないしこれを付加、補足する（主要な子会社の事業内容および資本金額、売上高、経常損益、当期純損益ならびにそれらの変動など）程度に説明する。

　ただし、親会社・子会社についての事項であっても、会社およびその子会社から成る企業集団の事業・財産状況に相当の影響を及ぼすことが客観的に見込まれる場合には、関連する範囲で親会社・子会社の状況を説明することを要する。

(5) 非連結子会社（計2条3項23号・63条。持分法（計2条3項26号）適用非連結子会社を含む）または関連会社（計2条3項21号）については、原則として説明する義務はない。したがって、株主がこれらの会社について説明を求めるときは、株主においてこれらの会社が資本金、持株割合、売上高等諸般の状況に照らして、重要な子会社と同等またはそれ以上の重要性を有することを明らかにしたうえでなければならない。

9　内部統制システム構築決議にかかる説明の程度

〔設　問〕

　内部統制システム構築決議にかかる質問に対しては、どの程度説明する必要があるか。

〔結　論〕

　原則として、株主が決議された内部統制システムの概要を理解するに足りるに必要な程度の説明であれば足りる。

　例外的に、決議されたシステムの合理性を疑わせる具体的事情が存在するときは、システムの概要説明を超えてその合理性を説明することを要する。

この例として、①監査報告に内部統制システム決議について不相当意見が付されている場合のほか、②重大な不祥事・事故等が発生した場合が挙げられる。

〔説　明〕
(1)　取締役会を設置する監査役設置会社である大会社、指名委員会等設置会社および監査等委員会設置会社は、(イ)取締役の職務の執行が法令および定款に適合することを確保するための体制および(ロ)その他株式会社の業務ならびに当該株式会社およびその子会社から成る企業集団の業務の適正を確保するために必要なものとして法務省令で定める体制の整備（以下かかる体制の整備を「内部統制システムの構築」という）を取締役会で決議することを要する（会362条4項6号・5項・399条の13第1項1号ハ・416条1項1号ホ）。これを受けて法務省令（会社法施行規則）が定める体制は以下のとおりである。①当該株式会社の取締役の職務の執行に係る情報の保存および管理に関する体制、②当該株式会社の損失の危険の管理に関する規程その他の体制、③当該株式会社の取締役の職務の執行が効率的に行われることを確保するための体制、④当該株式会社の使用人の職務の執行が法令および定款に適合することを確保するための体制、⑤次のイ）〜ニ）に掲げる体制その他の当該株式会社ならびにその親会社および子会社から成る企業集団における業務の適正を確保するための体制　イ）当該株式会社の子会社の取締役等（取締役、執行役、業務を執行する社員、会社法598条1項の職務を行うべき者その他これらの者に相当する者）の職務の執行に係る事項の当該株式会社への報告の体制に関する体制　ロ）当該株式会社の子会社の損失の危険の管理に関する規程その他の体制　ハ）当該株式会社の子会社の取締役等の職務の執行が効率的に行われることを確認するための体制　ニ）当該株式会社の子会社の取締役等および使用人の職務の執行が法令および定款に適合することを確保するための体制（施100条1項。指名委員会等設置会社については施112条2項）。さらに、監査役設置会社である場合は⑥当該監査役設置会社の監査役がその職務を補助すべき使用人を置くことを求めた場合におけるその使用人に関する事項、⑦⑥の使用人の当該監査役設置会社の取締役からの独立性に関する事項、⑧当該監査役設置会社の監査役の⑥の使用人に対する指示の実効性の確

保に関する事項、⑨次のイ）、ロ）に掲げる体制その他の当該監査役設置会社の監査役への報告に関する体制　イ）当該監査役設置会社の取締役および会計参与ならびに使用人が当該監査役設置会社の監査役に報告するための体制　ロ）当該監査役設置会社の子会社の取締役、会計参与、監査役、執行役、業務を執行する社員、会社法598条1項の職務を行うべき者その他これらの者に相当する者および使用人またはこれらの者から報告を受けた者が当該監査役設置会社の監査役に報告するための体制、⑩⑨の報告をした者が当該報告をしたことを理由として不利な取扱いを受けないことを確保するための体制、⑪当該監査役設置会社の監査役の職務の執行について生ずる費用の前払いまたは償還の手続その他の当該職務の執行について生ずる費用または債務の処理に関する方針に関する事項、⑫その他当該監査役設置会社の監査役の監査が実効的に行われることを確保するための体制が加わる（施100条3項。指名委員会等設置会社については112条1項）。

(2)　内部統制システム構築の取締役会決議の内容の概要および当該体制の運用状況の概要は、事業報告に記載することを要し（施118条2号）、かかる記載は監査の対象となり、監査役および監査役会はその内容が相当でないと認めるときは、その旨および理由を監査報告に記載しなければならない（施130条2項2号・129条1項5号）。

(3)　報告事項については、平均的な株主が記載内容を理解するに足るに必要な程度の説明であれば足りると解されている（報告事項、事業報告についての一般的な説明義務の程度については、**第10 Ⅲ 1**〔p.151〕参照）。したがって、事業報告中の内部統制システム構築の取締役会決議の記載についても、基本的に同一に解してよい。そこで、説明にあたっては、平均的株主が決議された内部統制システムの概要を理解するに足る説明をすることで足りる。

　しかし、決議されたシステムの合理性を疑わせる具体的事情が存在するときは、内部統制システムの合理性を説明するべきである。この例として、①監査報告に内部統制システム決議について不相当意見が付されている場合のほか、②重大な不祥事・事故等が発生した場合が挙げられる。②の場合、内部統制システムが構築されているにもかかわらず、なぜ不祥事等を防げなかったのか、不祥事・事故等を契機にして改善策を導入したのか、改善策の内容はいかなるものか、その改善策により再発は防止できるのかといった疑

問が生ずる。これらの点は、会社の現況を判断するにあたっても、取締役の業務執行を評価するにあたっても重要な事項である。したがって、取締役は導入されている内部統制システムについて、その合理性に踏み込んで説明することが求められると解される。そして、内部統制システムの合理性を説明するためには、取締役会決議の内容の説明にとどまらず、同決議を受けて導入された制度の概要や具体的な方策の概要についての説明が必要となろう。

10 買収防衛策に関する説明の程度

〔設　問〕

> 次の買収防衛策に関する質問に対しては、どの程度説明する必要があるか。
> ①　買収防衛策としての新株予約権無償割当ての株主総会議案
> ②　事前警告型買収防衛策導入の株主総会議案
> ③　株式会社の支配に関する基本方針（施118条3号）に関する事業報告の記載中の買収防衛策についての質問

〔結　論〕

1　買収防衛策導入の議案およびその参考書類の記載につき、付加的補足的な説明を求める質問に対しては、基本的には答弁する必要がある。
2　事前警告型買収防衛策導入の議案およびその参考書類の記載につき、付加的補足的な説明を求める質問に対しては、答弁する必要がある。
3　事業報告の記載の内容の範囲で説明することを原則とする。記載の程度によっては付加・補充し、一般的な株主が合理的に理解可能な程度まで説明する。

〔説　明〕

(1) a　平成17年5月27日経済産業省および法務省「企業価値・株主共同の利益の確保または向上のための買収防衛策に関する指針」（商事1733号（2005）26頁参照）（以下「指針」という。）は、買収防衛策を「株式会社が

資金調達などの事業目的を主要な目的とせずに新株または新株予約権の発行を行うこと等により自己に対する買収の実現を困難にする方策のうち、経営者にとって好ましくない者による買収が開始される前に導入されるものをいう。」と定義している。

　買収防衛策は、株式の大量買付者や公開買付予定者の出現など会社の経営支配権に現に争いが生じている場面（有事）において導入されるものと、会社経営権に現に争いが生じていない場面（平時）において導入されるものがある。後者は買収防衛策の内容を事前に買付予定者に明らかにすることとなるので、事前警告型買収防衛策と呼ばれる。

　買収防衛策の導入手続は、ⅰ取締役会決議のみで導入する（取締役会決議型）、ⅱ株主総会の普通決議で導入する（普通決議型）、ⅲ株主総会の特別決議で導入する（定款変更型）があり、三菱 UFJ 信託銀行証券代行部編『買収防衛策の導入傾向と事例分析』別冊商事357号（2011）7頁によると、平成22年6月時点での買収防衛策保有会社549社中、ⅰが4.6％、ⅱが45.2％、ⅲが50.3％とのことである（なお、茂木美樹ほか「敵対的買収防衛策の導入状況」商事2012号（2013）50頁によれば、平成25年7月末時点の買収防衛策保有会社は512社で上場会社の14.5％とのことである）。

　なお、2023年8月31日経済産業省「企業買収における行動指針──企業価値の向上と株主利益の確保に向けて──」は、「一定の例外的な場合においては対応方針の導入及び対抗措置の発動を取締役会限りの判断に行うことが否定されるわけではないと考える余地もある。」とする。

b　会社の経営支配権に現に争いがある場合において、買収防衛策として、会社が①一定の新株予約権無償割当てに関する事項を株主総会の特別決議事項とする等の内容の定款変更議案および②その定款変更議案が承認可決されることを条件とした新株予約権（買収者は新株予約権を行使できない旨の差別的行使条件、会社は現金を対価として新株予約権を取得できる取得条件の付されたもの）無償割当てを行うことを特別決議により承認することを求める議案を可決した株主総会決議に基づいて手続中の新株予約権の無償割当ての差止めの仮処分を申し立てたブルドックソース事件がある。東京地決平成19・6・28民集61巻5号2243頁は仮処分申立てを却下した（抗告審は東京高決平成19・7・9民集61巻5号2306頁）。

これにつき最決平成19・8・7民集61巻5号2215頁は、「会社の存立、発展が阻害されるおそれが生ずるなど、会社の企業価値がき損され、会社の利益ひいては株主の共同の利益が害されることになるような場合には、その防止のために」買収者関係者の「株主を差別的に取り扱ったとしても、当該取扱いが衡平の理念に反し、相当性を欠くものでない限り、これを直ちに」株主平等の「原則の趣旨に反するものということはできない。」「特定の株主による経営支配権の取得に伴い、会社の企業価値がき損され、会社の利益ひいては株主の共同の利益が害されることになるか否かについては、最終的には、会社の利益の帰属主体である株主自身により判断されるべきものであ」り、「当該判断が尊重されるべきである。」。買収防衛策が「事前に定められ、それが示されていなかったからといって、」「新株予約権無償割当てを著しく不公正な方法によるものということはできない。」と判示した。

c 決議事項については、株主自身が合理的な判断をするのに必要な程度の付加的補足的な説明をしなければならない（**第10 Ⅶ 1**〔p.228〕参照）。買収防衛策導入の議案および参考書類の記載につき、付加的補足的な説明を求める質問に対しては、基本的には答弁する必要がある。たとえば、買収者の提示した事業計画、取締役会の意見、買収防衛策導入費用や株主への課税である。前記最高裁決定に示された「会社の企業価値がき損され、会社の利益ひいては株主の共同の利益が害されること」に関する事実を説明することが望ましい。たとえば、「指針」Ⅵ2⑷①から④に示されたⅰグリーンメイラー、ⅱ焦土化経営、ⅲ会社資産の担保・弁済への流用、ⅳ会社資産の売却による高配当・株式の高値売り抜け（東京高決平成17・6・15判時1900号156頁も同様の例を掲げる）などに関する事実である。前記b②に記載の新株予約権無償割当ての議案では、新株予約権の取得の対価の算出の方法について説明することになる。もっとも、ブルドックソース事件後に公表された平成20年6月30日企業価値研究会「近時の諸環境の変化を踏まえた買収防衛策の在り方」（以下「在り方」という。）2は、「買収者に対する金員等の交付を行うべきではない。」との見解がとられている。

また、買収防衛策の議案が新株予約権の発行の議案に該当する場合は、

①募集新株予約権と引換えに金銭の払込みを要しないこととすることが当該者に特に有利な条件であるとき、②募集新株予約権の払込金額が当該者に特に有利な金額であるときは、①の条件または②の金額で募集新株予約権を引き受ける者の募集をすることを必要とする理由を、株主総会（会238条2項・240条1項・309条2項6号）において説明しなければならない（会238条3項・1項2号・3号）。買収防衛策の議案が募集新株の発行の議案に該当する場合は、募集株式の払込金額が募集株式を引き受ける者に特に有利な金額であるときは、取締役は株主総会（会199条2項・201条1項・309条2項5号）において、当該払込金額でその者の募集をすることを必要とする理由を説明しなければならない（会199条3項）。

(2) a　会社の経営支配権に現に争いが生じていない場面（平時）に、株主総会の普通決議（(1) a ii）または特別決議（同 iii）で買収防衛策を導入する場合、一般的に参考書類には、次の事項が記載される。

①　導入の目的
②　有効期間
③　買収者の定義
　議決権割合・株券等所有割合・株券等保有割合で限定される
④　買収者からの情報入手
　会社の買収者への質問および必要情報の提供の請求・買収者からの回答および情報の提供
⑤　取締役会の買収の評価
　取締役会における評価期間・独立委員会における検討期間
⑥　対抗措置の内容
　新株予約権無償割当て・新株予約権の発行・新株発行・信託型ライツ・プラン（差別的行使条件付の新株予約権を平時に発行し、信託を用いて信託銀行またはSPCに対して割り当て、有事に敵対的買収者以外の株主に権利行使させることによって買収者の持株割合を低下させる仕組み）など
⑦　対抗措置発動の手続・条件

なお、④⑤は株主が買収の是非を適切に判断するための時間・情報や買収者と会社の間の交渉機会を確保する趣旨のものである（「在り方」3(3)。東京地決平成17・7・29判時1909号87頁）。

b 事前警告型買収防衛策導入の議案およびその参考書類の記載に付加的補足的な説明を求める質問に対して答弁する必要がある。導入済みの買収防衛策の期間の更新や継続の場合でも同様であるが、変更箇所等あれば、それも説明する。

(3) a 事前警告型買収防衛策においては、(1)の最高裁決定の株主自身による判断の尊重の観点から、次回開催予定の定時株主総会での買収防衛策の廃止・継続の手続が採用されることが多く、また、有事導入型買収防衛策では、定時または臨時総会において買収防衛策についての承認をとることが多い。同総会では、株主自身の判断の尊重に関する手続等を説明する。

b 平時において、事前警告型買収防衛策の導入として、取締役会決議により基準日現在の全株主に1株に対し2株の新株予約権を無償で割り当てる新株予約権（買収者の出現の取締役会の公表を行使条件とし、払込価額を1円とするもの）の発行の差止めの仮処分申立てを認めた東京地決平成17・6・1判タ1186号274頁を支持した東京高裁決定（平成17・6・15判時1900号156頁）は、新株予約権の権利落ち日（基準日の3日前）以降に株式を取得した株主は、新株予約権が行使され新株が発行されたときは持株比率が3分の1程度に希釈されることになり、株価が大きく値下がりするおそれがあるとし、「新株予約権の発行は、既存株主に受忍させるべきでない損害が生じるおそれがあるから、著しく不公正な方法によるもの」としている（「指針」Ⅴ2(1)参照）。したがって、買収防衛策導入の効果についても説明することが望ましい。

(4) a 会社が、当該会社の財務および事業の方針の決定を支配する者のあり方に関する基本方針（以下「基本方針」という。）を定めているときは、事業報告に次に掲げる事項が記載される（施118条3号）。

イ 基本方針の内容の概要（施118条3号イ）

ロ 次の(1)(2)の取組み（防衛策）の具体的な内容の概要（施118条3号ロ(1)(2)）

(1) 当該株式会社の財産の有効な利用、適切な企業集団の形成その他基本方針の実現に資する特別な取組み

(2) 基本方針に照らして不適切な者によって当該株式会社の財務および事業の方針の決定が支配されることを防止するための取組み

ハ ロの取組みの次の(1)(2)(3)の要件への該当性に関する当該株式会社の取締役会の判断およびその理由（施 118 条 3 号ハ(1)(2)(3)）
  (1) 当該取組みが基本方針に沿うこと
  (2) 当該取組みが当該株式会社の株主の共同の利益を損なうものでないこと
  (3) 当該取組みが当該株式会社の会社役員の地位の維持を目的とするものでないこと

前記イには買収に対する対応方針が含まれる（千問の道標 453 頁）。買収防衛策の目的が記載される。ロ(2)には導入ずみの事前警告型買収防衛策の概要（その内容は前記(2) a ①から⑦の概要であるのが一般的）が記載される。なお、社外役員が存在するというだけでは、前記ハの理由にはならない（相澤哲＝郡谷大輔「事業報告〔下〕」商事 1763 号（2006）17 頁）。

b 事業報告中の買収防衛策の記載について質問がなされた場合には、一般的な株主が、記載内容を理解するために必要な程度の説明を要する（事業報告についての一般的な説明義務の程度については、**第 10 Ⅲ 1**〔p.151〕参照）。

したがって、記載中の買収防衛策についての質問には、事業報告の記載の内容の範囲で説明することを原則とする。しかし、施行規則 118 条 3 号の記載の程度は、会社の判断に委ねられているため、その程度によっては付加・補充し、一般的な株主が合理的に理解可能な程度まで説明する。

Ⅳ　決算書類に関する事項

1　有価証券の保有目的の明示を求められた場合

〔設　問〕

> 有価証券の保有目的を明らかにするよう求められた場合、これに答える必要があるか。

〔結　論〕

原則として明らかにする必要はない。

〔説　明〕
(1)　貸借対照表には、売買目的有価証券（計2条3項29号）および1年内に満期の到来する有価証券は、流動資産として計上し、それ以外の関係会社（計2条3項25号）株式その他流動資産に属しない有価証券は、投資その他の資産として計上する（計74条3項1号ヘ・4号イ）。

　前記いずれの場合においても、有価証券を保有するに至った動機、目的、意図などは、前期、前々期と比較して有価証券の保有金額が著しく増減するなど、会社経営上に大きな変化があったような場合や、同業他社等に比べて有価証券の資産構成上の比重が著しく大きいような場合を除き、株主総会の目的事項に属さず、それについて説明の義務はない。

　ただし、売買目的有価証券や社債は、銀行預金よりも有利な資金運用方法として保有するのが通常であり、関係会社株式その他の投資等株式は、企業結合関係の維持や事業提携等の目的で保有するのが通常であるから、説明を拒絶するのではなく、その程度の説明をする方が円滑な株主総会運営に資する場合が多い。

(2)　事業年度の末日において大会社（会2条6号）であって金融商品取引法24条1項の規定により有価証券報告書の提出義務がある株式会社は、その事業年度に係る連結計算書類を作成し（会444条3項）、定時株主総会の招集通知に際して、これを株主に対して提供しなければならず（会444条6項）、原則としてすべての子会社が連結の範囲に含まれる（計63条）。

　連結注記表（計61条1号ニ）には、連結計算書類作成の基本となる重要な事項として、①連結子会社の数および主要な連結子会社の名称、②非連結子会社がある場合には、主要な非連結子会社の名称および連結の範囲から除いた理由、③議決権の過半数を自己の計算において所有している会社等を子会社としなかったときは、その会社等の名称および子会社としなかった理由、④支配が一時的であることまたは連結の範囲に含めることにより利害関係人の判断を著しく誤らせるおそれがあることから、連結の範囲から除かれた子会社の財産または損益に関する事項で、企業集団の財産または損益の状態の判断に影響を与える重要なものがあるときは、その内容などを注記しなければならない（計102条1項1号ニ）。したがって、主要な連結子会社の範囲等

の変更などにつき質問がされれば、その経営上の理由、目的などを明らかにしなければならない。

2 海外子会社に発生した巨額の損失

〔設　問〕

> 海外子会社で巨額の損失が出ているとの新聞報道（真実であるとする）に基づく質問に対しては、どのように説明すべきか。

〔結　論〕

　海外子会社に生じた損失額、その発生原因、それによって親会社が受ける損失の内容、損失発生を防止するために企業集団における業務の適正を確保するための体制として決議された内容、内部調査や第三者委員会の調査により判明したその実際の整備状況、損失発生を防止できなかったことが同体制の欠陥または不遵守によるものであればその旨、同体制の見直しや徹底方策などを必要とする場合にはそれらを説明する。

〔説　明〕

(1)　子会社も親会社とは別個独立の人格を有する会社であるから、子会社の問題は、子会社の株主総会においてその株主に対して報告・説明がされるべきであり、親会社の株主総会における報告・説明の対象ではないのが原則である。親会社の監査役には、子会社へ事業の報告を求め、または子会社の業務および財産の状況の調査権が法定されている（会381条3項）が、親会社の取締役には、子会社へ報告を求めまたは調査を行う権限につき明文の根拠がない。

　しかし、子会社の問題でも、その属する企業集団の財産および損益の状態に不良な影響を与える重要な事項によって、親会社や同一企業集団に属する他の関係会社（計2条3項25号）のその子会社に対する売上債権や貸付金債権は、正常回収が困難になり、貸倒引当金（計5条4項）の設定が必要となることもあり、子会社株式の経済的価値も低落して、親会社および企業集団

の価値ないし評価に有意的な変動が生じるから、親会社の株主総会における報告・説明の対象となりうる。

　重要な子会社の状況は、連結計算書類の作成義務の有無にかかわらず、事業報告の対象事項である（施120条1項7号・2項）。

　支配が一時的でありまたは利害関係人の判断を著しく誤らせるおそれがあることにより、連結の範囲から除かれた子会社（計63条1項ただし書）についても、その財産または損益に関する事項であって、企業集団の財産または損益の状態の判断に影響を与える重要なものがあるときは、その内容を連結注記表に記載しなければならない（計102条1項1号ニ）。連結計算書類の作成義務のない親会社においても、同様な事情があれば、個別注記表への記載を要する（計101条1項5号）。

　海外子会社も会社法上の子会社であるから（会2条3号、施3条1項・2条3項2号）、海外子会社に巨額の損失が発生したとの新聞報道に基づく質問に対しても、取締役は説明義務を負う。

(2)　巨額損失の発生原因は、大口取引先の倒産、為替差損、製造物の欠陥、特許権等侵害、天災、第三者または役員・従業員による不法行為など、種々にわたる。

　監査役設置会社である大会社、指名委員会等設置会社および監査等委員会設置会社の取締役会は、その職務執行が法令・定款に適合することを確保するための体制のほか、業務の適正確保体制の1つとして、株式会社の業務ならびに当該株式会社およびその子会社から成る企業集団の業務の適正を確保するための体制の整備を決定または決議して（会362条4項6号・5項・399条の13第1項1号ハ・416条1項1号ホ・2項、施100条1項5号・112条2項5号）、その内容の概要および当該体制の運用状況の概要を事業報告の内容としなければならない（施118条2号）。監査役および監査役会は、右の体制整備の内容が不相当であると認めるときは、その旨およびその理由を監査報告の内容としなければならない（施129条1項5号・130条2項2号）。

(3)　したがって、海外子会社に生じた損失額、その発生原因、それによって親会社が受ける損失の内容、企業集団における業務の適正を確保し、損失発生を防止するための体制として決議された内容、内部調査や第三者委員会の調査により明らかとなったその実際の整備状況、結果として損失発生を防止

できなかったことによる同体制の欠陥または不遵守の箇所、それに応じて同体制を見直す具体的予定または遵守の徹底方策などを説明する。

(4) なお、親会社の監査役には、子会社へ事業の報告を求めまたは子会社の業務および財産の状況の調査の権限が法定されている（会381条3項）。ただし、正当な理由がある場合、子会社は拒否できる（同条4項）。3項の子会社は海外子会社を含む（会2条3号、施3条1項・2条3項2号）。しかし、海外子会社の内部関係には設立準拠法たる外国法が適用され、当該外国法が親会社の監査役の報告や調査の権限行使を認めていなければ、会社法381条3項の権限行使はできない。また、親会社の取締役には同項のような明文で認められた報告や調査の権限はない。

これらに関しては、親会社の子会社に対する事実上の支配力により報告や調査に協力を得ることになる（会社法コンメ(8) 399頁〔吉本健一〕。新版注釈会社法(6) 457頁〔谷川久〕）。上場会社では、子会社に「災害に起因する損害または業務遂行の過程で生じた損害」が発生したことは、インサイダー情報（金商166条2項6号イ）で、証券取引所より会社情報として適時開示を求められるものであり、子会社に協力を求めて情報を収集する必要がある。

3　100％子会社に対して巨額の貸付けを無担保で行っている理由の説明を求められた場合

〔設　問〕

> 100％子会社に対して巨額の貸付けを無担保で行っている理由の説明を求められた場合、説明しなければならないか。

〔結　論〕

その融資が結合企業としての事業遂行上必要なものであり、また子会社の財産状況より返済可能であるなど具体的理由・状況を説明する必要がある。

〔説　明〕

(1) 親子会社間の取引、債権・債務については、その特殊な関係から、粉飾

決算などの不正・不当な会計処理や、独立当事者間では行われないような押込み的・収奪的な取引などが行われる可能性を否定できない。そこで、会社法は、個別貸借対照表に、子会社を含む関係会社（計2条3項25号）の株式または出資金を、関係会社株式または関係会社出資金の項目をもって別に表示し（計82条1項）、関係会社に対する金銭債権または金銭債務は、その金銭債権または金銭債務が属する項目ごとに、他の金銭債権または金銭債務と区分して表示し（計103条6号参照）、貸借対照表にそのような区分表示をしないときは、個別注記表に、貸借対照表に関する注記として、当該関係会社に対する金銭債権または金銭債務を、その属する項目ごとの金額または2以上の項目の合計額を記載し（計103条6号）、また、損益計算書に関する注記として、関係会社との営業取引による取引高の総額および営業取引以外の取引による取引高の総額を記載して（計104条）、関係会社間の資本、取引および債権債務関係を開示することを義務づけている。

(2)　子会社に対する貸付け、特に100％子会社に対する貸付けは、親会社の一営業部門に対する資金の支払手続と同様に考えられ、この場合、その部門から担保を徴しない（徴しえない）のと同様、運命共同体として無担保貸付けも何ら問題ないものと説明することも考えられよう。

　しかし、100％子会社とはいえ、法律上は別人格であり、論理的にも現実的にも倒産の可能性を否定することはできない。とすれば、親会社の子会社への融資についても、その融資額、使途、融資条件、子会社の返済能力、および子会社の信用不安が親会社の信用不安をもたらす蓋然性などにつき総合的に判断したうえで、その融資が親会社の取締役としての善管注意義務、忠実義務に反しない合理的理由を要する。そしてこの判断においては、新規融資の場合と追加融資の場合とで差異があろう。

(3)　したがって、子会社に対する巨額の融資を無担保でするには、結合企業としての業務遂行上、子会社に融資すべき合理的必要性があり、その使途、所要・不足資金額から見た融資額の相当性のほか、子会社の業種、業績、財産状態、事業損益・資金繰り見通しなどから、少なくとも将来的に合理的な方法による融資額の返済が確実であると判断したことなどを具体的に説明することを要する。

　判例の中には、経営が破綻に瀕した子会社に対し親会社の取締役が融資を

継続したが、子会社の再建が失敗に終わり、融資金の回収が不能になった事案で、取締役の行為が親会社の利益を計るために出たものであり、かつ融資の継続を打ち切るか否かを決断するにあたり、企業人としての合理的選択を外れたものでないかぎり、親会社の取締役に忠実義務違反はないとしたものがある（福岡高判昭和 55・10・8 高民集 33 巻 4 号 341 頁）（100％子会社に対する融資に忠実義務違反・善管注意義務違反を肯定した判例として、福岡高判平成 24・4・13 金判 1399 号 24 頁）。

(4) なお、子会社への融資金の使途が子会社の企業秘密にかかるとき（新製品開発のための研究資金など）および親会社自身の秘密の新規事業の任にあたらせるため（親会社の大型店舗進出のための用地確保など）である場合には、融資金の使途については概説に留め、その詳細は株主の共同の利益を害するものとして拒否できる。

4　二重価格ではないかと製造原価の公表を求められた場合

〔設　問〕

　当社製品が定価の 4 分の 1 で販売されているとして、二重価格ではないかと製造原価の公表を求められた場合、公表する必要はあるか。

〔結　論〕

製造原価を公表する必要はない。

〔説　明〕

(1) 製品の売上原価は、期首製品たな卸高に当期製品製造原価を加え、期末製品たな卸高を控除して算出される（財規 75 条 1 項）。金融商品取引法に基づいて作成される損益計算書には当期製品製造原価の内訳を記載した明細書の添付を要するが（財規 75 条 2 項）、会社法に基づいて作成される損益計算書等（計 87 条）においては、売上高、売上原価および販売費・一般管理費ならびに営業外損益および特別損益を区分して表示すれば足り、当期製品製造原価の表示は任意である（計 88 条 1 項）。しかも、財務諸表等規則に基づ

いて開示すべき当期製品製造原価は、当期におけるすべての製品の製造原価合計額であって、個々の製品の製造原価ではない。

(2) 〔設問〕が、特定の製品の製造原価の公表を求めるものであれば、報告事項を理解し、決議事項の賛否を決するうえで必要とは言えないから、株主総会の目的事項に関しない。また、計算関係についての説明義務の範囲は、原則として計算書類およびその附属明細書の限度で足りるから、説明することを要しない。

(3) 〔設問〕が、どこでも定価より異常に低い価格で販売されているというような、会社経営に重大な影響を及ぼすような例外的場合に関するものであれば、取締役は、実売価格が定価を著しく下回る低価格販売政策を会社がとっている理由を説明することを要するが、その場合においても、個々の製品の製造原価は、他社との競争関係上、高度の企業秘密に属し、会社の販売戦略に重大な影響を与えるから、株主の共同の利益を著しく害するものとして説明を要しない（会314条）。

5　附属明細書中「その他」とある項目の明細を求められた場合

〔設　問〕

> 附属明細書の販売費および一般管理費のうち、「その他」とある項目の明細を答える必要があるか。

〔結　論〕

答える必要のある場合がある。

〔説　明〕

(1)　計算規則117条3号は、各事業年度に係る株式会社の計算書類に係る附属明細書には、「販売費及び一般管理費の明細」を記載しなければならないと規定している。右記載は、会計慣行に従い、財務諸表等規則85条に準じて行われている。

計上すべき販売費・一般管理費のすべてを適当な費目に分類して、その費

用名称を付することができない場合もあるから、主要費目のみを掲記して、「その他」によって雑多な他の勘定科目を集約することが許される（財規85条1項・2項参照）。

(2) 計算書類の附属明細書は、計算書類（会435条2項、計59条1項）の記載内容を補足する重要な事項を記載するものであるから（計117条）、その内容は会社計算規則が要求する適切かつ十分なものでなければならず、取締役の説明義務はその限度で足りる。

(3) そこで、〔設問〕の場合に「その他」と記載された金額が多額である場合には、計算書類の記載内容を理解するに必要な範囲で、「その他」がいかなる勘定費目を集約したものであるか、「その他」に含まれる主要勘定費目とその各総額について説明する義務がある。

6　前期比、売上高などに比較して多額の研究開発費が計上され、その使途の説明を求められた場合

〔設　問〕

　　前期比や売上高、会社の規模などと比較して多額の研究開発費が計上されている場合、その使途の概略について説明を求められたとき、企業秘密ないしは株主の共同の利益を害するということでまったく回答する必要はないか。

〔結　論〕

　主要な研究開発費の概要について説明しなければならない場合がある。

〔説　明〕

(1)　研究開発費は、貸借対照表上「繰延資産」の1つとして資産の部に計上され（計74条3項5号、財規36条・37条）、また損益計算書および附属明細書には「販売費および一般管理費」として記載される（計88条1項3号・7項。なお財規86条）。

(2)　したがって、株主が計算書類の報告を受けまた決議するに際し、取締役

の説明は、計算書類と附属明細書の範囲・程度で足りることになる。

しかし、前期比あるいは会社の規模などからみて著しいまたは異常な研究費の増減がある場合には、取締役は研究開発費の概要を説明する義務がある。

(3) もっとも、まだ「公表」されていない重要事実に当たる場合には、インサイダー取引規制（金商166条）の関係で説明を拒絶できるし、また質問が企業秘密に関している場合には、株主の共同の利益を害するものとして説明を拒むことができるから、これらに触れない程度に説明すれば足りる。

7 個別の取締役の報酬等の額の開示の要否

〔設　問〕

個別の取締役の報酬等の額を開示する必要はないか。

〔結　論〕

原則としてない。

〔説　明〕

(1) 取締役・監査役などが会社から受ける報酬、賞与その他の職務執行の対価である財産上の利益（報酬等）の額の決定は、本来業務執行に関するものであるが、取締役会自らにその権限を与えると公正さが保たれず、お手盛りとなるおそれがあり、場合によっては会社の経営を圧迫するおそれもあることから、取締役の報酬等は、定款で定めていないときは、株主総会の決議でその額等を定めることとし（会361条1項）、また監査役の報酬は、監査役の取締役会からの独立性、地位強化のために、定款で定めていないときは、取締役とは別に株主総会で決議することとしたものである（会387条1項）。

定款または株主総会決議での額等の決定の規定は、会社財産から不当に多額の金額が取締役等の報酬として支出できないようにすることを目的としたものであるから、取締役等に支給される総額（上限額）が株主との関係で意味を有するものとして、株主総会においては取締役等の種類ごとに支給する総額のみを決定すればよく、その総額をどのように取締役間、監査役間で配

分するかをそれぞれの協議に委ねても適法であると解されている（通説）。そのような方法の適法性は、会社法 387 条 2 項が監査役全員に対する報酬総額の決議がされることを予定していることからも窺える。また、総額を定めている以上、各人別の報酬額いかんは原則として株主の利害に関係がない。

(2) 事業報告には、①当該事業年度に係る会社役員（施 2 条 3 項 4 号）の報酬等（同条 2 項 63 号）、②当該事業年度に受けまたは受ける見込みの額が明らかとなった会社役員の報酬等、が記載される（施 119 条 2 号・121 条 3 号・4 号）。また、これとは別に、③当該事業年度に係る社外役員の報酬等、④当該事業年度に受けまたは受ける見込みの額が明らかとなった社外役員の報酬等、⑤社外役員が当該株式会社の親会社または当該親会社の子会社から当該事業年度において役員として受けている報酬の総額、が記載される（施 119 条 2 号・124 条 6 号～8 号）。

①は、年額報酬や賞与などの当該事業年度に対応する報酬等であって、事業報告作成までにその額が判明したものである。②は、退職慰労金などの当該事業年度に対応しない報酬等であって、当該事業年度中に支給されまたは支給予定額が判明したものである（①の内容となった報酬等および以前の事業報告の内容となった報酬等を除く）。①の当該事業年度に対応する報酬等であって、その事業年度の事業報告作成までに額が判明せずにその内容とならなかった報酬については、支給されまたは判明した事業年度の事業報告の内容となる（小松岳志＝澁谷亮「事業報告の内容に関する規律の全体像」商事 1863 号（2009）14 頁）。

記載の方法は、①②いずれも、イ　取締役、会計参与、監査役または執行役ごとに報酬等の総額および員数を開示する、ロ　会社役員全員につき各報酬等の額を個別開示する、ハ　会社役員の一部につき報酬等の金額を個別開示し、その他については役職ごとの報酬等の総額および員数を併用開示する 3 つの方法がある（施 121 条 3 号・4 号）。以上は③④でも同様である。

なお、②の当該事業年度に対応しない報酬等で、当該事業年度の末日後事業報告作成までに、支給予定額が判明したものおよび支給されたもの（当該事業年度以前の事業報告の内容として記載された報酬を除く）は、重要な事項に該当する場合に、施行規則 121 条 9 号に基づき記載される（前掲・小松ほか 15 頁）。社外役員については施行規則 118 条 1 号に基づき記載される（同

19頁)。

(3) 以上のように、取締役・監査役の報酬は定款または株主総会の決議によってその総額、算定方法または具体的な内容が決定され（会361条1項1号〜3号）、これにより会社財産のうち役員報酬として支給される額・内容が確定しまたは算定することができる以上、同じ種類に属する会社役員内部での配分割合は、原則として株主総会における計算書類の報告および事業報告につき説明しなければならない事項には含まれない。施行規則は、前記のとおり、各会社役員ごとの報酬等の額の個別開示に配慮した規定も置いているが、わが国では会社役員個人の所得を公表したくないという風潮が未だ根強く存在していることもあり、同規則も会社役員の種類毎の報酬等の総額を記載すれば足り、それを超えて個人ごとの報酬等の額を説明することは株主の権利・利益と関係ないから、それについての説明を拒否できるものである。

また、会社役員の報酬等の額の改定が議題となっている場合についても、改定後の総額が会社の財産状況から適当か否かを検討できる以上、個々の会社役員に対する支給実績まで開示する義務はない。したがって、株主の判断資料としては会社役員の種類に応じた報酬等の総額で十分であり、事業報告の記載を超える個別の取締役、監査役の報酬等の開示は会議の目的事項に関しないとして拒否できる。

(4) 賞与は、会社法において、剰余金の処分ではなく、企業経営上の費用である報酬等の一部に組入れられた（会361条1項・387条1項）。会社役員の種類ごとの報酬等の総額を報酬、賞与等に区分した内訳金額についても、取締役は説明義務を負わない。

(5) ただし、きわめて例外的なケースであろうが、一部の取締役の報酬等の一部が会社の不正・脱法行為のために支出され、またはその目的のために増額されたような場合（たとえば、株主の権利行使に関する利益供与の禁止（会120条）を潜脱するために、総会担当取締役に総会屋や反対株主等の対策費分を上乗せした場合など）につき、株主において具体的にその事実の存在を推認できる客観的資料を有し、その具体的事実を証拠として示したうえで特定の取締役に対する支給実績、他の取締役との報酬額の差を質問したときは、その支給実績、差額およびその理由を説明する義務を負うことがありうるであろう。

8　増配の理由

〔設　問〕

会社に対する敵対的買収の報道がされた直後に、取締役会が前期比数倍の増配を決定した場合、増配の理由、会社の企業価値についての質問に対し、どのように説明すべきか。定款で取締役会に剰余金配当の決定権が与えられている会社ではどうか。

〔結　論〕

当面の事業展開予定では、資金需要が乏しいので、現金および換金性の高い金融資産を会社が保有し続けるよりも、株主に剰余金配当として還元することが株主利益に資すること、そうしても事業展開に支障は生ぜず、企業価値は低下しないことなどを説明する。

〔説　明〕

(1)　剰余金は常に現金および換金性の高い金融資産（以下「現金性資産」という。）として存在するわけではない。設備投資等の需要が旺盛な企業では、現金性資産の資産総額または年間売上高に対する割合は低い場合が多い。

他方、収益力の高い企業や反対に収益力が低く事業投資需要の乏しい企業の中には、前記割合の高いいわゆるキャッシュ・リッチな企業が少なくない。とりわけ後者のような企業は、証券取引市場等における株価が一株当たり純資産価格を下回ることも少なくないため、敵対的買収の標的とされやすい。

そのため、このような企業では、敵対的買収の標的とされた場合の防衛策の１つとして、買収価値を低下させるために、従前の数倍に上る剰余金配当の実施を決定することがある。

(2)　税引後当期利益を上回る大幅な増配を続ければ、豊富にあった現金性資産も減っていくから、買収価値は低下し、防衛目的は一応達せられる。大幅増配の継続中は、高利回り株として株価は高値安定するが、大幅増配を止めて従前の低いないし通常の配当率に戻せば、株価は急落する。収益力が低く、豊富な現金性資産によって維持されていた企業価値も、現金性資産の流出に

よって低下する。そのときには、敵対的買収者は、十分な剰余金配当と売却益を得て、持株をすでに処分している。

(3) 大幅増配には敵対的買収防衛効果があるが、同時に企業価値を確実に低下させる。そのため、増配の理由およびそれによる企業価値低下について質問がされることになる。論理的には、当面の事業展開予定では、資金需要が乏しいので、現金性資産を会社が保有し続けるよりも、株主に剰余金配当として還元すべきであると考えたこと、そうしても事業展開に支障は生ぜず、企業価値は低下しないことなどを説明することになろう。

(4) 定款で取締役会に剰余金配当の決定権が与えられている会社の場合（会459条1項4号）で、株主総会の決議によらない場合（会460条1項）も同様である。

9　四半期配当

〔設　問〕

> 「四半期配当を決めた会社も少なくないが、当社では四半期配当を行う予定はないのか。」との質問に対しては、どのように回答すべきか（当面年2回配当継続の場合）。

〔結　論〕

四半期配当は年2回配当に比べて配当に要する事務と費用が倍加するため、剰余金の形成が妨げられ、株主の利益に反する面もあることなどを述べる。

〔説　明〕

(1) 四半期配当を行うには、大規模公開会社が、株主総会を年4回開催することは実際上不可能であり、開催費用も多額に上るから、取締役会の決議だけで剰余金配当を行えるようにしなければならない。

剰余金配当を取締役会決議だけで行うには、①取締役の任期（会332条1項ただし書・3項）が1年を超えない、②会計監査人設置会社かつ③監査役会設置会社または指名委員会等設置会社であって、取締役会が剰余金の配当

に関する事項を決定することができる旨の定款規定がなければならない（会459条1項4号）。ただし、この定款規定は、最終事業年度に係る計算書類についての会計監査報告の内容に無限定適正意見（計126条1項2号イ）が含まれており、その会計監査報告に係る監査役会または監査委員会の監査報告の内容として会計監査人の監査の方法・結果を相当でないと認める意見がない場合に限り、効力を有する（会459条2項、計155条2号・3号）。

(2) 取締役会設置会社は、定款の定めにより、一事業年度の途中において1回に限り、取締役会の決議によって、金銭を配当財産とする剰余金配当（中間配当）をすることができる（会454条5項）。

(3) 臨時決算に基づいて作成した臨時計算書類（臨時決算日における貸借対照表および臨時決算日の属する事業年度の初日から臨時決算日までの期間に係る損益計算書）について、(1)のような会計監査報告および監査報告がされ、取締役会の承認を受けたときは、臨時決算日までの期中損益および自己株式処分損益が分配可能額に算入される（会461条2項2号・5号・6号、計156条・157条・158条5号・7号）。

(4) 剰余金配当に回数制限はないから、毎月配当も法律上は可能であるが、臨時決算をする場合や配当財産の交付（会457条）に係る事務・費用負担を考えると、大規模公開会社では実務的には四半期配当が限度であろう。

　四半期配当は、中間配当による年2回配当に比べて配当回数が多いため、1年を通じた配当額または配当率が同じ場合でも、年金受給的な機能を営み、また、配当基準日の間隔が短いために、株式譲渡の場合にも配当を得られる機会が増すため、個人株主の多くからは好意的に受け止められる。

　しかし、年2回配当に比べて事務・費用負担が増える結果、剰余金の形成が妨げられ、必ずしも株主にとって有利とばかりは言い難い面がある。そこで、当面、年2回配当を継続する場合には、前記のような理由を説明することになる。

10 使用人兼務取締役の使用人分給与明示の必要性

〔設　問〕

取締役の報酬改定議案において、使用人兼務取締役の使用人分の給与を明らかにする必要があるか。

〔結　論〕

明らかにすることが望ましい。

〔説　明〕

(1)　これまで実務においては、取締役の報酬議案として「月額（年額）〇千万円以内（ただし、使用人兼務取締役の使用人分給与を含まない）」という示し方をしている。

　これは、法人税法34条により、株主総会の決議による限度額を超える役員給与が損金不算入となるが、使用人兼務役員の使用人分を含まないと明示した決議を行った場合は、その使用人分は損金算入が認められる税法上の取扱いに基づくものである。

　ただし、使用人給与額（賞与を含む）を個別的かつ具体的に説明する必要はなく、取締役の使用人分給与額の合計額をもって足りる。すなわち、これによって、取締役の報酬の総額（使用人兼務取締役の使用人分給与額を含めて）を正確に知ることができるからである（なお、最判昭和60・3・26判時1159号150頁参照）。

(2)　会社法435条2項、施行規則121条3号・4号において、当該事業年度に係る会社役員の報酬等を事業報告に記載すべきこととしているが、この規定の解釈として、使用人分給与は含まないものとされている。すなわち、会社法上使用人兼務取締役の使用人分給与は、事業報告の必要的開示事項としては考えられていない。この点からすると報酬改定議案においても、使用人分給与の開示が必ず必要とまではいえないであろう。

(3)　もっとも、使用人の給与部分についてそれが重要なものである場合には、事業報告に記載しなければならない（施121条11号）とされ、具体的にはそ

の他の使用人の報酬と比較して著しく高額である場合、使用人としての職務が僅少であるにもかかわらず、使用人部分の報酬が取締役としての報酬よりも著しく多額である場合等には、重要な事項に当たると解されている。なお、取締役が顧問弁護士や顧問税理士として著しく多額の報酬を受け取っている場合や、使用人分として使用人の給与体系から逸脱した報酬を受けている場合等には、関連当事者との取引に関する注記として注記表に記載しなければならない（計98条1項15号・112条）。こうした場合には、報酬改定議案においても使用人の給与部分についても開示する必要が生じるであろう。

(4) 使用人兼務取締役が使用人としての給与を受ける場合には、取締役会の承認を受けなければならないが（会356条1項2号・365条1項）、あらかじめ取締役会の承認を得て定められた会社内規の給与体系に基づいて給与を受ける場合には、その都度改めて取締役会の承認を受けることは必要ない旨の判例がある（最判昭和43・9・3金法528号23頁。なお、前掲最判昭和60・3・26参照）。

11 役員・社員の交際費の総額と件数の答弁の要否

〔設　問〕

役員・社員の交際費の総額と件数を答える必要があるか。

〔結　論〕

総額を答える必要があるが、必ずしも件数まで答える必要はない。

〔説　明〕

(1) 計算規則117条3号は、附属明細書に販売費および一般管理費の明細を記載しなければならないとしている。その科目（費目）は会計慣行に従い、財務諸表等規則による販売費および一般管理費の区分掲記に準じて細分表示される。そのうちに交際費（接待交際費）の費目があるが、その総額がここでいう本問の交際費に当たる。したがって、その限度で交際費の総額を説明しなければならない。

(2) 件数は附属明細書の記載事項でないから、その説明の必要はない。しかし、たとえば会社の規模からみて著しく交際費が巨額であったり、また目的が営業のために正当に使われたものであるかどうか疑わしい事情がある等の場合には、その件数とその使途が営業のため正当に使われたものであることを説明しなければならないことがありうる。

なお、いつ誰と会い、その接待費用はいくらかかったかというような具体的内容の質問に答える必要はない。

12 無償の利益供与に関する答弁の程度

〔設 問〕

> 「会社が行った無償の利益の供与には具体的にいかなるものがあったか」との質問に対し、どのように答えればよいか。

〔結 論〕

取締役は、無償の利益供与につき、その種別（交際費、寄付金、政治献金）および種別ごとの総額を明らかにすることが望ましい。ただし、無償利益の供与先、供与の趣旨および件数は説明しなくてもよい。

〔説 明〕

(1) 無償の利益供与（反対給付が著しく少ない財産上の利益の供与を含む）に関し、会社法施行前の商法施行規則108条1項6号・3項では附属明細書には監査役が監査するについて参考となるように記載しなければならないとされていたが、会社法および計算規則ではその旨の規定は存在していない。

(2) もっとも日本公認会計士協会会計制度委員会が平成18年6月15日付で改正を発表した「計算書類にかかる附属明細書のひな型」の3号「販売費および一般管理費の明細」（記載上の注意）2では、「計算書類作成会社が無償でした財産上の利益の供与（反対給付が著しく少ない財産上の利益の供与を含む。）があれば、該当科目について、その旨を『摘要』の欄に記載するなど、監査役又は監査委員が監査をするについて参考となるように記載する」

ことが望ましい。とされている。

(3) ところで、無償の利益供与は、利益の追求を目的とする株式会社の行為としては例外的であるうえに、それが政治献金や寄付金ともなれば、企業の社会的責任の遂行として評価される反面、利益供与の金額がその企業にとり不相応な金額であれば取締役の忠実義務違反となる（最判昭和45・6・24民集24巻6号625頁）ことから、一般株主の関心度は高い。

しかも、無償の利益供与に関しては、会社法は、たとえば株式会社が何人に対しても株主の権利の行使に関し財産上の利益を供与することを禁止し（会120条1項）、その供与した利益の価額について取締役に弁済義務を負わせ（会120条4項）、さらに刑事罰規定を設ける（会970条1項）などしている。

(4) このように株主総会において議論される事項の限界と、一般株主の関心に応え、株主総会の円滑な進行を図るという2つの要請を調和させるという点からみると、取締役は無償の利益供与の種別（政治献金、寄付金、交際費）および種別ごとの総額を明らかにすることが望ましい。

ただし、寄付金の内訳、たとえば国または地方公共団体、学校法人、社会福祉法人などの別に分ける必要はなく、その総額でもって足りる。また、無償利益の供与先、無償供与した理由、件数まで説明しなくてもよい。

(5) なお、監査役が会社が行った無償の利益の供与に取締役の義務違反は認められない旨の監査報告書を提出しているにもかかわらず、株主において違法または著しく不当な無償供与の疑いのある旨の具体的事実を主張・立証した場合には、取締役が、供与先、供与の趣旨まで明らかにしなければならないことが起こりうる。

13　政治献金、公益法人などへの寄付に関する答弁の程度

〔設　問〕

　政治献金の件数と総額、献金先その他公益法人などへの寄付した金額、寄付先、寄付の趣旨などを答える必要があるか。

〔結　論〕
　政治献金・寄付金は、それぞれの総額を説明するのが望ましいが、献金先・寄付先、件数および趣旨などを答えなくてもよい。

〔説　明〕
(1)　政治献金や寄付金は、第三者に対する無償の利益供与あるいは社会的責任の遂行という特別な性格を有しており、一般的な株主においても政治献金や寄付金について関心を持つことが多い。そこで、株主総会の円滑な進行を考慮し、政治献金総額、寄付金総額については株主に説明することが妥当である。
　しかし、献金先、寄付先など個別の内訳や趣旨への質問に対しては、少数株主の帳簿閲覧権（会433条1項）との均衡や株主総会が取締役の行為の違法性の有無を当然に判断する場ではないことから、回答を回避することができる。
(2)　もっとも、株主が具体的にある特定人への不相応な寄付のあったことを明らかにする場合のように、違法ないし著しく不当な財産上の利益の無償供与がなされたことを主張・立証したときは、取締役・監査役がこれについて釈明する意味において、供与額、供与先、供与の趣旨などを説明しなければならないことが起こりうる。

14　配当性向と安定配当に対する考え方

〔設　問〕
> 「一株当たり当期純利益が〇〇円で昨年より大幅に上昇しているのに配当が従前どおり〇〇円であるのはなぜか。株主軽視ではないか」との質問に対して、回答すべきか。

〔結　論〕
　剰余金処分の決議との関連で、会社の実施している配当政策を簡潔に説明すればよい。たとえば「当社は年〇円の通常配当を安定的に堅持することが

内部留保を高め、財務体質の健全化を計りながら株主の皆様に報いる方法であると確信しております。」等の説明を行う。

〔説　明〕
(1)　「株主軽視ではないか。」というような発言は、株主の意見であって質問ではないから、説明義務の問題ではない。しかし、これらは株主から会社の配当政策についての質問と解釈し、会社が現にとっている配当政策を簡潔に説明すべきものと思われる。

　剰余金処分の議案については、参考書類に提案の理由が記載される（施73条1項2号）。

(2)　安定配当についての株主の質問の趣旨は、安定配当と称して、期間損益を重視せず内部留保につとめることは、株主に対する配当可能利益を低率におさえ、当期株主の利益を軽視しているというものである。これは会社の配当政策の問題である。これまでの日本企業の多くは、比較的低率の安定配当を維持しながら、利益の社内留保につとめ、会社の健全財政に寄与することによって、結果的には株主の優遇策になるとの立場をとってきた。したがって会社としては、この安定配当政策について、現時点で自社のとっている立場を十分説明できるようにすべきである。特に外国株主のみならず、日本の機関投資家等においても安定配当政策が必ずしも評価されなくなってきているという現状を踏まえて、当該会社の実情を踏まえた具体的な説明をすることが望ましい。

15　連結計算書類に関する質問に対する対応

〔設　問〕

　「連結損益計算書中の税金等調整前（当期）純利益は、当社単体の税引前当期純利益より少なくなっているがその理由は何か」と質問された場合、説明する必要があるか。

〔結　論〕

簡単に説明する必要がある。

〔説　明〕

　事業年度の末日において大会社（会2条6号）であって金融商品取引法24条1項の規定により有価証券報告書を内閣総理大臣に提出しなければならないものは、連結計算書類を作成しなければならない（会444条3項）。

　連結計算書類は当該会計監査人設置会社およびその子会社から成る企業集団の財産の状況を示すために必要かつ適切なものとして法務省令で定めるもの（会444条1項）であるが、原則として情報提供を目的とし、分配可能額の算定を目的としていない。そこで、単体の計算書類上と連結計算書類上の項目との差異について詳細に説明する必要はないが、子会社に損失が生じ、その結果親会社も大きな損失を蒙る可能性がある場合もあるので、当該会社の単体の税引前純利益より連結の純利益が少なくなった要因について簡単に説明する必要はある。

　なお、会社が連結配当規制適用会社（計2条3項55号）であることを選択した場合は、分配可能額の算定にあたり、連結貸借対照表上の株主資本の額が個別貸借対照表上の株主資本の額を下回る場合にその差額を控除する必要がある。したがって、連結配当規制適用会社の場合には、本問に対する説明は、より具体的に行う必要があろう。

16　純粋持株会社における説明義務

〔設　問〕

　純粋持株会社の株主総会において、その取締役は、事業報告、計算書類の内容に関してどのような説明義務を負うか。

〔結　論〕

1　事業報告

　会社の現況に関する事項については、原則として、主要な事業子会社の事

業の経過、成果（売上高、経常損益、当期純損益など個別業績）など企業集団の現況として記載する程度を基準として、不明な点を明らかにし、あるいはその合理的理解に必要な程度に付加、補足する説明を行うべきである。企業集団の現況として記載しない事項については、一般の株式会社の場合と同様の範囲、程度の説明義務を負う。

2　計算書類

　一般の株式会社の場合と同様に、原則として、計算書類（附属明細書に記載すべき事項については附属明細書の記載）の不明な点を明らかにし、あるいはその合理的理解に必要な程度に付加、補足する説明を行うことを要し、かつその程度で足りる。

〔説　明〕

(1)　事業報告

　純粋持株会社は、事業を遂行する子会社を株式をもって支配し、子会社の経営を管理し、各子会社からの剰余金配当を主要な収益源とする経営形態の会社である。定款における事業目的も、傘下事業子会社の事業活動の支配および管理を目的とすると規定している（定款には各事業子会社の事業目的をも記載するのが通例であるが、これは商業登記手続に対応したものであり、持株会社がこれらの事業を直接目的とするものではない）。

　純粋持株会社のこのような経営形態から考えると、事業報告における会社の現況に関する事項（施119条1号・120条1項）としては、子会社株式の保有状況と株式投資活動（子会社の統廃合や議決権行使状況など）の経過、子会社からの配当金受領状況（投資リターン）を記載すれば足りることになる（このような「投資アプローチ型」の事業報告を「タイプⒶ」とする）。

　しかし、純粋持株会社は、その収益およびリスクの源泉が傘下事業子会社の事業活動であり、純粋持株会社の株主は事業活動を遂行している傘下事業子会社の事業内容、業績、将来見通しなどを基礎とした企業グループ全体の状況を関心の対象としている。施行規則120条2項は、会社の現況に関する事項については企業集団の現況として記載することができると定めており、純粋持株会社の大多数は、前記の点を考慮して、事業報告に記載する会社の現況に関する事項の多くの部分を企業集団の現況として記載している。特に、

主要な事業内容、事業の経過および成果などについては主要な事業子会社の事業の経過および成果を部門別の状況として記載し（施120条1項柱書・かっこ書）、各子会社の事業報告に記載するのと同程度に記載している（このような「事業アプローチ型」の事業報告を「タイプⒷ」とする）。

(2) 計算書類

計算書類に関しては、事業報告における施行規則120条2項のような企業集団としての計算書類を作成することを認める特例規定はなく、連結計算書類を含め計算書類の記載方法は一般の株式会社（事業持株会社）と区別されていない。すなわち、純粋持株会社の株主総会招集に際して各事業子会社の計算書類を提供する必要はない（主要事業子会社の計算書類の概要を招集通知に添付する会社もみられるが、これは任意的な取扱いであり、法令に基づくものではない）。

(3) 取締役の説明義務の範囲と程度

以上のような法制および実務状況を考えると、純粋持株会社における事業報告、計算書類に関する説明義務の範囲、程度は次のようになる。

　a　事業報告

① 事業の経過および成果、その部門別の状況その他会社の現況に関する事項については、企業集団の現況として記載した主要な事業子会社の事業の経過、成果（売上高、経常損益、当期純損益など個別業績）などの内容を基準として、不明な点を明らかにし、あるいはその合理的理解に必要な程度に付加、補足する説明を行うべきである。以上は事業報告をタイプⒷのように作成した会社の場合であるが、事業報告を前記タイプⒶのように作成した会社においても、前記に相当する範囲、程度の説明を行うことを要すると解するべきである。比喩的に言えば、このような事項に関しては、純粋持株会社の株主総会における説明義務は、傘下子会社の株主総会における説明義務の範囲、程度がそのまま持ち上がったものとなると解される。

② 企業集団としての記載をしなかった事項については、一般の株式会社の場合に準じて、事業報告の記載（附属明細書に記載すべき事項については附属明細書の記載）の不明な点を明らかにし、あるいはその合理的理解に必要な程度に付加、補足する説明を行うことを要し、かつその程度で足りる。たとえば、子会社の状況（施120条1項7号）については、重要な子会社の商

号、主要業務内容、資本金額、議決権比率などを記載し、各子会社の細目的な内容までは記載しないのが通例であり、子会社ごとの詳細（資金調達、借入先、従業員数など）についてまでは原則として説明義務はない。子会社の役員の詳細（施119条2号・121条）なども同様と解される（法務省令においても、企業集団としての記載をすることは予定されていない）。

なお、純粋持株会社の性質上、主要な子会社の配当額、配当政策などは説明するべきものと考える。また特別な事象があるときは、その原因や見通し、再発防止策などについて説明を要する。この点は、事業報告をタイプⒶのように作成した場合とタイプⒷのように作成した場合とに共通であると解される。

b 計算書類

計算書類に関しての説明義務の範囲、程度は、一般の株式会社の場合と同様である。すなわち、計算書類（附属明細書に記載すべき事項については附属明細書の記載）の不明な点を明らかにし、あるいはその合理的理解に必要な程度に付加、補足する程度の説明を行うことを要し、かつその程度で足りるのが原則であり、特別の事象（たとえば、多額の減損処理をなした子会社株式、不祥事に起因する特別損失など）があるときは、その原因、見通し、再発防止策などを説明する必要があると考えられる。

V 監査報告に関する事項

1 総会で監査報告をするのは監査役会か監査役か

〔設　問〕

監査報告は、監査役会が行うべきか、監査役が行うべきか。

〔結　論〕

監査役会が行ってもよいし、監査役が行ってもよい。

〔説　明〕
(1)　監査役は、取締役が株主総会に提出しようとする議案および書類等を調査した結果、法令・定款に違反し、または著しく不当な事項があると認めたときは、株主総会に調査の結果を報告しなければならない（会384条）。したがって、監査役は、前記の場合を除き、会社法上、株主総会において監査報告をすることが規定されているわけではない。

　しかし、実務上は、株主総会において、監査役全員がこのような事項がないと認めた場合であっても、「何ら法令・定款に違反し、または著しく不当な事項はない」旨の報告が、取締役による事業報告の前または後に監査役からなされることが一般的である（監査役ガイドライン371頁・373頁）。

(2)　また、監査報告の内容の報告については、平成5年の旧商法の改正により、大会社における監査報告書は各監査役の報告に基づき監査役会が作成することとなったため、平成5年改正商法施行後の大会社の株主総会では、①（常勤）監査役が「監査役会を代表して私から報告いたします。」と述べて監査報告を行う会社と、②従来どおり、（常勤）監査役が「監査役○名の意見が一致しておりますので私から報告いたします。」と述べて監査報告を行う会社、とに分かれている。①では監査報告の主体は監査役会、②では監査報告の主体は各監査役ということになる。

(3)　株主総会に提出する議案および書類等に法令・定款違反、または著しく不当な事項があると認めた場合以外、監査役の報告は会社法の下においても法定の義務とされているものではなく、(2)の①、②の方法のいずれでも会社法違反の問題は生じない。

(4)　しかし、株主総会に提出される議案および書類等に法令・定款違反、または著しく不当な事項があると認めるときに、会社法384条により報告義務を負うのは監査役会ではなく、各監査役である。すなわち、このときは、監査役会を代表して（常勤）監査役が報告するのでは足りず、各監査役が報告する（各監査役の意見が一致するときは監査役の意見が一致していることを述べ、1人の監査役から報告する）必要がある。

　したがって、株主総会に提出される議案および書類等に法令・定款違反、または著しく不当な事項があると認められる場合は(2)②の方式で、そうでないときは①の方式に変更するというやり方より、常に②の方式というやり方

のほうが一般論としては首尾一貫していると思われる。ただし、②の方式でも各監査役の意見が一致していないときは、各監査役が行うことになる。また、各監査役は個々の監査役が作成する監査報告と監査役会監査報告の内容とが異なる場合には、その特定の事項に係る監査役監査報告の内容を監査役会監査報告に付記することができる（施130条2項）。

(5) なお、会社法施行後において、監査役会を設置しない会社では監査報告の作成は監査役の職責である。

2　事業報告の監査方法およびその内容

〔設　問〕

「監査報告には『事業報告およびその附属明細書は、法令および定款に従い、会社の状況を正しく示していると認めます』『内部統制システムに関する取締役会決議の内容は相当であると認めます』と書かれているが、各監査役および監査役会における事業報告の監査方法とその内容を説明されたい」という要求にどう答えたらよいか。

〔結　論〕

「監査役会監査報告に記載したとおりです。」と回答し、そのうえで監査方法とその内容の記載に対し具体的な質問が出た場合、これに対し答弁する。

〔説　明〕

(1) 監査報告には、事業報告およびその附属明細書が法令・定款に従い会社の状況を正しく示したものか否かについて記載しなければならない（施129条1項2号・130条2項2号）。そして、事業報告およびその附属明細書に記載すべき事項は施行規則118条〜128条に詳細に規定されている。監査役は、これら法令の要件をすべて充足しているか否か、および定款で特に事業報告に記載すべき事項を定めていればその要件具備の有無を調査することとなる。

(2) 事業報告の記載内容は施行規則118条および119条各号の事項、すなわち株式会社の状況に関する重要な事項（会社の現況、会社役員、株式および

新株予約権に関する事項）であり、取締役会において株式会社の業務の適正を確保するための体制の整備（いわゆる内部統制システム）について決定または決議しているときは、その決定または決議の内容の概要も記載事項となるほか（会362条4項6号・5項、施100条1項・3項）、監査役設置会社においては、監査役の監査が実効的に行われることを確保するための体制整備の決定または決議の内容の概要も含まれる（施118条2号・100条3項4号）。また、株式会社の支配に関する基本方針を定めている場合は、その内容の概要も記載事項となる（施118条3号）。

　ところで、監査役会は監査の方針、業務・財産状況の調査の方法その他の監査役の職務の執行に関する事項を定めることができ（会390条2項3号）、各監査役は監査役会の定めた監査基準に従って取締役等の業務執行を監査する。つまり、各監査役は取締役会など重要な会議に出席して会社の業務執行の実態を把握するほか、取締役・使用人などに対して事業状況の報告を求め、その会社の業務、財産状況を調査するとともに、必要に応じて子会社に対し事業の報告を求め、その業務、財産状況を調査する（会381条2項・3項）。監査役会において特に重要な監査項目と定めた事項があれば重点的に監査を実施することになる。各監査役はこのような方法により把握した会社の状況と事業報告に記載された内容が一致しているか否かを監査し、監査の実施状況および結果を監査役監査報告として監査役会に報告したうえ、監査役会において審議して最終的に監査役会監査報告を作成する（施129条・130条）。監査役会の監査意見は多数決をもってなされるが、各監査役の監査報告と監査役会監査報告の内容とが異なるときは、各監査役は自己の監査報告の内容を監査役会監査報告に付記することができる（施130条2項後段）。

　また、監査役会は、事業報告の監査のうち、会社法で新たに監査の対象として明定された内部統制システムについて、①大会社に義務化された内部統制システムについて取締役会の決議があり、その内容が適切に開示されていること、②右決議の内容が会社の規模および事業内容等に照らして相当であるか否かを監査し、さらに③決議内容に沿った体制が構築され、かつ有効に運用されているか否かを監査する。特に、リスク管理体制、あるいは取締役の職務執行の効率性確保のための体制（施100条1項2号・3号）の整備に関する監査においては、許容されるリスクの範囲や追求すべき業務の効率性

といった経営の合理性の観点から相当性の判断が必要となり、監査役会としては、内部統制システムについての決議内容が相当でないと認めるときは、その旨およびその理由を監査報告に記載しなければならない（施129条1項5号・130条2項2号）。また、監査役会は、特に監査の実効性を確保する体制整備に対して主体的に取り組むべきであり、監査役の独立性を損なうおそれのある関係を排除する義務を負うとされている（施105条2項・3項。公益社団法人日本監査役協会が公表した監査役監査基準（2022年8月最終改定）参照）。

(3)　もっとも、〔設問〕のように事業報告の監査方法およびその内容について一般的な質問があった場合、当該事項は監査役会監査報告の記載事項であるから、記載したとおり、と説明し、各監査役の監査を経て監査役会で審議した結果、事業の状況と事業報告の記載内容が一致しており、内部統制システムについての決議内容は会社の規模、事業内容に照らして相当であると判断したことを説明すればよい。

3　監査役が出席した「重要な会議」についての答弁の内容

〔設　問〕

> 「監査報告に『取締役会その他重要な会議に出席した』と書かれているが、その日付、会議の内容について逐一述べよ」と要求された場合、どう答えたらよいか。

〔結　論〕

　監査役会が定めた監査の方針、職務の分担等に従って各監査役が取締役会その他の重要な会議に出席したことのほか、監査役が取締役会に出席した回数および監査役が現実に出席したその他の重要会議の名称（たとえば、常務会、経営会議、本支店長会議、月例会、年次計画会議等）などを説明すれば足り、詳細な日付まで説明する必要はない。また、個々の会議の内容については、報告すべき事項ではないと回答すれば足りる。

〔説　明〕
(1)　監査報告自体は株主総会における会議の目的事項でない。しかし監査報告は、会議の目的事項として報告または決議の対象とされる貸借対照表・損益計算書・剰余金処分案などの計算書類および事業報告とともに株主に提供すべきものであり（会437条、施133条、計133条）、これらの計算書類等を正当に理解・判断するための不可欠な資料であるとされている。そこで監査役は、計算書類等の理解・判断に客観的に必要な範囲内で監査報告の内容について説明する義務がある。なお、連結計算書類が作成された場合は、監査役（監査役会）の監査報告の作成が必要となるが（会444条4号）、連結計算書類と異なり、招集通知に添付して株主に提供することは求められていない。

(2)　ところで監査報告の内容としては、旧商法が「監査方法の概要」としていたのに対し、会社法では監査の結果のほか、「監査の方法とその内容」を記載するものとされた（会381条1項・436条2項、施129条1項1号・130条2項1号、計127条1号・128条2項1号）。これは、実際に監査役がどのような監査をしたかについて、より具体的な方法と内容を明らかにすることにより事業報告・計算書類の監査の実効性を高めて監査結果の信頼性を担保するとともに、監査の方法・内容の正当性をも報告させようとするものである。監査の内容とは、調査内容、分担、スケジュール等を指すとされており（郡谷・実務詳解260頁）、各監査役は、監査役会で定めた監査の方針、職務の分担などの監査基準に従い、特に重点的な監査を必要とする監査項目を定めるなどして取締役等の職務の執行状況を監査する。

　そこで、株主から監査報告に記載した監査の方法および内容について具体的質問があった場合、監査役は前記の趣旨でその記載事項について説明しなければならないが、前記の趣旨を超えてさらに詳細にわたって説明する義務はない。

(3)　〔設問〕では、株主は監査役に対し、「取締役会その他重要な会議に出席した」とする監査報告の記載について詳細な説明を求めている。

　監査役は1年間（または半年間）にわたって監査をしており、この間種々の会議に出席し、その他の方法で監査を行う。これらの1つひとつの詳細を総会に報告し、あるいは説明する義務がない。しかし、監査結果の信頼性と監査の方法および内容の正当性を確保するために、監査報告（書）の説明を

補足する必要がある。そこで、監査方針、職務の分担等を定めた場合には、その概要を説明し、実際に取締役会に出席した監査役は誰か、監査役は何回くらい取締役会に出席したのか、また取締役会以外に出席した重要会議とはどのような会議を指すのか、その名称は何か（たとえば、常務会、経営会議、本支店長会議、月例会、年次計画会議等）、さらに求められた場合には、重点的に監査した項目があるかなどについて補足説明しなければならない。もっとも、出席した各会議の詳細な日付、各監査役の個々の会議への正確な出席回数など監査の詳細については説明する必要はない。

また、監査役は出席した会議での審議内容について、監査の方法および内容として株主に対し説明する義務はない。取締役会その他の社内会議は取締役の業務執行にかかる会議であり、特に取締役会議事録は裁判所の許可を得た場合に限り閲覧・謄写が認められるに過ぎず（会371条3項・868条・869条）、株主に対しても一般的に公開することは予定されていないのであり、取締役会その他の社内会議での審議内容は監査役の報告すべき事項ではない。したがって、監査役は個別会議の審議内容について説明を求められたとしても回答を拒むことができる。

4 監査役の職務分担についての質問に対する答弁の要否

〔設　問〕

株主総会で「監査役が職務を分担して監査を行ったのであれば、各監査役の担当を明らかにするべきである」との質問があった場合には、説明しなければならないか。また誰が説明するのか。

〔結　論〕

監査役が職務を分担して監査を行った場合は、各監査役の主な担当を説明しなければならない。

説明するのは監査役である。

〔説　明〕
(1)　職務の分担を説明しなければならないか

　　a　監査報告には、監査の結果だけでなく、「監査の方法およびその内容」を記載しなければならない（会381条1項・436条2項、施129条1項1号・130条2項1号、計127条1号・128条2項1号）。

　　監査役が職務を分担して監査を行ったのであれば、監査報告の「監査の方法およびその内容」に記載されることになる。しかし、ここでの記載は、通常、「監査役会が定めた業務の分担にしたがって監査をした」程度の記載にとどまる。そこで株主から各監査役が担当した業務を明らかにするよう説明が求められるのである。

　　b　監査役会設置会社では、監査役会の決議により、監査役の職務の執行に関する事項を定めることができることから（会390条2項3号）、監査役会は各監査役の職務分担を定めることができる（監査役ガイドライン221頁以下参照）。もっとも、監査役の権限の行使を妨げることは許されない（会390条2項）。本来監査役は独任制の機関であるから監査役の権限を制約するような職務分担の定め方はできず、あくまでも監査権限が効果的に実施されるために職務の分担を定めるのである。

　　実務上は、監査役は相互に協力して共同で監査を行う場合が多く、また実際に職務の分担を定めて行ったとしても、各監査役は担当した部門の監査の内容を監査役会に報告し、これによる監査情報を共有して各監査役が当該部門の監査を行って意見を形成し、各監査役が作成した監査報告に基づく監査役会の審議により監査役会監査報告を作成する（施129条・130条、計127条・128条）。

　　このような職務の分担による監査の方法の説明としては、各監査役が主に担当した部門を明らかにする程度で足り、職務分担の詳細にわたって説明する必要はない。

(2)　誰が説明するのか

　　総会において監査の方法、内容および結果について説明するのは監査役である。前記に述べたような職務分担による監査が行われ、各監査役の職務分担について質問があったときは、監査役が自分の担当をそれぞれ説明しなければならないことはなく、議長から指名された監査役が、一括して各監査役

の主な担当を説明すれば足りる。

その場合事前に監査役会で、または監査役の協議で、説明担当の監査役を定めていたときは、議長に申し入れておくべきである。

5　監査役間での意見の対立に関する質問に対する答弁の要否

〔設　問〕

「監査過程で監査役が協議したと思われるが、その際、意見の違った点はないか、あるとしたらどの点か」という質問にはどう答えるか。

〔結　論〕

監査役会監査報告に監査役監査報告の内容が付記されている場合には、株主に対し、どのような過程および理由により監査役会の多数意見が形成されるに至ったのかを説明しなければならない。

監査役会監査報告に監査役監査報告の内容が付記されていない場合には、「意見の違いはない」旨の回答を行えばよい。

〔説　明〕

(1)　監査役会設置会社においては、定時株主総会の招集通知を行う場合、株主に対して監査役会の監査報告が提供されることになる（会437条、施133条1項2号ロ、計133条1項3号ホ）。

監査役会の監査報告は、監査役および監査役会の監査の方法およびその内容のほか施行規則130条2項所定の事項および計算規則128条2項所定の事項を内容とするものでなければならない。また監査役の監査報告の内容と監査役会監査報告の内容とに異なる事項がある場合には、監査役は、当該事項にかかる監査役監査報告の内容を監査役会報告に付記することができる（施130条2項、計128条2項）。

なお、取締役が株主総会に提出しようとする議案、書類等につき法令違反もしくは定款違反または著しく不当な事項があると認められるときは、その調査結果を株主総会に報告しなければならない（会384条）。

監査役も、株主総会における説明義務者であるが（会314条）、監査役の職務は取締役等の職務執行の監査であり、株主に対し経営責任を負わない。このような取締役との職務権限の相違から取締役の説明義務とは異なった面を有していると考えられており、「定時総会における監査役の説明義務は、監査報告の監査結果を基礎として議題との関連において監査の内容を説明することが主たる目的であり、監査役の説明義務は二次的・副次的なもの」（新版注釈会社法(5) 139頁〔森本滋〕）との理解が一般的である。監査役が株主総会において説明を要する主な事項としては、監査方法、監査報告の内容ならびに監査報告に記載された意見の形成に至る過程、結果および理由などが考えられ、これらの点について質問があった場合には、監査役は、株主に対して必要な説明をしなければならないものと解される（なお、株主総会への議案の提出に監査役の同意が要求される事項（会425条3項等）につき株主から質問がなされた場合も、監査役はいかなる理由によりこれに同意することとしたのかを株主に対し説明しなければならないと解される）。

(2) 以上を踏まえて検討する。

a 監査役会監査報告に監査役監査報告の内容が付記された場合

監査役会監査報告に監査役監査報告の内容が付記される場合とは、要するに、監査役会の監査意見の形成の過程において、株主への情報提供がなされるべきほど重要な意見の食い違いが監査役間に生じた場合であると解される。

このような場合に株主から監査役間の意見の対立についての質問がなされたときには、監査役としては、監査役監査報告の内容が付記されたという事態の重大性に鑑みて、どのような過程および理由により監査役会の多数意見が形成されるに至ったのかを株主に対し説明しなければならない。

b 監査役会監査報告に監査役監査報告の内容の付記がなされなかった場合

監査役会監査報告に監査役監査報告の内容の付記がなされなかった場合とは、要するに、監査役間に重要な意見の食い違いが存しなかった場合である。

このような場合に株主から監査役間の意見の対立に関して質問がなされたときには、監査役としては、「意見の違いはない」旨の回答を行えばよ

いと考える。

しかし、さらに「微細な点で食い違いがあったのではないか」という質問がなされたときは、「監査役間の協議の過程における細かな事実の存否については、説明義務はない」として拒否すべきものと考える。

なお、監査役全員の意見が一致している場合は監査報告の際、監査役全員の意見が一致していることを報告するのが通例である。

6 取締役の職務執行に関する重大な事実に関する質問に対する答弁の要否

〔設　問〕

> 「監査報告には『取締役の職務執行に関しては、不正の行為または法令もしくは定款に違反する重大な事実は認められません』とあるが、この『重大な』というのはどの程度のことを言うのか、具体例を示して説明されたい。また、重大でない事実なら認められたのか」との質問には、どのように答えるか。

〔結　論〕

説明する義務はない。

〔説　明〕

(1)　施行規則130条2項2号・129条1項3号は、取締役の職務の遂行に関し、不正の行為または法令もしくは定款に違反する重大な事実があったときは、その事実を監査報告の内容としなければならないとしているが、もともとそのような事実が存在しない場合には監査報告に記載する必要はなく、報告をしなかった以上、それに関する説明を行う義務も当然存しないものである。

(2)　さらに、重大でない義務違反の事実の有無はもともと報告義務の対象となっておらず、現に監査報告には何らの記載もなされないのであるから、監査役には説明義務は生じない（会議の目的事項に関しない）。

(3)　監査報告に記載すべきほど「重大」であるとはどの程度のことをいうか

という点は一般的な法解釈の問題であり、この点に関する抽象的な法律的見解の当否の議論は会議の目的たる事項に関しないとして拒否できる。また、その事実が存しないとしている以上、具体例をあげることは仮定の議論であり、説明義務の対象とならない。

(4) したがって、監査報告に重大な義務違反がないとしているにもかかわらず、株主において重大な事実が存するとして質問する場合には、株主において具体的に取締役を特定し、その取締役のどの行為が（その行為の内容、日時などを特定して）不正、法令違背行為に当たると考えるか、この点をなぜ報告しないのかというように具体的な事実を示すことで、監査報告の記載内容が不完全であると合理的に考えられる程度の根拠を示したうえで、監査報告の正確性を確かめる質問をしなければ、説明する義務はない。

7 前回の総会に提出した監査報告書に関する質問に対する答弁の要否

〔設　問〕

前回または前々回の総会に提出した監査報告書の記載事項にかかる質問に対して、どの程度答えればよいか（特に監査役が替わっているとき）。

〔結　論〕

会議の目的たる事項に当たらないとして拒否する（原則）。

〔説　明〕

(1) 一般に、監査役の説明義務は、「監査報告の監査結果を基礎として議題との関連において監査の内容を説明することを主たる目的」とする（新版注釈会社法(5) 139頁〔森本滋〕）と理解されている。そして、当該株主総会の議題である報告事項は、あくまでも当該事業年度に関する事業報告、計算書類（貸借対照表、損益計算書、株主資本等変動計算書および個別注記表）であるから、これら当該事業年度にかかる事業報告および計算書類ならびにこれらの附属明細書に対する監査方法、監査報告の内容ならびに監査報告に記載され

た意見の形成に至る過程、結果および理由等が当該株主総会において説明義務の対象となる。

　前期、前々期の監査報告の記載内容は、通常当期株主総会の会議の目的たる事項との関連が存しないものと解されるので、前回または前々回の総会に提出した監査報告の記載内容にかかる質問に対しては、説明を拒否できるのが原則である。

(2)　ただし、監査役が任期満了により再度監査役選任決議の候補者として推薦されている場合には、当該監査役候補者が監査役として適任か否かの判断資料として、前期、前々期に同人が監査役としてなした監査報告の記載内容が場合によりその後の捜査当局による捜査報告、司法判断（刑事または民事判決）などから判明した客観的事実と異なっているとして、株主から質問が出ることが考えられる。この場合には、その監査役候補者をなぜ、そのような事情があったにもかかわらず適任と考えて推薦したかという事情を取締役において説明する義務が生じる。

(3)　この場合には、当時の監査報告の記載内容のほうが正確であり、捜査当局の見解が誤っていると考えられる事情とか、当時の状況において事実発見が不可能であったとか（たとえば海外の子会社を舞台としたもので、会社法上の子会社調査権を行使しえなかったとか）など従前の監査役としての任務懈怠がなく、また監査役としての資質に何ら問題がない旨を説明することとなるが、監査役自身は、その場合は監査役候補者に留まるものであるから、説明義務を負うものではない。

8　計算書類の監査方法および内容に対する質問に対する答弁

〔設　問〕

　「監査報告（書）には会計監査人の監査方法および結果は相当とする記載があるが、当社の会計監査人の監査が信用できるのかを明らかにするため、計算書類の監査方法および内容を明らかにされたい」との質問に対し、どう対処すべきか。

〔結　論〕

　監査役が見聞した会計監査人の監査の概要を述べて、それが一般に公正妥当と認められる方法であることを説明すれば足りる。

〔説　明〕

(1)　会計監査人は、取締役や監査役等と異なり説明義務を負わず（会314条）、総会に出席する必要もない。しかし定時総会において会計監査人の出席を求める決議が成立した場合には、会計監査人は総会に出席して意見を述べなければならない（会398条2項）（そのため、会計監査人は別室で待機していることが通例である）。

　このことから、定時総会における出席要求の決議により出席した会計監査人は意見を述べる義務を負うが、会計監査人が述べなければならないのは監査意見であり、監査方法および内容についての報告または説明ではない。したがって、仮に〔設問〕のような質問が株主からあったとしても、会計監査人が説明する義務はない。

　以上のことから、会計監査人は出席要求の決議が成立しない場合には総会に出席する必要はないし、成立した場合でも会計監査人は必要かつ十分な程度とみずから考える意見を述べれば足り、監査方法および内容について説明する必要はない。

(2)　これについて、監査役および監査役会の監査報告で「会計監査人の監査の方法及び結果」が相当でないときはその旨およびその理由を記載しなければならないことから（計127条2号・128条2項2号）、監査役は会計監査人の監査方法の概要、意見形成の過程等について「会計監査人の監査の方法及び結果」の相当性の判断に必要な限度で、会計監査人からの報告等により、その内容を把握する必要はある。このことから総会においては監査役が会計監査人の監査方法および内容について答弁すべきである。

(3)　ただ監査役は、会計監査人の監査方法および結果が相当かどうか判断するために必要な限度で会計監査人の監査方法を把握すれば足りるのであって、会計監査人の監査すべてを把握する必要はないことから、監査役の説明は監査役が見聞した会計監査人の監査の概要を述べてそれが一般に公正妥当と認められる方法であることを説明すれば足りる。

Ⅵ 役員の報酬・賞与・退職慰労金に関する事項

1 取締役報酬の増額改定の理由

〔設　問〕

取締役の確定額報酬を増額改定する理由を問う質問にどう答えるか。

〔結　論〕

株主総会参考書類記載の増額改定の理由およびこれを付加補足する事項を説明する。

〔説　明〕

(1)　取締役の確定額報酬については、その額を定款に定めていないときは、株主総会の決議によりこれを定める（会 361 条 1 項 1 号）。

いったん定めた額を改定（増額または減額）するときにも、定款または株主総会決議によらなければならない。

実務上、定款でこれを定める例は少なく、後掲株主総会参考書類（以下「参考書類」という。）モデル記載の議案のように、株主総会決議によりその総額（株主総会の決議では取締役全員の報酬の総額を定めることで足りることについては、最判昭和 60・3・26 判時 1159 号 150 頁の判示するところであり、施 82 条 1 項 3 号もこれを前提とする）の最高限度額を定める例が多い。

(2)　他方、説明義務の範囲は、会社法が一般的に開示を要求している事項を一応の基準と考えることができ、会社法および会社法施行規則、会社計算規則に基づき作成される計算書類、事業報告および附属明細書の記載事項や招集通知に添付すべき参考書類の記載事項が一般的な開示事項に当たるものと解することができる。したがって、原則としては前記各書面に記載されるべき事項が説明義務の範囲を画するものと考えられている（松江地判平成 6・3・30 資料版商事 134 号 100 頁参照）。

この見解に従うと、取締役報酬の増額改定議案の審議において〔設問〕の

ような質問が出た場合には、原則として参考書類および附属明細書に記載されるべき事項が説明義務の程度を画することとなる。

そこで、監査役設置会社・指名委員会等設置会社での取締役報酬の増額改定議案の場合の参考書類記載事項を見ると、①提案の理由、②改定の理由、③２人以上の総額を定める場合のその取締役の員数を記載するほか、④株式会社が公開会社であり、かつ、取締役の一部が社外取締役（施２条３項５号の社外役員に限る）であるときは、②および③の事項のうち社外取締役に関するものは、社外取締役以外の取締役と区別して記載しなければならない、と規定されている（施73条１項２号、82条１項２号・３号・３項）。もっとも、①と②の内容は同じでよく、重複して記載する必要はない。

そうすると、増額改定の理由を問う質問には、原則として参考書類記載の提案の理由（改定の理由）を説明することで足りる、ということになる。

しかし、会社法の説明義務は、株主総会に提出される議案が省令所定のこれら参考書類記載事項を具備していることを前提に、さらに当該議題に関し課される（会314条ただし書）ものであるとすれば、その義務の程度は参考書類記載事項を原則としつつも、これを付加補足する事項にまで及ぶと解さざるを得ない。

(3) 以上述べたところを、会社法の下で公表されている以下のような報酬額改定議案に関する参考書類のモデルに当てはめるとどうなるか。

第９号議案　取締役および監査役の報酬額改定の件

当社の取締役および監査役の報酬額は、平成〇年〇月〇日開催の第〇回定時株主総会において取締役の報酬額を年額〇〇〇円以内（うち社外取締役分は〇〇〇円以内）、監査役の報酬額を年額〇〇〇円以内とご決議いただき今日に至っておりますが、その後の経済情勢の変化等諸般の事情を考慮して、取締役の報酬額を年額〇〇〇円以内（うち社外取締役分は年額〇〇〇円以内）、監査役の報酬額を年額〇〇〇円以内と改めさせていただきたいと存じます。

なお、取締役の報酬額には、従来どおり使用人兼務取締役の使用人分給与は含まないものといたしたいと存じます。
　現在の取締役は〇名（うち社外取締役〇名）、監査役は〇名でありますが、第〇号議案が原案どおり承認可決されますと、取締役は〇名（うち社外取締役〇名）、監査役は〇名となります。
（平成21年４月10日全国株懇連合会理事会決定）

　このような議案において〔設問〕のような増額改定の理由を問う質問が出た場合、議案の提案の理由ないし改定の理由である「その後の経済情勢の変化等諸般の事情」を具体的に説明することが必要となる。
　具体的には、取締役の報酬体系の見直し、会社法の施行に伴う取締役の賞与の報酬への組み込み、取締役等の員数の増加のある場合にはその旨、等の説明である。

2　減益の場合の役員賞与金の扱い

〔設　問〕

　減益の会社が役員賞与支給議案を付議する場合、質問にどう答えるか。

〔結　論〕

　減益とはいえ、役員一同の努力により今期の利益を確保したなど、株主の了解を得るよう説明する。

〔説　明〕

(1)　会社法では、取締役および監査役の賞与を剰余金の処分として支給することはできず（会452条）、報酬と同じく、一般的な確定額賞与であればその額を定款または株主総会の決議により定めることを要する（会361条１項１号・387条１項）。
　このような会社法の下では、取締役および監査役に対する確定額賞与の支

給方法としては、①株主総会の報酬限度額決議（会361条1項1号・387条1項）の範囲内で取締役会決議・監査役の協議により支給する方法と、②①の限度額決議とは別に役員賞与支給議案を株主総会で可決して支給する方法とがある。

　実務上、①の方法による場合には、多くの場合、限度枠を月額から年額に決議し直す必要が出てくるであろう。

　②の方法による場合には、株主総会参考書類（以下「参考書類」という。）には、㈤提案の理由、㈥額の算定の基準、㈦2人以上の総額を定める場合のその取締役および監査役の各員数を記載するほか、㈡株式会社が公開会社であり、かつ、取締役の一部が社外取締役（施2条3項5号の社外役員に限る）であるときは、㈥および㈦の事項のうち社外取締役に関するものは、社外取締役以外の取締役と区別して記載しなければならない、と規定されている（施73条1項2号・82条1項1号・3号・3項・84条1項1号・3号）。

(2)　他方、取締役等の説明義務（会314条）の程度は参考書類記載事項を原則としつつも、これを付加補足する事項にまで及ぶと解される。

(3)　以上述べたところを、会社法の下で公表されている以下のような役員賞与支給議案に関する参考書類のモデルに当てはめるとどうなるか。

第8号議案　役員賞与の支給の件

　当期の業績等を勘案して、当期末時点の取締役〇名（内社外取締役〇名）および監査役〇名に対し、役員賞与総額〇〇〇円（取締役分〇〇〇円、社外取締役分〇〇〇円、監査役分〇〇〇円）を支給することと致したいと存じます。

（平成21年4月10日全国株懇連合会理事会決定）

　このような議案において〔**設問**〕のような質問が出た場合、議案の提案理由である「当期の業績等」を中心にこれを付加補足することが必要となる。

　具体的には、減益ではあっても当期純利益を計上していること等、役員賞

与支給議案を相当とする事情である。

3 一任議案と株主質問に対する説明の程度

〔設　問〕

　　金額の決定を取締役会等に一任する退職慰労金贈呈議案の審議において、株主から慰労金額を質問された場合、取締役はどこまで説明すべきか。

〔結　論〕
　慰労金額をいうか、または会社における一定の基準につき説明を要する。

〔説　明〕
(1)　会社法では、退任取締役および退任監査役の退職慰労金については、一般的な確定額退職慰労金であればその額を定款または株主総会の決議により定めることを要する（会361条1項1号・387条1項）。

　今日、退任役員に退職慰労金を贈呈する旨の株主総会決議は、会社の一定の基準（内規または慣行）に従い慰労金額を決定することを取締役会等に一任するのが通例である。

　最高裁は一貫してこの一任決議の適法有効性を認め（最判昭和39・12・11民集18巻10号2143頁、最判昭和44・10・28判時577号92頁、最判昭和48・11・26判時722号94頁）、すでに確定した判例法となっている。

　その有効である理由は、「(旧)商法269条の立法趣旨は、取締役、監査役の報酬の決定を取締役会にゆだねることが恣意によるいわゆるお手盛りの弊害を招き、会社並びに株主の利益を害するおそれがあるため、これを防ぎ、その公正を担保しようとするに尽きるのであるから、右法条は、株主総会みずからが、その金額を確定的に決定することなく、合理的な一定の枠を示し、その範囲内における具体的な金額の決定を取締役会に一任することまでも禁ずる趣旨のものではないと解すべく、このような枠の決定は株主総会の決議において明示的になされた場合は勿論、黙示的になされているものと認めら

れる場合をも含み、かつ、その枠は、それに則って算定すべき一定の基準が示されることをもって足り、必ずしも、最高限度額を決定することまでが要請されているものではないというべきである。

　何故ならば、このように、株主総会において一定の枠を決定した以上、取締役会の裁量の範囲は当然これに羈束されるため、いわゆるお手盛りの弊を防止しようとする法の趣旨は一応満足されている」（大阪地判昭和44・3・26下民集20巻3・4号146頁）からである。

　そして、この一任決議の有効要件とされるのが、次の判示の3つの要件であり、一任決議がこれらの各要件を満たさない場合には、決議内容の法令違反（会830条2項）となる。

　「（二）　（旧）商法269条の趣旨は、取締役会が取締役の報酬を決定しうるものとするときは、恣意に流れ、いわゆるお手盛りの弊害を招き、会社および株主の利益を害する恐れがあるので、これを防止し、取締役の報酬決定の公正を担保しようとしたものと解されるから、株主総会が退職慰労金の金額等の決定を無条件に取締役会に一任することは、同条に反して許されず、自ら右金額または最高限度額を決定するか、そうでないとしても、明示的にまたは黙示的にその支給に関する基準を示した上で右基準に従った具体的な金額等を取締役会に決定させることとすることが必要である。

　（中略）

　（四）　これを本件慰労金決議についてみれば、「当社所定の基準に従い相当の範囲内」とあるのみで、右基準の内容は明らかであったかどうか定かではない。

　このような場合、株主総会が支給に関する基準を示したといいうるためには、①会社に一定の確定された基準が存在しており、②それが株主に公開されて周知のものであつた場合か、少なくとも株主が容易に知りうるものであつた場合で、③しかも、その基準の内容がいわゆるお手盛り防止の趣旨に適合するために、数値を代入すれば支給額が一意的に算出できる内容のものであることが必要であるというべきである。したがつて、本件慰労金決議がこれらの各要件を満たさないとすれば、株主総会が支給に関する基準を明示的または黙示的に示したということはできず、（旧）商法269条、279条1項に違反する決議であるという外はないこととなる。」（①②③は筆者注。東京

地判昭和63・1・28民集46巻7号2592頁)。

〔設問〕は、これら3つの有効要件を具備する慰労金贈呈の一任議案につき、株主から慰労金額を質問された場合、取締役はどこまで説明すべきかというものである。

(2) 取締役等の説明義務（会314条）の程度は株主総会参考書類（以下「参考書類」という。）記載事項を原則としつつも、これを付加補足する事項にまで及ぶと解される（**第10 Ⅵ1**〔p.173〕参照）。

そこで、退職慰労金の一任議案の場合の参考書類記載事項をみると、(イ)提案の理由、(ロ)額の算定の基準、(ハ)2人以上の総額を定める場合のその取締役および監査役の各員数、(ニ)各退任者の略歴、(ホ)一定の基準の内容（ただし、各株主が当該基準を知ることができるようにするための適切な措置を講じている場合を除く）を記載するほか、(ヘ)株式会社が公開会社であり、かつ、取締役の一部が社外取締役（施2条3項5号の社外役員に限る）であるときは、(ロ)および(ハ)の事項のうち社外取締役に関するものは、社外取締役以外の取締役と区別して記載しなければならない、と規定されている（施73条1項2号・82条1項1号・3号・4号・2項・3項・84条1項1号・3号・4号・2項)。

このうち(ホ)については、旧商法施行規則13条4項にも同様の定めがあり、かつ参考書類に一定の基準の内容を記載することを要しない場合として、次の2つを挙げていた。

 ⅰ 当該基準を記載した書面を本店に備え置いて株主の閲覧に供している場合
 ⅱ 当該基準を記録した電磁的記録を本店に備え置いて当該電磁的記録に記録された情報の内容を紙面または出力装置の映像面に表示する方法で株主の閲覧に供している場合

そして、旧商法当時の実務は、これらの方法で株主の閲覧に供することにより、参考書類に一定の基準の内容を記載することはしていなかった。

これに対し、(ホ)に関する施行規則の定めは単に「適切な措置」と規定するだけであるが、これらⅰⅱの方法はその要件を満たすものと解される。

会社法下の実務においても、(ホ)に関する参考書類の記載については、これまでのものと変わりはないと思われる（後掲公表モデル参照)。

(3) 以上述べたところを、会社法の下で公表されている以下のような退職慰

労金の一任議案に関する参考書類のモデルに当てはめるとどうなるか。

第７号議案　退任取締役および退任監査役に対し退職慰労金贈呈の件

　取締役〇〇〇〇、〇〇〇〇、〇〇〇〇の３氏および監査役〇〇〇〇氏は、本総会の終結の時をもって退任されますので、それぞれ在任中の労に報いるため、当社における一定の基準に従い相当額の範囲内で退職慰労金を贈呈することとし、その具体的金額、贈呈の時期、方法等は、取締役については取締役会に、監査役については監査役の協議によることにご一任願いたいと存じます。
　退任取締役および退任監査役各氏の略歴は、次のとおりであります。
（以下略）

（平成21年４月10日全国株懇連合会理事会決定）

　このような議案において〔設問〕のような慰労金額を問う質問が出た場合、その金額を答えないのであれば、議案にある「一定の基準」を付加補足することが必要となる。
　具体的には、「株主は、株主総会において、取締役・監査役の報酬金額、その最高限度額または具体的な金額等を一義的に算出しうる支給基準を決議しなければならない以上、その金額または支給基準の内容について具体的に説明を求めることができるのは当然であり、説明を求められた取締役は、①会社に現実に一定の確定された基準が存在すること、②その基準は株主に公開されており周知のものであるか、または株主が容易に知りうること、③その内容が前記のとおり支給額を一義的に算出できるものであること等について、説明すべき義務を負うと解するのが相当である」（奈良地判平成12・3・29判夕1029号299頁、同旨東京地判昭和63・1・28民集46巻7号2592頁）。
　これら①、②および③は、前述(1)①②③の慰労金額の決定を取締役会等に一任する株主総会決議が適法有効になされるために必要な３つの要件である。
　前掲・奈良地判平成12・3・29および前掲・東京地判昭和63・1・28

は、その一任議案の審議においてなされた慰労金額を聞く株主質問に対しては、金額を明示するか、または以上の内容、すなわちこれら3要件が具備することを説明すべきである、というのであり、その見解は相当である。
(4) なお、具体的金額が明示された場合は、当該退任者の功労、業績評価をなしうるに足る略歴、功績に関する情報が与えられれば（退任者の略歴は参考書類記載事項であり、株主に情報として与えられる）、賛否の判断は十分に可能であるから、一定の基準についての説明義務を負わない（大阪高判平成2・3・30判時1360号152頁）。

4 赤字会社の退職慰労金の支給

〔設　問〕

「無配当または損失金があるのに退職慰労金を支払う理由とその原資はどこにあるのか」との質問に対し、どのように説明すればよいか。

〔結　論〕

たとえば、次のように説明すべきである。

「退職慰労金は退任役員の在任中の報酬と同じく職務執行の対価である以上、剰余金の配当ができないまたは当期純損失の場合であっても支払ってはいけないという理由はないと考えます。

その原資は、預金（有価証券、土地売買代金、借入金など）であります。」

〔説　明〕

退職慰労金は、報酬と同様、職務執行の対価である（会361条1項）から、剰余金の配当ができないまたは当期純損失の場合であっても支給することは違法ではない。

したがって、〔結論〕のとおり、支払ってはいけないという理由のないことおよび原資を述べれば足りる。

この場合、原資のいかんによっては異議が出ることが予想されるが、前事業年度以前から役員退職慰労金引当金（計75条2項2号ニ）を積み立ててあ

れば、原資が何であろうと答弁はしやすい。

5 ストック・オプションに関する説明の程度

〔設　問〕

　　取締役に対する報酬としてのストック・オプションについて、どの程度の説明をすべきか。

〔結　論〕

　ストック・オプションの内容に応じて、事業報告や参考書類の記載およびこれを付加補足する範囲で説明を行う。

　事業報告や参考書類の記載を基準に、付与するストック・オプションの額（額を定めない場合は具体的算定方法）、具体的内容、ストック・オプションを付与することを相当とする理由、ストック・オプションの額の算定基準等を説明する。

〔説　明〕

(1) **取締役に対する報酬等としてのストック・オプション**

　a　ストック・オプションとは、会社が取締役や従業員に職務執行の対価として付与する、株式を受け取る権利（新株予約権）をいう。

　取締役に対するストック・オプションの付与は、旧商法下では取締役に対する報酬とは位置づけられず、新株予約権の対価としては無償と評価され、常に新株予約権のいわゆる有利発行になるものとして、株主総会の特別決議を要するものとされていた。

　しかし、会社法では、取締役の職務執行の対価として交付される「報酬等」に該当するものと位置づけられた。したがって、取締役に職務執行の対価としてストック・オプションを付与するには、会社法361条に基づく株主総会決議を要する。

　b　報酬等の決議

　株主総会においては、付与するストック・オプションの額の上限を定め

る場合には、その上限額を決議する必要がある（会361条1項1号）。この上限額は、ストック・オプションのみについて他の報酬と別枠で決めることも、他の報酬等と包括して上限額を決めることも、いずれも可能である（ストック・オプションの額の上限を定めない場合には、その具体的な算定方法を決議する必要がある（会361条1項2号））。

このほか、新株予約権自体を報酬として支給する方法による場合は、ストック・オプションは「報酬等のうち金銭でないもの」に該当するので、ストック・オプションの具体的な内容も株主総会において決議する必要がある（会361条1項3号）。

ただし、この決議は、いわば報酬等としてのストック・オプションの枠を設定するものであるから、決議すべきストック・オプションの具体的内容も、発行する新株予約権を引き受ける者を募集する際に定める事項（会238条1項）のすべてである必要はなく、新株予約権の行使により発行される株式数の上限や新株予約権の譲渡の可否、行使価額またはその算定方法、行使期間等の行使条件、退職その他の事情により取締役の資格を失った場合には行使できなくなること等の事項を決議すれば足りる（千問の道標316頁）。

これに対し、新株予約権自体ではなく、新株予約権の払込価額相当額の金銭を報酬として支給し、当該報酬債権と払込請求権を相殺する方法（いわゆる相殺構成、会246条2項）をとる場合には、会社法361条1項1号の決議を行えば足り、同項3号の決議は必要ない。

c　新株予約権発行に関する決議

取締役に対して、前記報酬等の決議の枠の範囲内で具体的にストック・オプションを付与するためには、それが新株予約権の発行として行われる場合、さらに新株予約権の発行決議が必要である。

新株予約権を発行する場合、それが「特に有利な条件」によるものであるときは、公開会社であっても、株主総会の特別決議を経なければならない（会240条1項・238条3項）。

しかし、公開会社においては、取締役に対し職務執行の対価として新株予約権を交付する場合は、付与される新株予約権の公正評価額が、これを対価とする職務執行の価値に見合うものである限り、「特に有利な条件」

には該当しないものと考えられ、株主総会の特別決議を要せず、取締役会決議（会240条1項）によって行うことができる。新株予約権の払込価額が新株予約権の公正価額を下回る場合のみならず、払込価額を無償とする場合であっても、新株予約権を付与される取締役の職務執行の価値に見合うものであれば、有利発行に該当せず、取締役会決議で足りる。

また、行使価額をきわめて低い金額（典型的には1円）とするいわゆる株式報酬型ストック・オプションの場合であっても、同様に、職務執行の価値に見合うものである限り、有利発行に該当しないと考えられる。

これに対し、非公開会社においては、有利発行に該当するかどうかにかかわらず、株主総会特別決議が必要となる（会238条1項・2項・309条2項6号）。

なお、相殺構成による場合には、取締役に対して払込金額と同額の金銭報酬を支給し、公正価額を払込金額と定めて募集新株予約権の発行を行うため、基本的に有利発行に該当しない。

(2) 議案に関しての説明の程度

a 報酬等決議において、報酬等のうち額が確定していないものに関するその具体的な算定方法または報酬等のうち金銭でないものに関する具体的な内容を定める場合には、その議案を株主総会に提出した取締役は、当該事項を相当とする理由を説明しなければならない（会361条4項）。また、取締役が提出する議案については、提案の理由を株主総会参考書類に記載しなければならない（施73条1項2号）。

したがって、取締役の業績向上や企業価値向上に対する貢献意欲や士気を高めるインセンティブとするため、株価上昇によるメリットと株価下落のリスクを株主と共有するため、といったストック・オプションを発行する議案の提案理由を説明しなければならない。

b 議案に関する取締役の説明義務の程度は、参考書類記載事項を原則とし、これを付加補足する事項にまで及ぶと解される。取締役の報酬等に関する議案の株主総会参考書類には、①議案、②提案理由、③報酬額算定の基準、④報酬等を改定する場合はその理由、⑤取締役の員数を記載しなければならない（施73条1項1号・2号・82条1項1号〜3号）。

①議案については、発行されるストック・オプションの内容に応じて、

説明する義務があると考えられる。

　ストック・オプションが確定額報酬の場合は確定額（上限額）、不確定額報酬の場合は具体的な算定方法、非金銭報酬の場合は具体的な内容を説明することになる。

　ただし、確定額報酬の場合に、確定額（上限額）を説明すれば足りるというわけではなく、確定額報酬の場合であっても、株主が議案の合理性を判断できるように③報酬額算定の基準の説明が必要である。

　③報酬額算定の基準については、たとえば基本となる額、役職や勤続年数による加算の方法等を示すべきであるとされている。取締役に対し報酬等としてストック・オプションを付与するときは、株主に対し、議案が適正なものであるか否かを判断するために合理的に必要な情報を与えるという見地からは、ストック・オプションとして付与する報酬部分についての基本額および役職や勤続年数による加算の方法等があればそれを示したうえで、新株予約権をいくらと評価するのかに関する基本的な考え方を示すこととなるものと考えられる。

(3) 事業報告に関しての説明の程度

　a　一方、事業報告に関する取締役等の説明義務の範囲は、事業報告の記載事項の範囲を原則とし、これを付加補足する事項にまで及ぶと解されるところ、事業報告には、株式会社の会社役員に関する事項（施119条2号）および株式会社の新株予約権に関する事項（施119条4号）を記載しなければならないこととされている。

　b　株式会社の会社役員に関する事項として、当該事業年度に係る会社役員ごとの報酬等の総額（全取締役の総額でもよい。ただし社外取締役はその余の取締役とは区別して表示しなければならない。施124条6号）、当該事業年度において受けまたは受ける見込みの額が明らかとなった会社役員の報酬等を記載しなければならない（施121条3号・4号）。そこで、株主総会においても、取締役に対する報酬として付与した新株予約権があれば、当該事業報告の記載内容およびこれを付加補足する事項について、株主の質問に対し回答しなければならない。

　c　また、株式会社の新株予約権に関する事項として、当該事業年度の取締役が当該株式会社の新株予約権を有しているときは、取締役および社外

取締役ごとに区分して、その保有する新株予約権の内容の概要および保有する者の人数を記載しなければならない（施123条1号）。そこで、株主総会においても、これら記載内容およびこれを付加補足する事項の範囲で、株主の質問に対し回答しなければならない。具体的には、会社法236条1項に掲げられた事項、すなわち新株予約権の目的である株式の数またはその算定方法、行使価額またはその算定方法、新株予約権の譲渡の可否や、新株予約権権利行使条件を含め、取締役との間での新株予約権付与に関する基本的な約定等の事項について株主からの質問に対し回答しなければならない。

6　業績連動報酬に関する説明の程度

〔設　問〕

　取締役に対する報酬として業績連動報酬を支給する場合、どの程度の説明をすべきか。

〔結　論〕

　業績連動型報酬の内容に応じて、事業報告や参考書類の記載およびこれを付加補足する範囲で説明を行う。

　業績連動報酬が確定額報酬の場合は確定額、不確定額報酬の場合は具体的な算定方法、非金銭報酬の場合は具体的な内容を説明することになる。

　ただし、確定額報酬の場合であっても業績連動報酬算定の基準の説明が必要であり、いずれの場合も報酬額算定の基準として、基本となる額、役職や勤続年数による加算の方法を示すほか、業績連動の指標を含む業績連動報酬の仕組みについて、一般的・平均的な株主において、当該業績連動報酬の合理性を判断できる程度に説明する義務があると考えられる。

〔説　明〕

(1)　業績連動型報酬

　業績連動型報酬とは、一定期間における売上げまたは利益の一定割合やそ

の増加分に連動した金額、あるいは一定時点における会社の株価を基準として算出される金額等を報酬として定めるものをいう（始関正光編著『Q&A平成14年改正商法』（商事法務、2003）33頁）。業績連動型報酬は、取締役に対し、業績向上へのインセンティブを与える手段となる。

業績連動型報酬の種類としては、金銭を支給するもの（業績連動型の賞与など）、株式その他金銭以外を支給するもの（ストック・オプションなど）がある。また、金銭と非金銭の区別とは別に、確定した額の報酬等を支給する場合と確定していない額の報酬等を支給する場合、いずれの設計も可能であり、様々なパターンがありうる。

(2) 報酬等の決定方法

報酬等のうち額が確定しているもの（確定額報酬）については、「その額」を（会361条1項1号）、報酬等のうち額が確定していないもの（不確定額報酬）については、「その具体的な算定方法」（会361条1項2号）、報酬のうち金銭でないもの（非金銭報酬）についてはその具体的な内容（会361条1項3号）を株主総会で定めなければならない。

業績連動型報酬は、不確定額報酬（会361条1項2号）として定款または株主総会において額の算定方法を定めることによって支給することも可能であるし、確定額報酬（会361条1項1号）として株主総会で確定額の上限のみを定め、その範囲内において取締役会の決定で報酬を付与することも可能である。

(3) 説明義務の範囲

　a　事業報告に関する説明

　　取締役等の説明義務の範囲は、会社法が一般的に開示を要求している事項を一応の基準と考えることができ、会社法、会社法施行規則および会社計算規則に基づき作成される計算書類、事業報告および附属明細書の記載事項や招集通知に添付すべき参考書類の記載事項が一般的な開示事項に当たる。

　　事業報告に関する取締役等の説明義務の範囲は、事業報告の記載事項の範囲を原則とし、これを付加補足する事項にまで及ぶと解される。

　　ア　事業報告には、当該事業年度に係る取締役ごとの報酬等の総額（全取締役の総額で足りる。ただし社外取締役はその余の取締役とは区別して

表示しなければならなならない。施124条6号)、当該事業年度において受け、または受ける見込みの額が明らかとなった報酬等を記載する（施121条3号・4号）。

　取締役等は、当該事業報告の記載内容およびこれを付加補足する事項について、株主の質問に対し回答しなければならない。

イ　また、当該事業年度の取締役が当該株式会社の新株予約権を有しているときは、取締役および社外取締役ごとに区分して、その保有する新株予約権の内容の概要および保有する者の人数を記載しなければならない（施123条1号）。

　取締役が会社からストック・オプションを付与されている場合は、当該事業報告の記載内容およびこれを付加補足する事項として、新株予約権の行使により発行される株式数の上限や新株予約権の譲渡の可否、行使価額またはその算定方法、行使条件等の事項について、株主の質問に対し回答しなければならない。

ウ　当該事業年度の末日において指名委員会等設置会社（会2条12号）である会社で、各会社役員の報酬等の額またはその算定方法についての決定方針が定められている場合、その方針の決定方法とその方針の内容の概要を事業報告に記載しなければならない（施121条5号、同条ただし書）。したがって、その記載につき付加・補足程度に説明する。決定方針が定められておらず事業報告への記載がない場合は取締役等の説明義務はない。

b　議案に関する説明

　議案に関する取締役の説明義務の程度は、参考書類記載事項を原則とし、これを付加補足する事項にまで及ぶと解される。

　また、不確定額報酬や非金銭報酬の支給を決定または改定する場合、議案を提出した取締役は、株主総会において、その具体的算定方法や具体的内容が相当であるとする理由を説明しなければならない（会361条4項）。

　参考書類には、①議案、②提案理由、③報酬額算定の基準、④報酬等を改定する場合はその理由、⑤取締役の員数を記載する（施73条1項1号・2号・82条1項1号～3号）。

　①議案については、当該業績連動報酬の内容に応じて、説明する義務が

あると考えられる。業績連動報酬が確定額報酬の場合は確定額、不確定額報酬の場合は具体的な算定方法、非金銭報酬の場合は具体的な内容を説明することになる。ただし、確定額報酬の場合に、確定額を説明すれば足りるというわけではなく、確定額報酬の場合であっても、株主が議案の合理性を判断できるように③報酬額算定の基準の説明が必要である。

　③報酬額算定の基準としては、基本となる額、役職や勤続年数による加算の方法を示すほか、業績連動の指標を含む業績連動報酬の仕組みについて、一般的・平均的な株主において、当該業績連動報酬の合理性を判断できる程度に説明する義務があると考えられる。

　この場合、難解な業績連動報酬の仕組みや計算式を事細かく説明する義務まではなく、議案の内容に付加的・補足的に、一般的・平均的な株主が理解できる程度の説明を行えばよいと考えられる。

　たとえば、取締役全員の業績連動報酬の総額を連結経常利益（あるいは連結当期純利益）の○％を上限として支給する、1株当たりの市場株価が行使価額（権利付与日までの一定期間の東京証券取引所における終値の平均値に一定の数値を乗じた金額）を上回った場合にその差額を上限として取締役に報酬を支給することができる、などの説明を概括的に行うことが考えられる。

VII　取締役・監査役・会計監査人等に関する事項

1　取締役選任議案に関し答弁すべき範囲

〔設　問〕

　取締役選任議案に関し説明を求められた場合、どの程度答えなければならないか。

〔結　論〕

　取締役選任議案の提出にあたっては、施行規則74条により、候補者に係る一定事項の参考書類への記載が義務づけられており、それらの事項は取締

役選任議案の審議（合理的な判断）に必要な情報として要求されているから、それらの記載につき付加的補足的な説明を求める質問に対しては答弁する必要がある。そして、それらが答弁すべき事項の基本となろう。

ただし、説明を要する範囲はそれに限られるわけではなく、そのほか、一般的に取締役選任議案の審議（合理的な判断）に必要な事項に係る質問に対しては、答弁の必要がある。

〔説　明〕
(1)　決議事項については、株主が合理的な判断をするのに必要な程度で付加的補足的説明をしなければならない。取締役選任議案の場合は、参考書類に記載された内容を参考にして株主が合理的な判断をすることになるから、その記載につき付加的補足的な説明を求める質問に対しては、基本的に答弁する必要がある。

(2)　すなわち、株主総会に議案を提案する際には、参考書類に議案とその提案の理由を記載しなければならない（施73条1項1号・2号）。監査役設置会社、指名委員会等設置会社では、施行規則74条1項は、取締役の選任に関する議案の場合、参考書類に、候補者の氏名、生年月日、略歴、就任の承諾を得ていないときはその旨、責任限定契約（会427条1項）を締結しているときまたは締結する予定があるときは、その契約の内容の概要の各記載を要求している。

また、同条2項は、当該会社が公開会社の場合には、その有する当該会社の株式数（種類株式発行会社にあっては、株式の種類および種類ごとの数）（1号）、重要な兼職に該当する事実があるときはその事実（2号）、当該会社との間に特別の利害関係があるときはその事実の概要（3号）、現に当該会社の取締役であるときはその地位および担当（4号）の各記載を要求している。

さらに、同条3項は、当該会社が公開会社で、他の者の子会社等（施2条1項・3条の2、会2条3号の2）の場合は、参考書類に、候補者が現に当該他の者（自然人に限る）であるときは、その旨（1号）、候補者が現に当該他の者（当該他の者の子会社等も含む（ただし、当該会社は除く））の業務執行者であるときはその地位および担当（施74条3項2号）、候補者が過去10年間に当該他の者の業務執行者であったことを当該会社が知っているときはその

地位および担当（3号）の各記載を要求している。

　したがって、前記の記載事項に関し付加的補足的な説明を求めるものであり、かつ、それが株主の合理的な判断に資するものと思料される質問に対しては、答弁しなければならない。

(3)　再任の議案で、当該取締役候補者のこれまでの職務執行状況について説明を求められた場合は、答える必要がある。従来の職務執行状況は、当該取締役候補者の選任の判断において重要な事項であり、また参考書類に記載を義務づけられた「現に当該会社の取締役であるときはその地位および担当」の記載にも関連しその内容を実質的に補充するものといえるからである。ただ、個別的な業務執行事項についてまで答える義務はなく、概括的にその職務執行状況を説明すれば足りる（新版注釈会社法(5) 150 頁〔森本滋〕）。

　なお、候補者自身は説明義務者でないので、自らが説明するのではなく、候補者を選出した取締役会を代表する代表取締役または取締役会の指名した者が推薦の理由の一環として説明する。

(4)　そのほか、役員内規等で取締役候補者に係る定年制など一定の候補者選定基準が確立されている場合には、そうした候補者選定基準の存否やその内容に対する質問には応ずる必要がある。そうした場合には、それらの基準は定款に定められた取締役の資格要件ではないが（定款で取締役の資格を定めることができることについては、千問の道標 279 頁）、候補者の選定において一定の資格要件として取り扱われていることになるわけであるから、取締役選任の審議（その合理的な判断）に必要な情報といえるからである。

(5)　さらにまた、当該候補者を選んだ理由自体について質問された場合についても、一般的な従業員からの選定のときには、「勤務状況や人格、能力を見て、最も適任と考えたので選定した」といった答弁になろうが、さらに、株主の合理的な判断に資する理由として挙げられる事由があればそれらも説明し、株主の理解を得ることに努めるのが得策であろう。

2 取締役候補者について「利害関係なし」と記載した理由に関する質問への対応

〔設　問〕

　「取締役候補者について参考書類には『利害関係はない』旨記載しているが、それはどういう意味か」との質問に対し、どの程度答える必要があるか。

〔結　論〕

　「特別な利害関係」の意味（その骨子）を説明したうえで、該当する事実はない旨説明すれば足りるであろう。

　ただし、具体的な事実関係を指摘し、「それがなぜ利害関係なしとしたのか」と質問された場合には、指摘された事実が認められるときには、それがなぜ特別の利害関係に当たらないと判断したか、説明しなければならないであろう。

〔説　明〕

(1)　施行規則74条2項3号の規定により、取締役の選任の議案の提出にあたっては、当該会社が公開会社の場合、参考書類に「候補者と株式会社との間に特別の利害関係があるときは、その事実の概要」を記載しなければならない。したがって、会社としては、当然、それに先立ち、「候補者と会社との間に特別の利害関係があるか否か」を判断しなければならない。

(2)　ところで「特別の利害関係」とは、たとえば、競業会社の取締役、監査役、執行役など、競業会社の一定の地位にある場合（競業会社に雇用されている場合も含まれるであろう）や、会社との間に重要な取引関係、貸借関係、係争関係などがある場合である（ただし、取締役候補者と会社との貸借関係があっても、その職務の執行に影響を及ぼさない程度に重要でない場合には、これに含まれないと解される）。

　したがって、これらに該当する事実がなければ、参考書類に特別な利害関

係がない旨を記載することとなる。

(3) そこで、株主から「参考書類に特別な利害関係がない旨」記載されているが、どういう意味かとの質問があれば、前記の程度に「特別な利害関係」の意味を説明したうえで該当する事実はない旨説明すれば足りるであろう。

その際、「特別な利害関係」を巡る抽象的な解釈論につき、前記の程度以上に質問されても、株主総会は抽象的な法律論を討議する場所ではないから、それには答える必要がない。

しかし、具体的な事実関係を指摘して「なぜ利害関係なしとしたのか」との質問に対しては、該当する事実が認められる場合にはそれがなぜ特別の利害関係に当たらないと判断したかを説明しなければならないであろう。

したがって、もともとそれらの判断をするにあたっては、十分に法律実務家の意見を徴したうえで、株主に対し明瞭な説明がなしうるように客観的な判断をするのが肝要である。

(4) 特別の利害関係の有無に関し、特に問題なのは、子会社の役員を兼務する場合である。親会社が100％の株式を所有している子会社との関係では、子会社の役員は親会社の職務の一環としているので、実質上の利害関係がない。しかし、親会社が80％程度を割る株式を所有している子会社との関係では、親子会社の役員兼務には利害関係あることを免れない場合が起こりうる。

(5) なお、公開会社においては、施行規則128条2項により、事業報告の附属明細書に、取締役・監査役・執行役（会計参与を除く会社役員）について「兼職の状況の明細」（重要でないものを除く、競業のときはその旨も）を記載する必要がある。

3　社外取締役選任議案に関し答弁すべき範囲

〔設　問〕

　　社外取締役選任議案に関し説明を求められた場合、どの程度答えなければならないか。

〔結　論〕

　社外取締役としての要件に合致しているか否かを問う質問や選任議案の提出にあたり施行規則74条で参考書類への記載を義務づけられた事項に関しその記載事項（内容）の付加的補足的な説明を求める質問に対しては、原則として答えなければならない。そして、それらが答弁すべき事項の基本となろう。

　しかし、説明を要する範囲はそれらに限られず、そのほか、社外取締役選任議案の合理的な審議・判断に必要な事項に係る質問に対しては、答弁の必要がある。

〔説　明〕

(1)　社外取締役とは、株式会社の取締役であって、次のイからホのいずれにも該当するものをいう（会2条15号）。

　イ　当該株式会社またはその子会社の業務執行取締役等でなく、かつ、その就任の前10年間当該株式会社またはその子会社の業務執行取締役等であったことがないこと。

　ロ　その就任の前10年内のいずれかの時において当該株式会社またはその子会社の取締役、会計参与（会計参与が法人であるときは、その職務を行うべき社員。）または監査役であったことがある者（業務執行取締役等であったことがあるものを除く。）にあっては、当該取締役、会計参与または監査役への就任の前10年間当該株式会社またはその子会社の業務執行取締役等であったことがないこと。

　ハ　当該株式会社の親会社等（自然人であるものに限る。）または親会社等の取締役若しくは執行役若しくは支配人その他の使用人でないこと。

　ニ　当該株式会社の親会社等の子会社等（当該株式会社およびその子会社を除く。）の業務執行取締役等でないこと。

　ホ　当該株式会社の取締役若しくは執行役若しくは支配人その他の重要な使用人または親会社等（自然人であるものに限る。）の配偶者または二親等内の親族でないこと。

　ここで業務執行取締役等とは、業務執行取締役（株式会社の363条1項各号に掲げる取締役および当該株式会社の業務を執行したその他の取締役）もしく

は執行役または支配人その他の使用人をいう。詳述すると、ⅰ）代表取締役、ⅱ）代表取締役以外の取締役であって、取締役会の決議によって取締役会設置会社の業務を執行する取締役として選定された取締役、およびⅲ）当該株式会社の業務を執行したその他の取締役、ならびにⅳ）執行役または支配人その他の使用人である。（社外取締役の責任について「定款の定めに基づく契約による制限」が認められており、また、指名委員会等設置会社、監査等委員会設置会社や特別取締役制度の導入にあたって、一定数の社外取締役の存在が要件となっている。それら法的効果を生ずる場合には、社外取締役であることが登記事項となっている。会911条3項21号ハ・22号ロ・23号イ）。

そこで、社外取締役の選任に関する議案の審議にあたり、前記の社外取締役の要件に関し要件を充足しているかどうかの質問があったときには、当然説明しなければならない。

(2) また、そもそも取締役の選任に関する議案の提出にあたっては、参考書類に議案とその提案の理由を記載するほか（施73条1項1号・2号）、施行規則74条1項～3項で、参考書類に、候補者に係る一定事項の記載が要求されている（その具体的な内容については、**第10 Ⅶ 1**〔p.227〕を参照）。

(3) 加えて、社外取締役候補者の場合には、さらに施行規則74条4項により、参考書類に、当該候補者が社外取締役候補者であること（1号）、当該候補者を社外取締役候補者とした理由（2号）、現に当該会社の社外取締役である場合で直近の任期中に法令・定款違反その他不当な業務の執行が行われた事実があるときは、その事実ならびにその事実の発生の予防のために当該候補者が行った行為および当該事実の発生後の対応として行った行為の概要（4号）、過去5年間に他の株式会社の取締役、執行役または監査役に就任しており、その在任中に当該他の株式会社で法令・定款違反その他不当な業務の執行が行われた事実があることを当該会社が知っているときはその事実（重要でないものを除き、当該候補者が当該他の株式会社の社外取締役または監査役であったときは、その事実の発生の予防のため当該候補者が行った行為および当該事実の発生後の対応として行った行為の概要を含む）（5号）、当該候補者が過去に社外取締役または社外監査役（社外役員に限る）となること以外の方法で会社の経営に関与していない者であるときは、そうであっても社外取締役としての職務を適切に遂行しうると当該会社が判断した理由（6号）、

当該候補者が次のイ）〜ホ）のいずれかに該当することを当該会社が知っているときはその旨、すなわち、イ）過去に当該会社またはその子会社の業務執行者または役員であったことがあること、ロ）当該会社の親会社等（施2条1項・3条の2、会2条4号の2）（自然人であるものに限る。ロ）およびホ）(1)において同じ）であり、または過去5年間に当該会社の親会社等であったことがあること、ハ）当該会社の特定関係事業者の業務執行者もしくは役員であり、または過去10年間に当該会社の特定関係事業者（当該会社の子会社を除く）の業務執行者もしくは役員であったことがあること、ニ）当該会社またはその特定関係事業者から多額の金銭その他の財産を受ける予定があり、または過去2年間に受けていたこと、ホ）次の(1)(2)に掲げる者の配偶者、3親等以内の親族等であること（重要でないものを除く）　(1)当該会社の親会社等　(2)当該会社または当該会社の特定関係事業者の業務執行者または役員、ヘ）過去2年間に合併等により他の株式会社がその事業に関して有する権利義務を承継または譲り受けた場合で、当該合併等の直前に当該会社の社外取締役または監査役でなく、かつ、当該他の株式会社の業務執行者であったこと（7号）、現に当該会社の社外取締役または監査役であるときは、それらに就任してからの年数（8号）、以上に掲げる事項の記載に当該候補者の意見があるときはその意見内容（9号）の各記載が要求されている。

(4)　また、社外取締役として再任のケースでは、もともと施行規則124条4号で当該社外取締役の当該事業年度における主な活動状況（「イ　取締役会への出席状況」「ロ　取締役会での発言状況」「ハ　当該社外取締役の意見により会社の事業方針などが変更されたときは、その内容」など）について事業報告に記載されることとなり、当該社外取締役の略歴、当該会社における地位および担当などは、参考書類の記載事項でもあるから（施74条各号）、株主から質問があれば、事業報告の記載を含めて説明しなければならない。

(5)　したがって、以上（前記(2)、(3)、(4)）に述べた参考書類等の各記載につき付加的補足的な説明が求められ、それが株主の合理的な判断に資するものと思料されるときは、当然それに応じ付加的補足的な説明をしなければならない（社外取締役の資格要件を充足するか否かについても、実際には前記の記載事項を通じて明らかとなり、判断されることとなろう）。なお、参考書類において、社外役員の独立性に関する情報など法定記載事項以外の事項を記載して

いる場合に、株主から当該記載事項について質問がなされたならば、審議に必要な範囲で、その内容についても説明することが望ましい。一般的にはそれらの事項について十分に説明がなされれば、社外取締役選任に係る合理的な審議（判断）のための説明は十分になされたこととなり、候補者選定の理由・根拠に係る答弁として足りる（十分）といえる。

(6)　平成 26 年会社法改正により、事業年度の末日において監査役会設置会社（公開会社であり、かつ、大会社であるものに限る）であって、金商法 24 条 1 項の規定によりその発行する株式について有価証券報告書を提出しなければならないものが社外取締役を置いていない場合には、取締役は当該事業年度に関する定時株主総会において、「社外取締役を置くことが相当でない理由」を説明しなければならない（会 327 条の 2）こととなった。社外取締役については業務執行者から独立した立場から、業務執行者による業務執行全般の評価に基づき、取締役会の決議における議決権を行使すること等を通じて業務執行者を適切に監督すること等を期待することができる（坂本三郎ほか「平成 26 年改正会社法の解説〔I〕」商事 2040 号（2014）34 頁）。

　この説明義務は取締役が株主からの質問を待たずに積極的に口頭で説明しなければならない（坂本ほか・前掲 34 頁）。「社外取締役を置くことが相当でない理由」は、取締役選任議案の参考書類、事業報告に記載される（施 74 条の 2・124 条 2 項・3 項）。

4　社外監査役選任議案に関し答弁すべき範囲

〔設　問〕

> 社外監査役選任議案に関し説明を求められた場合、どの程度答えなければならないか。

〔結　論〕

　社外監査役としての要件に合致しているか否かを問う質問や選任議案の提出にあたり施行規則 76 条で参考書類への記載を義務づけられた事項に関しその記載内容を補充し明確化を図る質問に対しては、答えなければならない。

そして、それらが答弁すべき事項の基本となろう。

しかし、説明を要する範囲はそれに限られず、そのほか、社外監査役選任議案の合理的な審議・判断に必要な事項に係る質問に対しては、答弁の必要がある。

〔説　明〕
(1)　監査役会設置会社（会 2 条 10 号）においては、監査役は、3 人以上で、そのうち半数以上は、社外監査役でなければならない（会 335 条 3 項）。

社外監査役であるには、次の**イ**から**ホ**に掲げる要件のいずれにも該当する必要がある（会 2 条 16 号）。

　イ　その就任の前 10 年間当該株式会社またはその子会社の取締役、会計参与（会計参与が法人であるときは、その職務を行うべき社員。ロにおいても同じ。）もしくは執行役または支配人その他の使用人であったことがないこと。

　ロ　その就任の前 10 年内のいずれかの時において当該株式会社またはその子会社の監査役であったことがある者にあっては、当該監査役への就任の前 10 年間当該株式会社またはその子会社の取締役、会計参与若しくは執行役または支配人その他の使用人であったことがないこと。

　ハ　当該株式会社の親会社等（自然人であるものに限る。）または親会社等の取締役、監査役もしくは執行役もしくは支配人その他の使用人でないこと。

　ニ　当該株式会社の親会社等の子会社等（当該株式会社およびその子会社を除く。）の業務執行取締役等でないこと。

　ホ　当該株式会社の取締役もしくは支配人その他の重要な使用人または親会社等（自然人であるものに限る。）の配偶者または二親等内の親族でないこと。

これらは法定要件であるから、社外監査役の選任に関する議案の場合、その要件を充足しているかどうか質問があったときには当然説明しなければならない。

(2)　株主総会に議案を提案する際には、参考書類に議案とその提案の理由を記載するほか（施 73 条 1 項 1・2 号）、施行規則 76 条 1 項は、監査役の選任

に関する議案を提出する場合、参考書類に、候補者の氏名、生年月日、略歴（1号）、当該会社との間に特別の利害関係があるときはその事実の概要（2号）、就任の承諾を得ていないときはその旨（3号）、議案が会社法343条2項により監査役の請求により提出されたものであるときはその旨（4号）、会社法345条4項により準用される同条1項に基づいて監査役が監査役選任につき意見があるときはその意見の内容の概要（5号）、候補者と当該会社との間で会社法427条1項の責任限定契約を締結しているときまたは締結する予定があるときは、その契約の内容の概要（6号）の各記載を要求している。

また、同条2項は、当該会社が公開会社の場合には、参考書類に、候補者が有する当該会社の株式数（種類株式発行会社にあっては、株式の種類および種類ごとの数）（1号）、候補者に重要な兼職に該当する事実があるときはその事実（2号）、候補者が現に当該会社の監査役であるときはその地位（3号）の各記載を要求している。

さらに、同条3項は、当該会社が公開会社で、他の者の子会社等（施2条1項・3条の2、会2条3号の2）であるときには、参考書類に、候補者が現に当該他の者（自然人であるものに限る）であるときは、その旨（1号）、候補者が現に当該他の者（当該他の者の子会社等を含む（ただし、当該会社を除く））の業務執行者であるときはその地位および担当（2号）、候補者が過去10年間に当該他の者の業務執行者であったことを当該会社が知っているときはその地位および担当（3号）の各記載を要求している。

したがって、前記の点に係る参考書類の記載を補充しその明確化を図るための質問については説明しなければならない。

(3) 加えて、「社外監査役」選任の場合には、同条4項により、参考書類に、社外監査役候補者であること（1号）、当該候補者を社外監査役候補者とした理由（2号）、現に当該会社の社外監査役である場合で直近の任期中に法令・定款違反その他不正な業務の執行が行われた事実があるときは、その事実ならびにその事実の発生の予防のために当該候補者が行った行為および当該事実の発生後の対応として行った行為の概要（3号）、過去5年間に他の株式会社の取締役、執行役または監査役に就任しており、その在任中に当該他の会社で法令・定款違反その他不正な業務の執行が行われた事実があるこ

とを当該会社が知っているときはその事実（重要でないものを除き、当該候補者が当該他の会社の社外取締役または監査役であったときは、その事実の発生の予防のため当該候補者が行った行為および当該事実の発生後の対応として行った行為の概要を含む）（4号）、当該候補者が過去に社外取締役または社外監査役となること以外の方法で会社の経営に関与していない者であるときは、そうであっても社外監査役としての職務を適切に遂行しうると当該会社が判断した理由（5号）、当該候補者が次のイ）〜ヘ）のいずれかに該当することを当該会社が知っているときはその旨、すなわちイ）過去に当該会社またはその子会社の業務執行者または役員であったことがあること、ロ）当該会社の親会社等（施2条1項・3条の2、会2条4号の2）（自然人であるものに限る）。ロ）およびホ）(1)において同じ）であり、または過去10年間に当該会社の親会社等であったことがあること、ハ）当該会社の特定関係事業者の業務執行者もしくは役員であり、または過去10年間に当該会社の特定関係事業者（当該会社の子会社を除く）の業務執行者もしくは役員であったことがあること、ニ）当該会社またはその特定関係事業者から多額の金銭その他の財産を受ける予定があり、または過去2年間に受けていたこと、ホ）次の(1)(2)に掲げる者の配偶者、3親等以内の親族等であること（重要でないものを除く）(1)当該会社の親会社等　(2)当該会社または当該会社の特定関係事業者の業務執行者または役員、ヘ）過去2年間に合併等により他の株式会社がその事業に関して有する権利義務を承継または譲り受けた場合で、当該合併等の直前に当該会社の社外監査役でなく、当該他の会社の業務執行者であったこと（6号）、現に当該会社の監査役であるときは、監査役に就任してからの年数（7号）、以上に掲げる事項の記載につき当該候補者の意見があるときはその意見内容（8号）の各記載をしなければならない。

　したがって、これらの点について参考書類の記載を補充しその明確化を求める質問については説明をしなければならない（社外監査役の法定要件の充足についても、一般には前記の事項の記載を通じて判断されることになろう）。そして、これらが答弁すべき事項の基本となろう。

　しかし、説明を要する範囲はそれらに限られるわけではなく、そのほか、社外監査役選任議案の合理的な審議・判断に必要な事項に係る質問に対しては、答弁の必要がある。

5　会計監査人の選定理由・根拠に関し答弁すべき範囲

〔設　問〕

　会計監査人の選定の理由・根拠につき説明を求められた場合、どの程度答えなければならないか。

〔結　論〕

　施行規則77条は、会計監査人の選任議案に関しその合理的な審議・判断に必要なものとして参考書類に記載すべき事項を具体的に定めているから、その記載事項の補充や明確化を求める質問に対しては、それに応じなければならない。しかし、会計監査人の選定理由・根拠に関し答弁すべき範囲としては、基本的にそれで足りる（十分である）。

〔説　明〕

(1)　会計監査人は株主総会の決議によって選任されるが（会329条1項）、監査役会設置会社においては、株主総会に提出する会計監査人の選任および解任ならびに会計監査人を再任しないことに関する議案の内容は、監査役が決定する（会344条）。参考書類には議案とその提案の理由を記載するほか（施73条1項）、施行規則77条は、次の各事項を記載しなければならない、と定めている。

　すなわち、候補者が公認会計士であるときは、その氏名、事務所の所在地、生年月日および略歴（1号イ）、候補者が監査法人であるときは、その名称、主たる事務所の所在地および沿革（1号ロ）、就任の承諾を得ていないときは、その旨（2号）、監査役（監査役会設置会社では監査役会、監査等委員会設置会社では監査等委員会、指名委員会等設置会社では監査委員会）が当該候補者を会計監査人の候補者とした理由（3号）、会社法345条5項において準用する同条1項の規定による会計監査人の意見があるときは、その意見の内容の概要（4号）、候補者と当該会社との間で会社法427条1項の責任限定契約を締結しているときまたは締結する予定があるときは、その契約の内容の概要（5号）、当該候補者が現に業務の停止の処分を受け、その停止の期間

を経過しない者であるときは、当該処分に係る事項（8号）、当該候補者が過去2年間に業務の停止の処分を受けた者である場合における当該処分に係る事項のうち、当該株式会社が株主総会参考書類に記載することが適切であるものと判断した事項（9号）、株式会社が公開会社である場合において、当該候補者が次のイ）、ロ）に掲げる場合の区分に応じ、当該イ）またはロ）に定めるものから多額の金銭その他の財産上の利益（これらの者から受ける会計監査人としての報酬等および公認会計士法2条1項の業務の対価を除く）を受ける予定があるときまたは過去2年間に受けていたときは、その内容（10号）　イ）当該会社に親会社等がある場合　当該会社、当該親会社等または当該親会社等の子会社等もしくは関連会社（当該親会社等が会社でない場合におけるその関連会社に相当するものを含む）　ロ）当該会社に親会社等がない場合　当該会社または当該会社の子会社もしくは関連会社の各事項である。

(2)　株主総会では、前記の参考書類に記載された事項を参考にして、会計監査人の選任について審議（判断）をすることとなる。

　したがって、前記の記載事項に関し、それを補充しあるいはその明確化を求める質問がなされた場合には、会計監査人の選任に係る合理的な審議・判断に必要なもの（事項）として、それらの質問に応じなければならない。

　しかし、会計監査人の選定理由・根拠に関し答弁すべき範囲としては、基本的にそれで足りよう（十分であろう）。

6　会計監査人が同業他社と同一か否かの調査義務の存否

〔設　問〕

　「提案に係る会計監査人が同業他社と同一かどうか調査の必要はないか。同一の場合、機密漏洩上問題はないか」との質問にどう答えたらよいか。

〔結　論〕

問題は生じないと解せられるから、調査する義務はない。

〔説　明〕

公認会計士法 27 条は、「公認会計士」の秘密を守る義務として「公認会計士は、正当な理由がなく、その業務上取り扱つたことについて知り得た秘密を他に漏らし、又は盗用してはならない。公認会計士でなくなつた後であつても、同様とする。」と規定している。そして、これに違反した公認会計士は、懲戒処分（同法 31 条）を受けるだけでなく、処罰されることになっている（同法 52 条）。また、公認会計士、外国公認会計士もしくは監査法人の「使用人その他の従業者」または「これらの者であった者」についても、同様の守秘義務が規定されており（同法 49 条の 2）、違反すると処罰されることとなる（同法 52 条）。

もちろんそうした秘密漏洩問題が監査法人に生じれば、当該監査法人についても当然処分されることとなろう（同法 34 条の 21 第 1 項・第 2 項）。

このように、公認会計士や監査法人による会計監査については、機密を守る義務が課せられているから、会社側としても会計監査人を信頼することが許されるというべきであり、したがって、提案に係る会計監査人が同業他社と同一かどうか、いちいち調査する必要はない。

実際問題としても、大手監査法人は多数の会社の会計監査に関与しており、同業他社と重複する（同一となる）ことは避け難い。

7　会計監査人の資力調査の要否

〔設　問〕

「会計監査人の資力を調査する必要はないか」との質問に答えなければならないか。

〔結　論〕

答える必要はない。

〔説　明〕
(1)　施行規則77条は、取締役が会計監査人の選任に関する議案を提出する場合に、参考書類に記載しなければならない事項を具体的に規定している（その具体的な内容・事項については、第10 Ⅶ5〔p.239〕参照）が、それは会計監査人の選任議案に係る合理的な審議・判断に必要な事項として定めたものと解される。
(2)　したがって、基本的に、施行規則77条に則って参考書類の記載がなされていれば、原則として会計監査人選任に関する議案の合理的判断の資料として満たされているといえるので、それ以外の会計監査人の資力を調査する必要はないし、参考書類に記載する必要もない。当然、「資力調査の必要はないか」との質問にも答える義務はない。

8　会計監査人の報酬額等に関する質問への答弁の要否

〔設　問〕
　「会計監査人との報酬額は他社の場合と比べ高いのではないか。来期もこのままの報酬額で契約を続けるのか」との質問に対し答える必要があるか。

〔結　論〕
　来期の報酬額が決まっていればそのとおり答弁すればよい。高過ぎるではないかとの観点からの質問に対しては、基本的には会計監査人との交渉を踏まえて経営判断により決定したものであり、今後とも適切な契約に努める旨表明し、株主の理解を得ることとなろう。

〔説　明〕
(1)　会計監査人の報酬については、会計監査人と会社との監査契約で定められ、その契約内容は原則として一般の取引契約と同様に通常の業務執行の決定手続により決定される（千問の道標419頁）。当然、その契約内容自体は、

報酬の額の点を含め、会計監査人と会社との交渉によって煮詰められ妥結することが前提となる。

したがって、会社としては、会計監査人との交渉において、当該会社における監査の規模、内容等に加え、一般的な経済情勢等をも含めた諸般の状況を考慮し、鋭意交渉の上、妥結する（その報酬額についても）、ということとなろうが、基本的には、それらは通常の業務執行の一環として取締役らの経営判断に委ねられているといえる。

しかし、会社法は「会計監査人の監査を受ける立場の取締役（経営者）のみがその決定に関わると、会計監査人が会社に対し十分な質・量の役務を提供することが困難な低い水準に報酬等を抑制したいとのインセンティブが働きかねない」（江頭650頁）との観点から、取締役が会計監査人の報酬等を定める場合には、監査役（監査役が2人以上ある場合にあってはその過半数）の同意を要することとしている（会399条1項）。

さらに、会計監査人の報酬等の額および当該報酬等についての監査役（監査役会設置会社では監査役会、監査等委員会設置会社では監査等委員会、指名委員会等設置会社では監査委員会）が会社法399条1項の同意をした理由については、事業報告の内容として開示することとし、その高額化が癒着の原因とならないよう牽制のための制度を設けている（施126条2号）。

(2)　会計監査人の報酬額等を巡る制度の内容は以上のとおりであり、基本的には報酬額の決定は取締役らの経営判断に委ねられているから、〔設問〕のような質問に対しても、「株主様のご意見を十分尊重した上、今後とも適切な報酬額で契約するように努めます」との趣旨の答弁をすれば足りる（なお、来期の報酬額が決定している場合には、その旨答えればよいであろう）。

9　取締役・監査役の個人的醜聞や非行に関する質問への対処

〔設　問〕

　　取締役もしくは監査役の個人的醜聞や非行に関する質問に対して、どのように対処すべきか。

〔結　論〕
　そのような質問に対しては原則として答えなくてよいが、議題によっては例外的に概括的な説明をする必要性がある。

〔説　明〕
(1)　個人的醜聞や非行に関する質問は、会社法314条ただし書に規定する「株主総会の目的である事項に関しないものである場合」に当たる場合が多く、その場合には質問に対しての説明を拒絶できる。
　また、その質問の向けられている当該取締役ないし監査役自身は、自己が刑事訴追を受け、または有罪判決を受けるおそれがあるとき（いわゆる自己負罪）に当たるような場合、やはり同条項ただし書の「その他正当な理由がある場合として法務省令で定める場合」に該当するものと考えられ（施71条4号）、当該質問に対しての説明を拒絶できる。
(2)　ところで、質問の向けられている取締役ないし監査役自身の選任決議（特に再任決議）が議題となっている場合にはどうであろうか。
　まず、役員候補者には説明義務はないので、候補者自身は何ら質問に対して答えなくともよい。
　次に、取締役会は、どうして当該質問の向けられている候補者を選んだのかということを説明する必要性があり、当該役員候補者はそれぞれ取締役ないし監査役としてどのような理由で適任であるかを風聞をも含めて説明し、それをもって足りると考える。

10　取締役・監査役個人の寄付金につき具体的資料を提示して質問された場合

〔設　問〕

　取締役もしくは監査役の個人としての寄付金に関し、具体的資料を提示して質問されたときは、説明義務があるか。

〔結　論〕
　原則として説明義務はないが、例外的に説明義務が生じることがある。

〔説　明〕
(1)　取締役・監査役が個人的に寄付をすることは、会社とは無関係なことであり、株主に開示する必要性はないので、その質問に対しては、役員の個人的なことであるとして説明を拒絶できる。
(2)　しかし、もし取締役もしくは監査役の個人的寄付と言いながら実質的には会社の負担で寄付がなされたときは、例外的に説明義務の対象となる。

　また、取締役もしくは監査役が個人的に寄付したという行為が、実質的には会社またはその子会社の計算において株主の権利の行使に関しなしたということであれば、会社法120条1項で禁止された「株主の権利の行使に関する利益供与」の脱法行為とも考えられるし、「株主の権利の行使に関する利益供与の罪」（会970条1項）にも該当することになる。

　そこで、その株主の質問内容によれば取締役ないし監査役の寄付について「会社の計算において」なされている疑いが強く、株主からその点について具体的資料を提示して質問があった場合には、説明を担当する取締役・監査役は、当該寄付は会社の計算においてなされたものではない旨の説明をする必要に迫られるので、その限りで例外的に説明義務があるといえる。
(3)　なお、当該寄付をなした取締役ないし監査役は、そのときの状況により自己負罪の危険があるときは、説明を拒否できる（会314条ただし書、施71条4号）。

11　社外取締役、社外監査役が取引先の取締役である場合の説明義務

〔設　問〕

　社外取締役、社外監査役が取引先の取締役である場合、その取引等についての質問に当該社外取締役、当該社外監査役が答える義務があるか。

〔結　論〕
　基本的に当該社外取締役、当該社外監査役が答える必要はない。当該取引が利益相反取引に当たる場合は、当該利益相反取引は計算書類の注記表に記

載されるから、その取引に関する質問は、当該注記表の記載を補充する説明として取締役会を代表して代表取締役か担当取締役が答えれば足りる。もしそれが監査の観点からの質問であった場合には、法令もしくは定款に違反するか、または著しく不当な事項があるか否かについてのみ、適当な監査役が答えればよい。

〔説　明〕
(1)　当該社外取締役が取引先の代表取締役であった場合には、当該取引先との取引は当該会社の取締役による自己取引（利益相反取引）となる。

　従前、当該会社と第三者との間の取引であって、会社役員または支配株主との間の利益が相反するもの（間接取引）は、事業報告の附属明細書に取引の明細を記載することとなっていたが、平成20年の計算書類規則の改正により、間接取引が関連当事者取引に含まれることが明記されたため、利益相反取引については、計算書類の注記表の関連当事者との取引に関する注記に記載する必要がある（計112条）。したがって、その場合に、当該取引に関し質問がなされたときは、当該注記表の記載を補充する説明として、取締役会を代表して代表取締役か担当取締役が答弁することとなる。

　当該社外取締役、当該社外監査役自身が説明する必要はない（むしろ、取引先の取締役として同社に対し忠実義務、善管注意義務を負っている立場と衝突し、説明に立つことが適切を欠く、という場合もあろう）。

　なお、当該社外取締役、社外監査役が、その取引先の業務執行取締役等であれば、公開会社の場合、施行規則128条2項により兼職の状況の明細（重要でないものを除く）を事業報告の附属明細書に記載する必要がある。

　また、当該社外取締役、社外監査役が、その取引先の業務執行取締役等であれば、施行規則124条1号により、事業報告にその事実と当該会社と当該取引先との関係について記載する必要がある。

　しかし、これらの場合については、附属明細書への記載が求められているのは重要な「兼職の状況の明細」等であり、利益相反取引の場合のように、「取引の明細」ではないから、当該取引について法令・定款違反などが疑われるなど、次の監査の観点からの質問に及ぶ場合でない限り、いちいち個々の取引の内容についてまで答弁する必要はないものと解される。

(2) 社外取締役、社外監査役が取引先の取締役であったという当該取引について、法令違反・定款違反等の主張がなされるなど、株主からその取引の問題点等が具体的に指摘され、監査について説明義務が生じる場合には、監査役はあくまで当該会社の監査役の立場で、法令もしくは定款に違反するか、または著しく不当な事項があるか否かについての範囲内で答えることになる。

　なお、この点監査役の意見が一致しているのであれば、監査役会もしくは監査役の協議により定めた監査役が説明すればよい。実際上も、当該社外監査役ではなく、他の監査役からの説明のほうが適切な場合が多いであろう。

第11 動 議

I　動議の意義と種類

1　動議の意義

〔設　問〕

　　動議とは何か。

〔結　論〕

　株主総会において株主から提出され、総会で討論・採決に付される提案をいう。

〔説　明〕

(1)　「動議（motion）」とは、本来、会議体においてその構成員から提出され、会議で討論・採決に付される提案をいう。動議が提出され、これを討論し、採決することによって会議体としての意思が決定される。動議の提出は、会議体の構成員にとって構成員であることに基づく固有の権利である。

　株主総会も1つの会議体であるから、適法に出席した株主は総会で動議を提出し、提出された動議につき討論・採決することができる。これについて会社法は、「株主は、株主総会において、株主総会の目的である事項（当該株主が議決権を行使することができる事項に限る。）につき議案を提出することができる。」と定めた（会304条本文）。いわゆる株主総会当日における株主の議案提出権（いわゆる修正動議）であるが、これは旧商法下でも解釈上認

められていたが、会社法では明文化された。なお旧商法下において解釈上認められていた株主の議題に関する修正動議および議事運営に関する動議については、会社法下においても解釈上当然認められる。

　このように株主が総会に出席し、総会場で質問し、動議を提出し、討論に参加し、議決権を行使する権利を一括して「総会参与権」という。

(2)　取締役会設置会社の場合、総会の招集通知は書面をもって行い、取締役会で決議した「総会の目的である事項」を記載しなければならない（会299条2項・4項・298条1項2号）。また、取締役会設置会社では、総会は会社法または定款によって定められた事項に限り決議することができる（会295条2項）。したがって、総会では、招集通知に会議の目的事項として記載して総会に付議した事項についてのみ審議し決定できることになる。こうした規律を前提とすると、株主総会において「動議」とは、招集通知（参考書類）に記載されて提出された議題および議案に関連する事項について、総会において討論・採決に付して総会の意思決定を求めてなされる提案ということになる。

(3)　他方、総会の運営と議事進行については、総会の秩序維持と議事整理の権限は議長の専権であり（会315条）、議長の職権行使に委ねられているので（このことから議長も議事整理権に基づき前記に関する動議を提出できる）、総会出席の株主が提出する総会の運営と議事進行に関する動議は、議長に対して適正な職権行使を求め、あるいは不適正な職権行使の排除を求めてなす協力もしくは監視行為とみるべき場合が多い（なお議場に諮らなければならない動議については次項の第11　I　**2**参照）。

　このように総会参与権としての動議提出権は、会社法上限界が画されていることを看過してはならない。

2　動議の種類

〔設　問〕

　動議にはどのような種類があるか。

250　■──第11　動　議

〔結　論〕
　実質的動議と手続的動議、総会付議の必要的動議と裁量的動議がある。

〔説　明〕
(1)　実質的動議と手続的動議
　動議をその内容から区分すると、議案（議題）についての動議である実質的動議と総会運営、議事進行に関する動議である手続的動議に分けられる。
　総会は招集通知および参考書類に記載された議題および議案（これを会議における審議の基礎をなすことから主要動議と呼ぶことがある）についてのみ審議できるのであるから、総会で株主が提出できる実質的動議は、主要動議たる議題または議案の修正動議もしくはその再修正動議であり、会社法304条本文が予定する動議である。たとえば、「取締役1名選任の件」という議題について「候補者Aを取締役に選任する」という議案が招集通知および株主総会参考書類に記載されている場合に、「候補者Bを取締役に選任する」という議案を株主総会において提出するのは実質的動議に当たる。あるいは、剰余金配当や取締役・監査役の報酬といった議題について、招集通知および参考書類に記載された議案の修正を求めるものも実質的動議に当たる。
　これらの動議では会社法295条2項との関係で修正が許される程度および範囲が問題となるが第11 Ⅲ(1)**1**〔p.258〕で説明する。
　これに対し、手続的動議とは、一般に総会の運営や議事進行に関する動議（総会の議事運営にかかる動議）と呼ばれるものであるが、その主な例は一応次のように分類できる。しかし、必ずしも截然と区別できないものもある。
　a　議事の運営に関する動議
　　①　議長の信任・不信任または交替の動議
　　②　総会の延期・続行（会317条）の動議
　　③　総会提出資料等調査者の選任（会316条）を求める動議
　　④　会計監査人の出席（会398条2項）を求める動議
　　⑤　休憩を求める動議
　b　議題の審議に関する動議
　　①　議題審議の順序変更を求める動議
　　②　議案の一括審議を求める動議

③ 質疑打切り・続行の動議
④ 質疑時間の制限または延長の動議

　c　その他の議事進行に関する動議

　議長の議事進行に関する注意の喚起、提出された動議などの文言・意味、議事手続の不明に対する質問、議長の裁定に対する不服申立て、動議の撤回、動議の分割要求、採決方法の要求

(2) **総会付議の必要的動議と裁量的動議**

　総会付議の必要的動議とは、動議が提出されたとき、議長が必ずその採否を議場に諮らなければならないものであり、総会付議の裁量的動議とは、動議が提出されたとき、その採否を議場に諮るかどうかを議長が裁量的に決めてよいものである。

　実質的動議（修正動議）については、その採否につき株主の意思を問う必要があるため、必ず議場に諮らなければならず、総会付議の必要的動議に当たる。

　これに対し、手続的動議（総会の議事運営に関する動議）については、本来、総会の議長に議事整理の包括的権限が与えられているため（会315条）、議長は議事整理権の行使として、手続的動議の採否を議場に諮るかどうかを裁量的に決めることができる。これについて、総会の議事運営の適法性は客観的状況から判断されるもので、そもそも多数決になじまない（客観的状況から違法な手続は議場で可決されても適法とはならない）ことも理由に挙げられる。

　結果として、総会付議の裁量的動議については、議場に諮ることもできるし、議場に諮ることなく議長限りで採否を決定することもできる。その意味で、総会付議の裁量的動議は、議長の議事整理権の適切な行使を促すものでしかない。

　ただし、手続的動議のうちでも、総会提出資料等調査者の選任（会316条）、総会の延期・続行（会317条）、会計監査人の出席要求（会398条2項）については、会社法が株主総会での決議を求めているため、総会付議の必要的動議とされる。また、議長の信任・不信任または交替の手続的動議については、当事者である議長が裁量的に採否を決めることになじまないので、総会付議の必要的動議とされる。

以上を図表にまとめると、次のとおりである。

実質的動議（修正動議）	手続的動議（総会の議事運営に関する動議）	
総会付議の必要的動議		総会付議の裁量的動議
すべての実質的動議	・総会提出資料等調査者の選任 ・総会の延期・続行 ・会計監査人の出席要求 ・議長の信任・不信任または交替	その他の手続的動議

II　動議の提出とその取扱い

1　動議の提出権者

〔設　問〕

　動議を提出できるのは誰か。

〔結　論〕

　株主総会に適法に出席している議決権のある株主またはその代理人、このほか議長も手続的動議は提出できる。

〔説　明〕

　動議の提出は、会議体の構成員にとって構成員であることに基づく固有の権利である。したがって、株主総会に出席した株主は、当該株主総会の構成員として、議場において動議を提出することができる。また、株主の代理人も、動議の提出が委任事項に含まれている限り、議場において動議を提出することができる。なお、株主総会の議長は、たとえ株主でなくても、包括的

な議事整理権（会315条）の行使として、手続的動議（総会の議事運営に関する動議）を提出することができる。これに対し、実質的動議（修正動議）については、議長の議事整理権の範囲外であり、議事整理権の公正・中立な行使という要請からも、たとえ議長が株主であっても、これを提出することは好ましくない。

　株主でない取締役・監査役は動議を提出できないが、株主である取締役・監査役は動議を提出できると解される。しかし取締役会で決定した議題または議案に対し、総会当日までに何ら事情変化がないのに修正動議を提出するのは好ましくない。

2　提出された動議の取扱い

〔設　問〕

> 株主から動議が提出された場合、議長はこれをどのように取り扱ったらよいか。

〔説　明〕
(1)　動議であるか不明確な場合または動議内容が不明な場合

　動議らしき発言があったときは、議長はそれが動議であるか否かを確認することを要する。また動議として提案のあったときも、その内容が明確でないと判断したときは、議長は議事整理権に基づき、動議提出者に動議内容、趣旨の説明を促すことができる。もちろん議長が善管注意義務をもって明確だと判断したときは、動議内容、趣旨の説明をさせることを要さず、直ちに議場に諮ればよく（裁量的動議の場合は後述）（九州電力事件判決・福岡地判平成3・5・14判時1392号126頁）、この判断はもっぱら議長に委ねられる。動議といえるか不明確なとき、および動議内容が不明確なため議長がその内容の明確化を促したにもかかわらず動議提出権者が明確にしなかったときは、不適法動議として議長は却下する。なお東北電力事件判決（仙台地判平成5・3・24資料版商事109号64頁）は、動議を提出する株主は、株主総会を公正円滑に運営するために、議長が明認できる方法によって適式に提出を求

めなければならないとする。

(2) 株主から会社提出議案の撤回動議があった場合

　株主から議案撤回の動議が出たとき、それが一部撤回を求めるのであれば修正動議の性質を有する場合には修正動議として扱う。全部撤回を求めるのであればその議案全部につき審議することを拒否するもので結局原案反対の意思表明なので動議として扱う必要はない。

(3) 正当な手続に違反して提出された動議の排除

　a　動議を提出すべきでない時期にかかわらず提出された場合

　動議は総会開始（原則として開会宣言のとき）以降いつでも提出できるが、議案の審議に関する動議およびその他の議事進行に関する動議は、当該議案の審議に入ってからに限られる。また、議長は議事整理権に基づき、あらかじめ、審議に入るにあたって、たとえば報告議案の報告終了まで動議の提出を許可しない措置をとることも許される。なお、ここでいう審議とは質疑、応答、討論、意見陳述等であり、これが尽くされたとして審議が終了した後、採決に入る段階での動議提出は許されない。これらに反する時期に提出された動議は、議長が却下することになる。

　b　合理的理由のないことが明白な場合

　議長は、開会宣言後まもないのに休憩を求めたり、特段の理由がないのに議長の交替を求めるなどの動議が提出されても、客観的状況から合理的理由がないことが明白な場合には、これを却下すべきである。

　c　一事不再理の原則に反する場合

　当総会で一度否決された動議が、その後事情の変更がないのにむし返して同一内容の提案がなされたときには、一事不再理の原則（**第 11 Ⅱ 3**〔説明〕(6)〔p.257〕参照）に反するものとして却下すべきである。

　また当該議案が実質的に同一の議案につき株主総会において総株主（当該議案について議決権を行使できない株主は除く）の 10 分の 1 以上の賛成を得られなかった日から 3 年を経過していない場合は、当該議案を提出できず、議長はこれを却下すべきである（会 304 条ただし書）。なお、たとえば「普通株式につき 5 円配当する」という議案のように、会社の経営状況が異なれば同一議案といえない議案もあることから、実質的に同一議案かは慎重な判断を要する。

d　権利の濫用の場合

動議を濫発して総会の正常な進行を著しく阻害し、あるいは不規則発言等、他の多数の株主の権利行使を妨害する場合は権利の濫用であって、議長はこれを却下すべきである。

(4)　総会付議の裁量的動議に対する処置

議長は、提出された動議が総会付議の裁量的動議の場合には、議長の議事進行に関する注意の喚起、提出された動議などの文言・意味、議事手続の不明に対する質問、議長の裁定に対する不服申立て、採決方法の要求などの動議は、真の意味の動議でなく、議長に対する意見や要望、質問であるから、議長自身の判断で正当な理由がなければ却下し、正当な理由があると認めれば自らこれに対応する措置をとれば足りる。その他の動議も、たとえば休憩を求める動議は、休憩にするかしないかは本来議長の決定すべきことであるから同様である（第 11 Ⅲ(2)❶〔p.262〕参照）。

(5)　違法な内容の動議の排除

提出された動議が法令または定款の定めに違反し、あるいは公序良俗に反するものである場合、たとえば、取締役会設置会社において、株主が総会に新たに議題を提案したり（第 11 Ⅲ(1)❶〔p.258〕・(2)❶〔p.262〕参照）、分配可能額を超える剰余金の配当を求める提案をしたり、欠格事由のある取締役候補者の選任を提案した場合、議長はこれを却下しなければならない。

(6)　総会への上程方法

動議が提出されても、セコンド（支持）がなければ会議の正式な議題としないことが会議体の議事運営の一般原則である。国会では参議院がこれにより「すべて動議は一人以上の賛成者を待つて議題とする」（参議院規則 90 条）ことにしているが、衆議院では採用していない。株主総会で株主から動議が提出された場合、議長がこれを①修正議案（議題）として取り上げて直ちに総会に上程するか、②まず修正議案（議題）として取り上げるか否かの決定を総会に付議すべきかにつき争いがあるが、①の審理と②の審理は共通することが多く、議長はいずれの措置をとることも許される。

3　動議の審議方法

〔設　問〕

　　株主総会では、動議をどのように審議するのか。

〔説　明〕
(1)　先議の原則

　動議は、提出の時期（第11 Ⅱ**2**〔説明〕(3) a〔p.254〕参照）に反しないかぎり、他の議案の審議に先立って直ちに審議されなければならない。したがって、議案の審議中に適法な動議が提出されたときは、議案の審議を一時中断して当該動議の審議を行わなければならない。

　しかし修正動議の場合、もともと原案の一部修正であることから原案と修正案を併せて一括審議することができる（一括審議しないと否決しても後で別の修正案が出され非効率な面もある）。このように一括審議を行う場合、議長がその旨を議場に報告すれば足りる。

(2)　複数の動議間の審議の順序

　　イ　2以上の動議が提出された場合、その審議は手続的動議―→実質的動議の順序に従う。

　　ロ　手続的動議間では、議事の運営に関する動議―→議題の審議に関する動議の順序に従う。

　　ハ　その他の議事進行に関する動議間では優先順位がなく、その都度直ちに審議する。

(3)　審議の手続

　実質的動議は、総会の議題・議案の審議と同様に、提案者からの趣旨説明（議事経過からみて明らかな場合は不要）、質疑応答を経て、討論を行ったうえ採決する。

　手続的動議は、実質的動議と異なって議事の客観的手続に関するものであり、出席株主が議事運営の具体的状況を現認しており、動議の内容も明確で特定でき、かつ、きわめて簡単なものがほとんどである。したがって、動議を総会に諮るについては、討議を経ることなく直ちに採決して差し支えない。

国会においても、議事日程変更および追加、質疑終局および討論終局などの動議については、討論を用いないで議院に諮るべきこととされている（衆議院規則112条・142条、参議院規則88条・111条2項・120条2項）。

(4) **採決の順序**

修正動議は原案より先に採決し、修正動議が複数のときは、原案に最も遠いものから先に採決するのが一般原則であるとする説がある。これは衆議院規則145条、参議院規則130条にならったものである。しかし、たとえば書面投票、電子投票で原案が圧倒的多数を制しているときに修正動議を一つひとつ審議する合理性はないのである。もちろん適法な修正動議が提出されたときに原案のみを裁決することは決議取消事由となること（最判昭和58・6・7民集37巻5号517頁）から修正動議を無視することは許されないが、前記のとおり修正動議を原案と一括して審議した場合、議長は原案から先に採決することができる。この場合株主は原案についても修正案についても質疑討論を尽くしたうえ、いずれかを可として選択し、議決権を行使するのであるから、原案について先に採決しても修正案を無視し、あるいは不当に扱ったことにならないからである。ただ実務上はより慎重を期すために、原案先議を議場に諮って承認を得て行うのも一方法である。なお東北電力事件判決（仙台地判平成5・3・24資料版商事109号64頁）は、前記の場合で「議長はいずれも修正動議より先に原案について採決をすることにつき議場に諮ってその承認を得ていることから、議長の議事運営に何ら問題とすべき点はな」いと判示している。

(5) **採決の方法**

動議の採否は、出席株主の議決権の過半数によるのが原則である（会309条1項）。

特別決議事項については、各別に検討する必要がある。たとえば、定款変更の決議が発行済株式の総数の過半数に当たる出席株主の3分の2以上の多数を要する（会309条2項）ことから、定款変更の一部否決の動議は前記の株主の3分の1を超せば足りることになる。

なお、代理人の議決権行使および議決権行使書面、電子投票の取扱いについては、別に後出**第11 Ⅳ 1**〔p.267〕で説明する。

(6) **一事不再理**

以上により審議され採決された動議については、事情の変更がないかぎり、同一内容の動議が再度提出されても、総会はこれを審議する必要がない。

Ⅲ 各種の動議の取扱い

【1】 実質的動議

1 各種の議案に対する実質的動議（修正動議）の許容範囲

〔設　問〕

次の各議案に対して、どこまでの修正動議が許されるか。
① 取締役および監査役の選任
② 取締役、監査役報酬の改定、賞与および退職慰労金の支給
③ 計算書類の承認
④ 剰余金の配当
⑤ 募集株式の有利発行
⑥ 定款の変更
⑦ 合併契約書の承認

〔結　論〕

1　議題として人数のみを表示したときは、人数を増員する動議は許されず、減員する動議、表示された候補者以外を推薦する動議は許される。
2　増額動議は許されず、減額する動議は許される。
3　会計監査人、監査役（監査役会）の適法意見が付されたものについては修正動議は許されない。
4　減額動議、増額動議のいずれも許される。
5　有利内容を第三者に、より有利な内容に変更する動議は許されない。
6　新旧内容が員数等の増減等であればその枠内での修正動議は許されるが、対立関係にある場合は許されない。

7　一切の修正動議が許されない。

〔説　明〕
　実質的動議（修正動議）については、株主の議決権行使の機会を保障するという観点から、原案に修正を加えることのできる許容範囲がある。すなわち株主は、招集通知および株主総会参考書類（会301条、施65条、会298条1項3号・2項参照）に記載された議題と議案についてのみ決議できることから、その記載を見たうえで、提案された事項に賛否の意見を決め、総会に出席するかどうかを決定し、あるいは書面または電磁的方法による議決権を行使するので、招集通知および株主総会参考書類の記載によって審理されると考えられる内容から株主がまったく予見しえないような修正案が株主総会に提出されることは、株主にとって不測の事態であり、株主の予想と期待に反することから許されない。
　したがって、修正動議は招集通知および株主総会参考書類の記載内容から株主が一般に予見しうる範囲においてのみ提出できるという修正の許容範囲があり、この許容範囲を超える修正動議は不適法として却下される。
　これについて株主が株主にとって不利に議案を修正する動議を提出することは、一般に予想できないことから許されない。②の問題はその例である。
　そこで、総会を招集した代表取締役も総会に出席した株主も、提案された事項について、その内容を別個の議題・議案に変更したり（たとえば、取締役増員の件を取締役解任の件に変更すること）、追加したり（たとえば、剰余金の配当のみが議題となっている総会で取締役全員の重任を決議したり定款変更を決議したりすること）するような修正案の提出は許されないが、縮小するような修正は提案事項の一部否決であるから許されるし（たとえば、取締役8名選任の件を7名選任の件に変更すること。逆に7名選任の件に対して8名を選任する修正動議は、結局1名選任の議題を追加することになり許されない。同様に、取締役の報酬を1,000万円とする議題について、これを800万円とすることは許されるが、1,200万円とすることは許されない）、提案事項から一般的に予見できる範囲内の修正であれば認められる（たとえば、判例は「会社事業の存廃に関する重要事項決議の件」で会社の解散を決議したことを認容している）。
　なお、議案の全部撤回を求める動議の提出は、議案に対する反対意見とし

て取り扱えば足りる。
　以下、各種の議案ごとに個別に検討する。
(1)　取締役および監査役の選任

　取締役および監査役は、株主総会の決議によって選任する（会329条1項）。たとえば、取締役の選任議案であれば、「取締役3名選任の件」という議題について「候補者ABCを取締役に選任する」という議案が提出される。

　この原案に対し、「取締役6名選任の件」とする修正動議は、「取締役3名選任の件」という議題を追加するものとして許されない。しかし、「候補者DEFの3名を取締役に選任する」という修正動議であれば、株主総会参考書類に候補者の氏名、略歴等記載し送付したとしても議場において候補者として誰を推薦するかは会社、株主いずれからであれ本来自由なはずであるから（したがって一般に予想できる）許される（河村＝山上203頁）（ただし反対説ある。法務省民事局第四課長監修「実務相談室——株主総会の招集通知発送後に監査役候補者が死亡した場合の措置」商事1007号（1984）94頁）。また、「候補者ABの2名のみを取締役に選任する」という修正動議も、候補者Cの選任に対する反対意見と扱えば足りるので許される。これに対し、「Aを取締役として選任する件」でAをBに変更することは、議題の同一性を失うもので許されない（河村＝山上202頁）。

(2)　取締役、監査役報酬の改定、賞与および退職慰労金の支給

　取締役の報酬、賞与その他の職務執行の対価として株式会社から受ける財産上の利益（報酬等）については、定款に定めていないときは株主総会の決議によって定める。報酬等のうち額が確定しているものについてはその額を、額が確定していないものについてはその具体的な算定方法を、金銭でないものについてはその具体的な内容を、それぞれ株主総会の決議によって定める（会361条1項1号～3号）。

　取締役の報酬額について取締役全員の報酬の総額（最高限度額）を株主総会で決議し、各取締役に対する配分は取締役会に委ねることができることは判例（最判昭和60・3・26判時1159号150頁）の示すところであるが、取締役（監査役）の報酬として招集通知および株主総会参考書類に記載された額は一般にその最高額、上限を定めたものであるので、報酬金額を改定する議案に対しこれを減額する修正動議は許されるが、増額する修正動議は株主に

不利益な修正として予見しえないことから許されない。この点賞与についても同様である。退任取締役（監査役）への退職慰労金については、会社があらかじめ定めた支給基準に則って具体的な支給金額・支給期日・支給方法等を決定することを取締役会（監査役会）に一任する旨の議案を株主総会で決議するのが一般であるが、支給金額を招集通知、株主総会参考書類に明示したときは報酬と同様、支給金額を減額する修正動議は許されるが、増額する修正動議は許されない。

(3) **計算書類の承認**

会計監査人設置会社において取締役会の承認を受けた計算書類について会計監査人、監査役（監査役会）の適法意見が付されたものは、これにより確定したことから（会439条、計135条）、その内容、項目の変更は許されない。これに反し、会計監査人設置会社以外の会社および監査役等の適法意見が付されなかった場合は、計算書類は総会の承認を経て確定するものであるから（会438条2項）、その修正議案の内容が株主にとって予見しうる範囲内のものであれば許される。

(4) **剰余金の配当**

剰余金の配当は、株主総会の決議によって行う（会454条1項）。たとえば、「剰余金配当の件」という議題について「普通株式1株につき5円を配当する」という議案が提出される。

この原案に対し、修正動議で配当額を増額することはもとより、配当額を減額することも許される。株主が株主にとって有利に議案を修正する動議を提出すること（増額動議）や株主が会社にとって有利に議案を修正する動議を提出すること（減額動議）は一般に予見できるからである（なお減額動議は認めるが増額動議は認めないとする反対説はある）。

(5) **募集株式の有利発行**

公開会社であっても、募集株式の払込金額が募集株式を引き受ける者に特に有利な金額である場合には、募集事項の決定は株主総会の特別決議によらなければならない（会201条1項・199条3項・2項・309条2項5号）。

募集株式の有利発行の議案に対し、払込金額を増額する修正動議は許されるが、減額する修正動議は株主にとって不利に議案を修正することになり予見できないことから許されない。

(6) 定款の変更

　定款変更の場合は、現行定款規定内容とこれに対応する改正案規定内容を対比して表示するのが一般であるが、その新旧定款内容に員数等増減があるとき（たとえば取締役員数の上限の増加、数種の役付取締役の新設の場合等）は、その枠内（たとえば取締役員数の上限を5名から7名にする定款変更原案に対し6名を上限とする動議）での縮小、修正は許される。これに対し、旧規定と新規定が対立的な場合（本社を大阪府から東京都へ移す場合等）の場合には択一関係にあり修正動議は認められない（修正内容が原案から著しくかけ離れていない時は、株主の予想しうる範囲として動議堤出を認める説もある）。

(7) 合併契約書の承認

　合併当事会社（消滅株式会社および存続株式会社）は、効力発生日の前日までに、株主総会の決議によって、合併契約書の承認を受けなければならない（会783条1項・795条1項・804条1項）。

　合併当事会社間で合併契約を締結した時点で、合併契約書の内容はすでに確定しているので、株主総会においてその修正は許されず、合併契約書の承認議案に対しては一切の修正動議が許されない。

【2】　手続的動議

1　総会の延期・休憩・議長不信任など手続的動議に対する取扱い

〔設　問〕

　次の動議が提出された場合、どのように取り扱えばよいか。
　① 総会の延期・続行の動議
　② 休憩を求める動議
　③ 議長不信任の動議
　④ 総会提出資料等調査者の選任を求める動議
　⑤ 会計監査人の出席を求める動議
　⑥ 質疑打切り（討議打切り）の動議

〔結　論〕
1　イ　議長は、開会宣言後に延期（総会の招集通知に記載された議題の審議に入らず総会を後日に延期すること）の動議が提出された場合は、原則として総会に諮り、その決議をもって決するべきである（会317条）。ただし、適法かつ正常な審議をなすことができ、延期する合理的理由が明らかに認められない場合は、動議を却下し、議事に入って差し支えない。
　　ロ　続行（議題の審議に入ったが審議が終わらないまま総会を後日に継続すること）の動議についても、議長は総会に諮り、その決議をもって決するのが原則である（会317条）。しかし、株主の説明請求や討議の内容、取締役等の説明の状況、審議の経緯とこれに要した時間などからみて、全議題について決議をなすに熟していると認められる客観的状況にあると認めるときは、動議を取り上げないで質疑・討議を打ち切り、議題の決議に移行し、議事を終了させて差し支えないと解する。
2　休憩動議については、議長において休憩が相当であるかどうかを判断し、必要を認めないときは、動議を採用しないで議事を進行して差し支えない。
　　イ　なお、議長が総会の議事を円滑に進める目的で念のため総会に諮り、休憩の是非を採決することは差し支えない。
　　ロ　休憩の時期と時間
　　　a　一般に、株主の質問と取締役の説明を経て2～3時間で終了する総会においては、議場の混乱など特段の事情のないかぎり、休憩の必要性はない。
　　　b　朝から開始された総会の審議が長時間を要し、一般の昼食時間帯を過ぎてもなお審議に長時間を要することが見込まれる場合は、昼食のため20～30分程度の休憩を宣告することは相当である。ただし、一部の特定株主が議案の理解に必要な合理的範囲を超えて執拗に質問を繰り返しているため長時間を要した場合などは、休憩せず、むしろ質疑を打ち切ることが相当な場合もある。
　　　c　食事以外の目的のための休憩（トイレや長時間経過したための暫時休憩など）をとる場合は、休憩時間は数分をとれば足りる。
3　イ　議長不信任の動議については、議長は総会に諮り、その決議をもっ

て決する。
　議長は、動議の審議・採決に際し、交替することは法律上必要はない（第7**3**〔p.88〕参照）。

　　ロ　動議が可決された場合の取扱い
　　　a　定款で「議長に事故ある場合」（または「議長に差し支えある場合」）に関する議長就任者の順序が定められている場合は、議長不信任動議の可決は前記の「議長に事故ある場合」等に該当し（高松地判昭和38・12・24下民集14巻12号2615頁参照）、以後の審議に関する議長は、前記の定款の定めに従って就任する。ただし、当該定款の定めによらず、総会で次順位者以外の者を選任してもよい。
　　　b　定款に前記の定めがない場合は、改めて総会の決議をもって従前の議長以外の者の中から議長を選任しなければならない（会議の一般原則）。
4　総会提出資料等調査者の選任（会316条1項）、会計監査人の出席を求める動議（会398条2項）についても、議長は原則として総会に諮り、その決議をもって決する。なお会計監査人の総会出席を求める動議は監査役の監査報告後求めれば足りることから、議長が総会の冒頭において前記動議の提出を受理しなかったことをもって、不公正があったとはいえない（九州電力事件・福岡地判平成3・5・14資料版商事87号69頁）。
5　質疑打切り（討議打切り）の動議が提出された場合
　　イ　議長は、従前の株主の説明請求や討議の内容、取締役等の説明の状況、その他審議の経緯、経過した時間などから考えて、報告事項に関する質疑打ち切り動議は通常人が報告事項について十分理解したと認められるかどうか、また決議事項に関する質疑打切り動議は議題について決議をなすに熟していると認められる客観的状況にあると認められるかどうかを判断し、そのような客観的状況にあるとはいえないと判断した場合は、動議を取り上げることなく議事を進行して差し支えない。
　　ロ　議長がイに述べたような客観的状況にあると判断した場合は、議長権限で質疑・討議を打ち切り、決議事項の審議（報告事項の質疑打切り）または議題の決議（決議事項の質疑打切り）に移行して差し支えな

い。これは動議の提出いかんにかかわらず、議長においてなしうることである（仮に発言希望者がいても質疑を打ち切れる）。

ハ　議長より、議事運営をスムーズにするため、質疑打切りの是非を総会に諮って採決することは差し支えない。ただし、適法かつ必要な説明請求が残っているなど、決議をなすに熟していると認められる客観的状況にあるとはいえないにもかかわらず、総会が質疑打切りの動議を可決しても、議長はこれに拘束されないと解するべきである。ただ多くの場合、質疑打切り動議が可決されたときは多くの株主が決議するに熟したまたは報告事項の内容を理解したと認めており、その客観性は高いということはできる。しかし議長が漫然総会の決議に従って、残っている説明請求を取り上げないで議題の採決に移行した場合は、決議取消しの原因となる場合があると解される。なお報告事項については違法であるが決議取消しの問題は生じない。

6　以上のような手続的動議については、これを総会に諮って採決するに際し、討議を経る必要は原則としてない。すなわち議長は、動議を総会に諮るに際し、討議を経ることなく直ちに採決に付して差し支えない。

〔説　明〕

(1)　手続的動議は、議題、議案の内容そのものに関するものではなく、総会の運営や議事進行の手続面に関するものである。手続が適法であるかどうかは、法の趣旨に照らし客観的に決せられる問題であり、一般に多数決をもって決しうる事柄ではない。

　たとえば一定の時間に質疑（討議）を打ち切って議題の決議に移行するのが正当かどうかは、総会の権限の範囲、株主の説明請求権ないし取締役等の説明義務の限度その他法制度の趣旨に照らし具体的状況の下において客観的に決せられるべき問題であって、株主の説明請求の内容、取締役等の説明の状況その他審議の経緯、経過した時間などから考えて、議題について決議をなすに熟していると認められる客観的状況にあると認められる場合は、総会は議長の議事進行の処理に協力すべきであろう（このような状況の下においても、質疑打切りの動議を議長が念のため総会に諮ることはもとより差し支えない。なお、総会がこれを否決した場合、議長としては法律上これに拘束される必要は

ないが、総会の意思を尊重し、引き続き暫時質疑を続けるのが実際上は妥当であろう）。

　これに対し、適法かつ必要な説明請求が残っているなど議題の決議をなすに熟しているとは客観的に認めることができない状況である場合は、たとえ総会が質疑打切りを決議したとしても、適法な決議手続となるわけではない。なお、株主総会の権限の範囲、説明請求権および説明義務の限度などから考えると、株主総会に要する合理的時間は社会通念上２時間ないし３時間と考えられ、特段の重大問題がなく、説明請求も提出された議案の合理的理解のための範囲で行われている通常の総会の場合は、質疑打切りの相当性も、経過時間の観点を１つの標準となしうると思われる（第７ **7**〔p.93〕・**8**〔p.94〕参照）。

(2)　議長は総会の秩序を維持し議事を整理する権限と職責を有しており（会315条１項）、総会が適法に運営されるように前記の権限を適正に行使しなければならない。したがって、総会の手続の適法要件たる事実の存否は、第一次的には議長が判断すべき事柄であると考えられる。

　したがって、手続的動議は、一般的には議長の議事整理権限の行使を促す提案であると考えられる（特に休憩などは純然たる議事の進行手続の問題であるから、議長に広く裁量権が認められる問題であろう）（〔結論〕２参照）。議長は議事運営を円滑にするため、動議を総会に諮り総会の意思の表明を求めることはもとより差し支えない。しかし、議長が総会の決議に従って手続を処理した場合も、そのことによって当該手続が適法となるのではなく、手続の適法性は最終的には裁判所の司法判断に服するものである。

(3)　ただし、手続的動議のうち、延期・続行、総会提出資料等調査者の選任、会計監査人の出席・説明の要求、および議長不信任は、総会の専決事項である（会317条・316条１項・398条２項）。したがって、これらの事項は議長かぎりで決することはできず、これらを求める動議については、議長は総会の決議を経なければならない。ただ、延期・続行、および議長不信任は、議事の純然たる進行手続に関する問題であるから、動議を取り上げるべきか否かにつき議長に一定の裁量権があると解するべきであろう（〔結論〕１参照。議長不信任については第11 **Ⅱ2**〔説明〕(3) b〔p.254〕参照）。

(4)　手続的動議を総会に諮るについては、討議を経ることなく直ちに採決に

付して差し支えない。この点については、**第 11 Ⅱ 3〔説明〕**(3)のうち手続的動議の審議の手続の説明〔p.256〕を参照されたい。

Ⅳ　委任状・議決権行使書面、電子投票の取扱い

1　動議に関する代理人の議決権行使の可否と議決権行使書面、電子投票の取扱い

〔設　問〕

① 　株主の代理人として総会に出席した者は、動議について議決権を行使できるか。
② 　議決権行使書面、電子投票は、動議の議決につきどのように取り扱うべきか。

〔結　論〕
1　代理人の議決権行使
　イ　株主が会社に堤出した委任状の委任事項の記載が、議案のみでなく、動議についての議決権行使（白紙委任を含む）も含むことが明記されている場合
　　→代理人は動議についても委任の趣旨に従って議決権を行使することができる。
　ロ　白紙委任状を所持する代理人
　　→議案に関するほか、一切の動議の決議につきその判断により議決権を行使することができる。議案に対する賛否の記載をなす形式の委任状であっても、賛否の表示欄に記入がなされていない場合は、白紙委任状と解されている。
　ハ　議案に関する賛否の記載のみがなされ、その余の事項についての記載がなされていない委任状の場合

→これを所持する代理人は、動議についても議決権を行使することができると解される。この場合、代理人は議事の具体的状況に照らし、株主の議案に対する賛否の趣旨に従い善良な管理者としての注意をもって議決権を行使しなければならない。

　ただし、このような決議事項に関する委任状の場合、たとえば会計監査人設置会社の計算書類の報告のような報告事項に関して会計監査人の出席要求の動議（会398条2項）が提出された場合、このような動議の議決にも代理人の権限が及ぶと解することには疑問がある。

２　議決権行使書面、電子投票の取扱い
　イ　実質的動議（議案の修正案）については、
　　　a　原案賛成の書面、電子投票による議決権数は修正動議に反対として、
　　　b　原案に反対の書面、電子投票は修正動議の議決については棄権として、
　　それぞれ取り扱う。
　ロ　手続的動議については、議決権行使書面、電子投票の効力は及ばない。したがって、書面投票、電子投票にかかる議決権数は、動議の議決については出席株主数に算入されない。

〔説　明〕
(1)　代理人の権限

　株主は、代理人をもって議決権を行使することができる（会310条1項）。このように議決権代理行使の委任を受けて総会に出席する代理人は、議題についての議決権行使のみならず、総会場において質問をなし、動議を提出するなど、株主本人と同様の総会参与権（第11 I **1**〔説明〕(1)〔p.249〕参照）を有している（田中・講座(3) 878頁〔大森忠夫〕）。

　このように、代理人の権限は広く総会参与権一般に及ぶのであるが、代理人の権限の具体的範囲は株主本人の授権行為によって定められる。特に議決権代理行使の委任は書面行為と解されており（会310条1項、田中・講座(3) 924頁〔大森〕）、代理人の権限の範囲は委任状の記載内容を基準とし、株主の合理的意思を勘案して決定するべきである。

　白紙委任状や委任事項の範囲が動議の議決にも及ぶことが明記されている

場合（〔結論〕1イ、ロ）は問題はないが、議案に対する賛否のみが記載された委任状（〔結論〕1ハ）については多少問題が残る。しかし、代理人は委任の趣旨に従い善良な管理者の注意義務をもって委任事務を処理する権限と義務を有しており（民644条。なお商505条参照）、委任状に明記された議題に直接関係する実質的動議のみならず、議題の議決に至る議事の手続に関する動議についても委任の趣旨に従って議決権を行使する権限および義務を有していると解するべきであり、そのように解することが当事者の合理的意思に合致する（大隅＝今井67頁、反対、商事法務研究会編『株主総会ハンドブック』（商事法務研究会、1975）457頁〔大住達雄〕）。ただし、このような決議事項に関する賛否のみが記載された委任状の場合、報告事項に関する動議の議決についても代理人の権限が及ぶと解することには疑問があろう（〔結論〕1ハ参照）。

(2) **代理人の善管注意義務**

代理人が動議について議決権を行使するについては、株主の委任の趣旨に従い善良な管理者としての注意義務をもって議決権を行使しなければならない。この点は、手続的動議に対する議決権行使について特に問題となる。たとえば、質疑打切りや続行の動議については、代理人としては、審議が十分に行われ議題の決議をなすに熟していると認められる客観的状況にあると認められるかどうかを自ら判断し、当該状況における株主の合理的意思を斟酌して、動議に対する賛否もしくは棄権の是非を決定することになる。すなわち、審議が十分に行われ決議をなすに熟していると社会通念上認められるような場合には、代理人としては、株主の合理的な意思に従って質疑打切りに賛成し、続行に反対するのが通常であろう。もっとも、同様の場合に、代理人が質疑打切りに反対し、あるいは続行に賛成したとしても、株主と代理人との間の関係はともかく、会社としては、当該代理人による議決権行使を正当な議決権の行使ではないと判断することは困難であろう。

(3) **議決権行使書面の取扱い**

議決権行使書面は、議案そのものに関する賛否もしくは棄権が記載される（施66条1項1号）。したがって、議案自体に関する実質的動議の議決については、論理上〔結論〕2イで述べたように議決権行使書面の効力が及ぶものと解される（稲葉・改正168頁）。これに対し、手続的動議については、議決

権行使書面には何らの記載もなく、また代理行使の場合と異なり、株主自身はもとよりその代理人も総会に現実に出席せず、議事の具体的な経過を現認していない。したがって、議決権行使書面の効力は手続的動議の議決には及ばないと解さざるをえない（竹内昭夫『改正会社法解説〔新版〕』（有斐閣、1983）123頁、稲葉・改正166・168頁）。

　なお、会社側としては、書面投票用紙に、議案に対する賛否とともに、手続的動議については、たとえば議長の判断に従って議決権を行使する旨を併記したり、会社に協力的な大株主から議案について賛成を表示した議決権行使書面とともに手続的動議に関する白紙委任状の交付を受けることにより、これらの動議に対処する方法が考えられる（稲葉威雄ほか「改正会社法セミナー（第18回）」ジュリ793号（1983）95頁以下参照）。前者の取扱いは、議決権行使内容が客観的に確定しない書面投票を認める点で妥当でない。後者の取扱いは、書面投票は株主本人も代理人も出席しない場合に認められること（会298条1項3号）から消極説があるが、手続的動議は議決権行使書面による議決権行使の範囲外の事項であるから、このような取扱いが違法であるとはいえないであろう。会社サイドとして手続的動議に対処する方策としては、会社に協力的な大株主に現実の出席を求め、あるいはこれらの株主から議決権行使書面に代えて議決権行使内容を包括的に記載した委任状（次頁の書式例参照）の提出を受けることが考えられる（稲葉・改正169頁）。なお、会社がこれら一部の大株主にこのような委任状の勧誘行為をなすことは、金商法194条、金商令36条の2以下に抵触するおそれがある。しかし、大株主が自分で代理人を選任するということは自由にできるわけであるから、その代理人の選任ないし代理権の授与を会社が頼んでやってもらうこと、あるいは会社が大株主に対し個別的に代理人をあっせんすること、および委任状の様式を参考のため提示することなどは差し支えないと解される（稲葉威雄ほか「改正商法下の株主総会（下）」ジュリ770号（1982）117頁〔稲葉発言〕参照）。

　包括委任状のひな形を示すと、次のとおりである。

委 任 状

当社は、　　　　　　　　を代理人と定め、下記の事項を委任します。

記

　平成○年○月○日開催の東京都○○区○○町○○丁目○番○号×××株式会社第○回定時株主総会（その延会および継続会を含む）に出席し、意見を述べ、質問をなし、動議を提出し、(1)ないし(3)に従い第1号議案ないし第○号議案およびすべての動議に関し議決権を行使し、復代理人を選任すること。
(1)　会議の目的である第1号ないし第○号のすべての議案につき、原案に賛成すること
(2)　会社提案の原案に修正案が提出された場合は、(1)の趣旨に反しないこと
(3)　総会の議事運営に関する動議が堤出された場合は、議長に協力すること

　　　　　　　　　　　　　　　平成○年○月○日
　　　　　　　　　　　　　　　東京都××区××町○丁目○番○号
　　　　　　　　　　　　　　　×××株式会社
　　　　　　　　　　　　　　　代表取締役　× × × ×　㊞
　　　　　　　　　　　　　　　（議決権を有する株式数　　○○株）
　　　　　　　　　　　　　　　（所有する株式数　　　　　○○株）

第12 議決権と採決方法

I　議決権行使

1　総会への「出席」と「議決権行使」の関係

〔設　問〕

　リアル株主総会において、事前に書面投票または電子投票により議決権を行使した後、株主または代理人が総会に出席した場合、事前の議決権行使はどのように扱われるか。株主または代理人が総会を傍聴した場合はどうか。バーチャル株主総会において、会社が提供する株主総会用のウェブサイトにログインした場合はどうか。

〔結　論〕

　株主または代理人が総会に出席した場合、事前の議決権行使は無効となるが、傍聴したに過ぎない場合は効力が維持される。バーチャル株主総会（参加型を除く）においては、ログイン時に出席したものと扱い、事前行使分を無効とすることもできるが、議決権行使した場合に限り出席したものと扱うこともできる。ただし、いずれの取扱いとするかについて、あらかじめ招集通知等で株主に知らせるべきである。他方、参加型のバーチャル株主総会ではログインをしても出席したことにはならないため、事前行使分の効力は維持される。

〔説　明〕
(1)　書面投票および電子投票は、総会に出席しない株主が利用するものであるため（会298条1項3号・4号参照）、書面投票または電子投票をした後に株主または代理人がリアル株主総会に「出席」した場合には、書面投票・電子投票は効力を失うと解されている（会社法コンメ(7)210頁、224頁〔松中学〕）。

　そして、リアル株主総会では、実務上、受付を通過した段階で、すなわち、総会会場に入場した段階で「出席」したものと扱われるから、事前に書面投票・電子投票をしていた場合には、その時点でそれらは無効になる。

　他方、総会会場への入場が単なる傍聴である場合には、総会に「出席」したことにはならないから、事前の書面投票・電子投票の効力は維持されることになる。事前に書面投票をした法人株主の使用人が総会会場に入場した場合において、当該使用人が議決権行使の権限を授与されておらず、会社においても当該使用人が事前の書面投票と異なる内容で議決権を行使する意思を有していないことが明らかであるような状況においては、事前の書面投票は無効にならないとした裁判例があるが（アドバネクス事件・東京高判令和元・10・17金判1582号30頁）、これは、当該使用人は傍聴しているに過ぎず、総会に「出席」したものではないと評価されたものといえる。

(2)　前記の考え方を、バーチャル株主総会（参加型を除く。以下(2)において同じ）に当てはめると、ログイン時に「出席」したものとして、その時点で事前の書面投票・電子投票が無効になるという取扱いも可能であると解される。

　もっとも、バーチャル株主総会は、リアル株主総会に比して移動による時間とコストがかからず、途中参加や途中退席の可能性も相対的に高いため、ログインをもって「出席」とカウントし、それと同時に事前の書面投票・電子投票の効力が失われるとすると、無効票が増えることになり、株主意思を正確に反映しない可能性がある。

　そこで、株主意思の尊重という観点から、リアル株主総会の実務とは異なる取扱いも許容され、ログイン時には出席したものと扱わず、当日の採決のタイミングで新たな議決権行使があった場合に限り、事前の書面投票・電子投票の効力が失われるという取扱いも可能であるとする考え方が有力に主張されている（経済産業省「ハイブリッド型バーチャル株主総会の実施ガイド」

（2020 年 2 月 26 日）18 頁）。

　これは、株主総会の議事を審議と決議に分けて理解し、会社法 298 条 1 項 3 号・4 号にいう「株主総会に出席しない」とは、「決議に出席しない」ことを意味すると考えることにより、株主が審議の時間中にログインしたものの、議決権行使をしなかった場合には、当該株主は、同項 3 号・4 号にいう「株主総会に出席しない株主」に該当するものとして、事前の書面投票・電子投票を有効であると取り扱うという考え方である（同 19 頁）。

　したがって、この見解によれば、ログイン時には「出席」と扱われず、当日の採決のタイミングで新たな議決権行使があった場合に「出席」と扱われることとなる。

　このように、バーチャル株主総会においては、ログイン時に出席と扱うことも、ログイン時には出席と扱わず、実際の議決権行使があった場合に出席と扱うこともできると解される（実務では、出席型のバーチャル株主総会において、ログイン時に出席と扱う例も、議決権行使があった場合に出席と扱う例も両方とも存在する。経済産業省「ハイブリッド型バーチャル株主総会の実施ガイド（別冊）実施事例集」（2021 年 2 月 3 日）26 頁〜27 頁参照）。

　ただ、そうすると、バーチャル株主総会において、いつの時点で事前の書面投票・電子投票が無効となるのかについて株主が理解できず、混乱を来す可能性も否定できないため、どのような取扱いとするかについては、あらかじめ招集通知等で株主に通知すべきであろう。

(3)　これに対し、参加型のバーチャル株主総会においては、議決権行使等を行えるわけではないため、「出席」とは扱われない。

　したがって、ログインをしても出席にはならないから、事前の書面投票・電子投票は、引き続き有効になると解される。

(4)　以上を要するに、リアル株主総会でもバーチャル株主総会でも、総会に「出席」した段階で事前の書面投票・電子投票が無効になるという結論自体は同じである。

　しかし、リアル株主総会では、実務上、受付を通過した段階（総会会場に入場した段階）で「出席」と扱われるのに対し、バーチャル株主総会における有力な見解を採用した場合、ログイン時ではなく、新たに議決権を行使してはじめて「出席」したものと扱われることになるため、いわば、バーチャ

ル株主総会のほうが「出席」と扱われるタイミングが遅いということになる。

ところで、上述のアドバネクス事件では、法人株主の使用人が総会会場へ入場したのは「出席」ではなく傍聴と評価された一方で、関西スーパー事件（大阪高決令和3・12・7 資料版商事 454 号 114 頁。最決令和3・12・14 資料版商事 454 号 106 頁は抗告審の判断を結論において是認）では、法人株主の代表取締役の総会会場への入場が「出席」であると評価されている。

このように、司法の場でも、総会会場への入場が「出席」か傍聴かが争われ、かつ、判断が分かれることがありうる。

そのため、前記裁判例やバーチャル株主総会の取扱いを契機に、総会への「出席」とは何なのか、いかなる場合に「出席」したことになるのか、その概念や意義が改めて議論されている。

このような中、近時、リアル株主総会においても、総会会場に入場した段階で「出席」と扱うのではなく、現実に総会会場で議決権を行使した時点を「出席」と扱う見解も有力に主張されはじめている（弥永真生「判批」ビジネス法務 20 巻 2 号（2020）66 頁、同「判批」ジュリ 1543 号（2020）3 頁、北村雅史「事前の議決権行使と株主総会への『出席』の意味──東京高判令和元年 10 月 17 日を手がかりとして」商事 2231 号（2020）9 頁）。これらの見解は、事前の書面投票・電子投票により示された株主の意思をなるべく無効としないよう、リアル株主総会でも、「出席」を厳格に捉えるものとであるといえる。

これらの見解によれば、いわば議案ごとに「出席」を考えてよいということになり、ある議案については「出席」して議決権を行使しつつ、他の議案では、欠席して議決権を行使しない、ということも認められることになろう。こうした取扱いができるとすれば、株主にとっては、ある議案について、賛成・反対・棄権のいずれでもない中立の意見を表明すること（総会に出席しつつも、当該議案との関係では「欠席」と扱われる）ができるようになる。こうした取扱いも合理的な基準として採用可能と解される。

ただ、いずれにせよ、アドバネクス事件や関西スーパー事件などをみると、そもそも、前記のような、総会への「出席」と「議決権行使」の関係について、株主に十分に周知されているとは言い難いうえ、前記のように、いかなる時点で「出席」と扱われるかについて議論がなされている現状を踏まえれば、「出席」と「議決権行使」の関係について、あらかじめ招集通知等で丁

寧に株主に知らせるとともに、賛否が拮抗しているような株主総会においては、議長から丁寧に説明されることが望ましいといえる。

2 議決権電子行使

〔設　問〕

> 議決権の電子行使にかかるウェブサイトにシステム障害が発生し、一時、電磁的方法による議決権行使が不可能となった場合、株主総会の決議取消事由になるか。

〔結　論〕

株主総会の決議取消事由になる。ただし、状況により、裁量棄却の余地はある。

〔説　明〕

(1) 会社が、株主総会の招集決定において、株主総会に出席しない株主が電磁的方法によって議決権を行使することができることとする旨を定めた場合で、システムの障害等により、株主が一時的に電磁的方法による議決権行使ができなくなった場合には、決議の方法が法令に違反するものとして株主総会の決議取消事由になる（会831条1項1号）。もっとも、裁判所は、その違反する事実が重大でなく、かつ、決議に影響を及ぼさないものであると認めるときは、株主総会決議の取消訴訟を棄却することができる（会831条2項。裁量棄却）。

(2) 会社は、議決権を有する株主の数が1,000人以上である場合には、上場会社においていわゆる委任状方式による議決権行使を認める場合でない限り、書面による議決権行使を認める必要がある（会298条2項）。したがって、電磁的方法による議決権行使を一時的に行うことができなくなった場合でも、かかる場合には、株主総会に出席しない株主においても、株主は書面による議決権行使が可能である。また、株主は株主総会当日に参加することができ、他の者に代理行使を依頼することも可能である。したがって、株主が議決権行使をすることが不可能になるものではなく、電磁的方法による議決権行使

が一時的に不可能になった場合に、常に「違反する事実が重大」であると解する必要はない。

(3) もっとも、電磁的方法による議決権行使が不可能となった時期や時間帯、期間の長短、実際にどの程度の株主が電磁的方法による議決権行使が不可能となったかについて、最終的な議決権行使の比率も勘案し、決議の結果に影響したといえる場合には、裁量棄却することができないというべきである。

(4) 近時、上場会社においては、電磁的方法による議決権行使を選択する株主が増加しており、電磁的方法による議決権行使が不可能となることの影響は相応に大きい。電磁的方法による議決権行使ができない期間が長期にわたり、あるいは、株主総会開催日の直前に電磁的方法による議決権行使ができなくなった場合には、実際上は、一部の株主が議決権行使を行う機会が奪われてしまう可能性も否定しきれない。他方で、多くの株主が議決権行使を行う時間帯ではない夜間（深夜）等に短時間の間行使することができなくなった程度であれば、株主の議決権行使の機会は実質的には奪われていないといえる。

(5) また、会社においては、電磁的方法による議決権行使が不可能であることを電磁的方法による議決権行使を認めるウェブサイトその他会社のウェブサイトにおいて適切に周知し、書面による議決権行使や委任状による議決権行使を行うよう株主に誘導することも可能である。そのような適切な措置が講じられており、決議の結果にも影響がないといいうる状況である場合には、裁量棄却が認められると考えられる。

3　買収防衛策と株主総会決議

〔設　問〕

　買収防衛策を導入・発動するためには、どのような方法をとればよいのか。

〔結　論〕

　事前警告型の買収防衛策は、株主総会決議に基づいて導入し、取締役会決

議により発動をする。

　有事導入型の買収防衛策は、取締役会決議に基づいて導入・発動し、株主の意思を確認するために株主総会決議を得る。

〔説　明〕

(1)　発行した株式や新株予約権の買集め等の買収行為に対する企業の防衛手段としては、安定株主確保（政策保有株式）の他、近時、買収防衛策として、差別的な行使条件・取得条項付の新株予約権の無償割当等を利用した買収防衛策が用いられるケースが多い。

(2)　買収防衛策には、事前警告型と有事導入型の買収防衛策がある。

　事前警告型（平時導入型とも呼ばれる）の買収防衛策は、事前に大規模な買付行為をする場合には買付者に対して一定の手順を遵守するよう公表し、同手順を遵守しないような場合には、対抗措置をとることを警告するものである。事前警告型は、買収者に当該買収行為についての情報を開示させ、対象会社が買収者の買収が適当であるか否かについて検討する時間や買収者との交渉の機会を確保することによって、企業価値や株主共同の利益を毀損するような買収を抑止する効果を有する。

　これに対し、有事導入型は、大量買付者の出現など買収行為が判明した後、買収者を特定したうえで、買収防衛策を導入することを内容とする。

(3)　事前警告型の買収防衛策は、株主総会決議に基づいて導入し、買収防衛策に基づく対抗措置の発動は取締役会決議に基づいて実施される。

　機関投資家の議決権行使基準等により、事前警告型の買収防衛策の導入が困難な会社も多く存在する。このような事前警告型の買収防衛策を導入していない、またはできない会社において、急速な大量の株式の買付けがなされた場合、有事導入型の買収防衛策の導入を検討することになる。

　この有事導入型の買収防衛策では、取締役会決議に基づいて買収防衛策の導入・発動をするが、その是非を問う株主総会（株主意思確認総会）での承認決議を行う。なお、承認決議が否決された場合は、買収防衛策の発動を撤回することが一般的である。

(4)　有事導入型の買収防衛策において、取締役会決議のみによる買収防衛策の導入と差別的行使条件付（大量買付者およびその関係者は新株予約権を行

使することができず、会社はその新株予約権を有償取得できる条件が付された）新株予約権の発行（対抗措置の発動）につき、裁判所が同新株予約権の発行を差し止めることを認めた下級審（仮処分）の決定がある（東京高決令和3年4月23日資料版商事446号154頁）。

一方で、同じく有事導入型の買収防衛策において、取締役会決議によって買収防衛策の導入と差別的行使条件等が付された新株予約権の無償割当ての実施を決議し、併せて株主意思確認総会において株主の承認を得られなければ当該無償割当ての実施の撤回が予定されていた中、同株主総会において議決権行使総数の約66％の賛成により承認された事案では、裁判所は買付者側の新株予約権の無償割当ての差止めの請求を棄却した下級審の決定がある（東京高決令和3・8・10資料版商事450号143頁）。

II　議決権個数の集計方法

1　出席株主の議決権の個数の集計の仕方

〔設　問〕

出席株主の議決権の個数は、どのように集計するのか。

〔説　明〕

(1)　議決権を行使できる株主の議決権の数は、通常の場合、発行済株式の総数から次の株式数を差し引いた数である。ただし、単元株式制度（会308条1項ただし書）を採用している会社は1単元ごとに1個の議決権として集計する。

　イ　議決権制限株式のうち議決権のない株式（会108条1項3号・2項3号）

　ロ　株式会社がその総株主の議決権の4分の1以上を有することその他の事由を通じて株式会社がその経営を実質的に支配することが可能な関係にあるものとして法務省令で定める株主の有する株式（会308条1項かっこ書、施67条）

ハ　自己株式（会308条2項）
ニ　特定の決議事項について特別利害関係を有する株主（たとえば自己株式取得に関する特別決議における売主たる株主、会160条4項）の有する株式（ほかに会140条3項、175条2項参照）
ホ　株券喪失登録者が名義株主でない場合における登録株式（会230条3項）

(2)　総会への株主の出席は、①本人出席、②委任状による代理出席、③議決権行使書面による議決権行使による出席、④電磁的方法による議決権行使による出席に分かれるので、総会の会日において行使される議決権の個数の集計方法について、③と④は株主総会の日時の直前の営業時間の終了時（会311条1項・312条1項、施69条・70条、なお施63条3号ロ・ハ参照）までに到着したものを集計し、①と②は総会の開会まで受け付けて集計する（もっとも、開会予定時間の5分〜10分くらい前にいったん集計を締め切って①と②の株主数およびその株式数を報告し、その後受け付けたものは「締後扱い」とする例が多い）。

　なお、委任状もしくは議決権行使書面を会社宛に送付した株主および電磁的方法による議決権を行使した株主が総会当日に会場に出席を求めてきたときは、議決権行使の委任、書面による議決権行使または、電磁的方法による議決権行使は撤回されたものとし、②③または④で集計されている株式数を減らし①に加算する。

2　出席株主の議決権個数の報告を株主本人、代理出席、議決権行使書面による議決権行使の出席、電磁的方法による議決権行使の出席に分ける意味

〔設　問〕

　総会に議決権個数の集計結果を報告するとき、株主本人出席分、委任状による代理出席分、または議決権行使書面による出席分、電磁的方法による議決権行使の出席分を細分したほうがよいか。

〔結　論〕

　株主本人および委任状による代理出席分と、議決権行使書面および電磁的方法による議決権行使による出席分に分けて報告したほうがよい。

〔説　明〕

　総会は、たいてい第12 I **1**〔p.272〕で説明した方法で総会場における出席株主の議決権の個数を集計し、株主本人出席分と委任状による代理出席分を各別に、あるいは一括して報告している。

　議決権行使書面および電磁的方法による議決権行使の場合は、出席した株主の議決権の数に算入されることから（会311条2項・312条3項）、提出された議決権行使書面および電磁的方法による議決権行使を出席した株主分として集計して総会の定足数に算入することは認められる。

　ただ、議決権行使書面および電磁的方法による議決権行使により出席株主の議決権数に算入された株主は、総会場で提出される議事進行に関する動議などの手続的動議については議決権を行使しえず出席した株主の議決権数に算入することは認められないので、これについて議決権を行使できる本人および委任状による代理出席分出席株主の議決権の個数を明らかにする必要がある。

　そこで、議決権個数の集計結果を本人および委任状による出席分と議決権行使書面および電磁的方法による議決権行使による出席分に分けて報告したほうがよい。

3　出席株主数、委任状数、議決権行使書面数、電子投票数についての答弁の要否

〔設　問〕

　出席数（出席株主数、委任状数、議決権行使書面数、電子投票数）に関する質問に答える必要があるか。

〔結　論〕
　答える必要はない。

〔説　明〕
(1)　議長は株主総会運営の責任者として、代表取締役は総会を招集した者として、定足数の確認、決議成立要件および決議の成立を確認するため、少なくとも、
　　①　当該総会において議決権を行使することができる株主の議決権数
　　②　当該総会に出席した株主（代理人による者、会社に委任状を送付した者、書面投票における書面を送付した者、電磁的方法による議決権の行使をした者を含む）の議決権数
　　③　公開会社でない会社において、剰余金の配当を受ける権利、残余財産の分配を受ける権利、株主総会における議決権に関する事項について、株主ごとに異なる取扱いをする旨の定款変更が決議事項とされる場合の総株主数（会109条2項・105条1項・309条4項）

　以上の各数字について把握しておく必要はあるが、総会に報告することは法的には義務ではない。ただし、実際にはこれらの数字はすでに把握されており、報告に要する時間も短くて済むのであり、出席株主に適法に決議ができる状態であること、採決にあたって議案を可決するに足る賛成票の確認がなしうる状況にあることを報告して株主の不安を除去することは望ましいことから、前記数字を報告するのが妥当である。これについてたとえば議長が総会冒頭で、「本総会において議決権を有する株主総数〇〇名、その議決権の数は〇〇個でございます。このうち本日ご出席の株主数は〇〇名その議決権数は〇〇個、議決権行使書面または電子投票による議決権行使を行った株主数〇〇名その議決権数は〇〇個、その合計は、株主数〇〇名、その議決権数は〇〇個でございます。従いまして第1号議案および第2号議案の審議、議決に必要な定足数は満たしています。」と報告するのが通例である。

(2)　そこで実際に問題になるのは、報告された内容に対する質問（確認方法、数字の内訳など）について説明義務があるか否かであるが、前記数字について報告する法的義務がない以上、それに関連した質問についても説明義務は生じない。そしてさらに付言すれば、説明義務の性質（説明義務が総会の審

議に必要な資料を提供する手段であるということ)から、以下の点を顧慮すべきである。

すなわち、決議が適法に成立したかどうかの判断は客観的・法律的に判断されるべきものであって、総会において多数決によって認定する性質のものではない。そして、この判断についての第一次的権限者は議長であり、最終的には司法判断に服するものである。したがって、これらについて株主総会の場において討論するには親しまないものであり、説明義務も生じない。

4 株主資格・代理人資格についての答弁の要否

〔設　問〕

株主資格、代理人資格に関する質問に答える必要があるか。

〔結　論〕

答える必要はない。

〔説　明〕

(1)　①株主総会の議長は総会運営の責任者として、②また、代表取締役も総会を招集した者ないし310条1項により会社に提出された代理権を証明する書面(委任状)の管理者、310条5項(総会に出席できる代理人の数の制限)、313条3項(議決権不統一行使の拒否)の場合における会社の代表者ならびに会場の管理権者として、株主またはその代理人と称し出席しようとする者につき株主資格、代理人資格を確認する義務があり、委任状送付による場合はその有効性(株主の意思により作成されたこと)を確認する義務がある(これら確認方法については、第3〔p.38〜〕、第4〔p.46〜〕参照。これらの確認は、議長、代表取締役の手足となる事務局が実際に行い、議長、代表取締役はその報告を受ければ足りる)。そして、議長および代表取締役(通常、代表取締役(社長)が議長に就任するケースがほとんどである)は、これらの責任において確認した出席者数等について報告をすれば足り、その確認方法、出席株主の詳細などについて総会に報告する義務はなく、質問を受けてもこれに答

える必要はない。すなわち、議長、代表取締役は適法に決議できること、採決にあたって議案を可決するに足りる賛成票の確認がなしうる状況にあることを確認し、これを報告すれば足りるのである。極端にいえば、株主がこれを知らなくても、議長において適法な決議要件を満たしたことを確認すればこれによって決議の成立を宣言し、議事録に正確に記載すれば足りるものであるからである。

(2)　株主が事前に会社の確認方法を信頼できないと考えた場合は、総会検査役を選任する制度（会306条）があるのであって、会社法はかかる場合にはこの方法を予定しているのであり、本来一定の資格を有する株主が前記の所定の手続を経て確認しうべきものを、会場において株主がいちいちこれらを審査することには親しまない。したがって、かかる場合は前記の制度を利用すべきである。また、特に代理権を証明する書面（委任状）等に不審な点があると考えた場合には、会社には代理権を証明する書面等についての備置義務（会310条6項・7項）があり、株主は事後にこれを閲覧できるのであるから、法は代理権を証明する書面（委任状）等について疑義があるときにもこの方法を利用することを予定しており、同条の趣旨からいえば、総会場においていちいち株主ないし代理人資格の確認方法、出席株主の詳細の報告を求め得べきものでなく、これを利用すべきで、個々の委任状呼上げなどの株主の要求に対し、議長、代表取締役は応ずる必要はない。

　また、出席している個々の株主、代理人の社会的立場その他について（社員株主か、社員株主とすれば休暇届を出しているかなど）は、他の会社に勤める株主が勤務先に休暇届を出してきたかどうかをいちいち確かめる必要がないと同様、会議の目的事項とは関連がなく、質問に答える必要はない。

5　特定株主の議決権行使制限（MoM要件）

〔設　問〕

　有事導入型の買収防衛策に関する、株主意思確認総会にて大量買付者である株主は議決権行使を制限することができるか。

〔結　論〕
　買収の態様等により、議決権行使を制限することができる。

〔説　明〕
(1)　有事導入型の買収防衛策は取締役会決議で決定され、その後開催される株主意思確認総会においてその是非が決議される。この株主意思確認決議において、議決権行使できる株主を株主全員でなく、買収者（大量買付者）およびその関係者を除外する、とのいわゆる「MoM要件」が定められることがある。なお、株式発行会社の取締役およびその関係者を除外する例もある。
(2)　MoM要件により買収者およびその関係者の議決権行使が認められず、他の株主による株主意思確認総会で有事導入型買収防衛策が可決された場合において、買収者が買収防衛策に基づいて発行された新株予約権を会社法247条2号の類推に基づいて差止めの仮処分を申し立てることがある。
　ア　会社法247条2号の著しく不公正な方法とは、その方法に具体的な法令違反等がない場合でも、取締役等が不当な目的を達成する手段として新株予約権無償割当て等が行われる場合をいい、取締役等が会社に対する経営支配権を維持し、または自己に有利に経営支配関係を変動させることを主要な目的として、新株予約権無償割当て等を行う場合はこれに該当する（❶原則）。
　イ　しかし、特定の株主による会社の経営支配権取得の現実的可能性が生じ、それによって会社の企業価値がき損され、ひいては株主の共同利益が害されることになるような場合における新株予約権無償割当て等の措置については、利益侵害を受けるおそれのある株主が、株主総会において、会社の企業価値がき損され、ひいては株主の共同利益が害されることを防止するために新株予約権無償割当て等の措置をとる必要があると判断し、かつ、新株予約権無償割当て等の措置が相当である場合には、当該新株予約権無償割当て等は、「著しく不公正な方法」によるものではないと判断される（❷❶の例外）。
　ウ　もっとも、同株主の判断が株主総会決議によって示される場合、同判断の正当性を失わせるような重大な瑕疵がある場合には、「著しく不公正な方法」に該当する（❸❷の例外の例外）。

エ　株主総会について重大な瑕疵が存するか否か（❸の判断基準）については、強圧性（TOB の適用対象外である市場内取引における株式取得を通じて、株式を短期間のうちに買収する行為は、一般株主からすると、投資判断に必要な情報と時間が十分に与えられず、買収者による経営支配権の取得によって会社の企業価値がき損される可能性があると考えれば、そのリスクを回避する行動をとりがちであり、それだけ一般株主に対する売却への動機づけないし売却へ向けた圧力。より具体的には、株主が十分な投資考慮をすることができない状況で、会社の企業価値のき損のリスクを回避し、また、市場内買付によって上昇した株価が下落する前に早く株式を処分してしまいたいとする売却に向けたインセンティブ）の問題だけでなく、株主総会の性質、目的、抗告人らの持株比率、株主総会での議論の状況、本件議案の賛成率等も総合して判断される（東京高決令和 3・11・9 金判 1641 号 10 頁）。

(3)　買収者、対象会社取締役およびこれらの関係者の議決権行使を除外する内容の MoM 要件による株主総会での承認を条件とした取締役会が発動する対抗措置（差別的条件および差別的取得条項等のある新株予約権の無償割当）の発動を適法と判断した下級審決定を是認した最高裁判所の決定がある（最決令和 3・11・18 金判 1641 号 48 頁）。

(4)　なお、2024 年 5 月に金融商品取引法の一部を改正する法律案が改正され、同改正案によって市場内買付についても公開買付規制が及ぶことになった。

　同改正案の施行日は、公布の日から起算して 2 年を超えない範囲内において政令で定める日とされている。

Ⅲ　採決の方法

1　採決のとり方

〔設　問〕

採決はどのようにして行うのか。

〔結　論〕
　議長は、賛否を確認できるいかなる方法によることもできる。

〔説　明〕
　総会の決議は、議案に対する賛成の議決権数が決議の成立に必要な数に達したことが明確になったとき成立する。そこで一般に、採決はまず賛成から問い、その議案に対する賛成の議決権数がその総会の決議に必要な議決権数に達したこと（たとえば出席株主の議決権数の過半数になったこと）が明らかになった時点で可決となる。
　逆に、たとえば議長不信任動議を反対から問うた場合、反対多数ならば否決となり、重ねて賛成を問う必要もないが、反対が過半数に達しなかったときは、それだけで否決にも可決にもならず、改めて賛成を問い、賛成の議決権数を確認しなければならない。
　株主総会の議決方法（賛否の確認方法）については、特に規定がなく定款に別段の定めがないかぎり、総会場で異議の有無を諮ったり、挙手、拍手、起立、記名投票その他の方法により、議決権行使書面による議決権行使および電磁的方法による議決権行使の結果とあわせて議案に対する賛否の判定ができる方法でさえあればよく、議長は会議体の運営に関する一般の慣行に従って適当な方法をとることができる（東京地判平成14・2・21判時1789号157頁）。
　しかし、議長は株主の意思を正確に総会に反映させる善管注意義務を負っていることから、議決権行使書面および電子投票による賛否が拮抗しており、議案の賛否の判定が微妙な場合は、各出席株主の賛否が確認できる方法、たとえば記名投票によって行うべきである。
　なお、賛否同数の場合の議長裁決権は、一株一議決権の原則に反するので認められない。ただし、議長が株主として議決権を行使するのは妨げない。

2 採決の際に賛否の数を明示すべきか

〔設　問〕

① 投票による採決によるとした場合、議長は、次の方法により投票をカウントすることはできるか。
　1　投票用紙以外の事情も考慮して株主の意思を判断すること
　2　いわゆる白票を賛成とみなすこと
② 採決の際、賛否の数を明示する必要があるか。

〔結　論〕

1　①の1は、原則として認められないが、具体的事情の下において、例外的に認められる場合がある。①の2は、投票用紙に賛否の表示がない場合には賛成の意思を表示したことになる旨を明記したうえで、事前に株主にその旨を説明していればできる。
2　議案に対する賛成数を充足しているか否かを宣言すれば足り、賛否の数を明示する必要はない。

〔説　明〕

(1)　株主総会において、投票による採決を採用した場合、投票用紙以外の事情も考慮して株主の意思を判断することは認められるか。

　一般に、投票による採決方法を選択した以上、各株主の投票内容については、投票用紙の記載・不記載や提出・不提出により客観的に判定するのが原則であると解されている。

　しかし、投票のルールの周知や説明がされておらず、そのために株主がこれを誤認したことがやむを得ないと認められる場合であって、投票用紙以外の事情をも考慮することにより、その誤認のために投票に込められた投票時の株主の意思が投票用紙と異なっていたことが明確に認められ、恣意的な取扱いとなるおそれがないときは、例外的に投票用紙以外の事情も考慮できるとした裁判例もある（関西スーパー事件・大阪高決令3・12・7資料版商事454号114頁。最決令3・12・14資料版商事454号100頁は抗告審の判断を結

論において是認）。

　ただ、関西スーパー事件を前提としても、「投票に込められた投票時の株主の意思が投票用紙と異なっていたことが明確に認められ（る）」必要があるのであって、後から賛否を変えられるとしているわけではない点には留意が必要である。また、議長が投票という採決方法を選択した以上、たとえ議長において当該株主の当該議案についての賛否の意思を明確に認識していたからといって、投票によって意思を表明しない者の議決権を、その者の内心を推測して当該議案に賛成する旨投票したものとして扱うことは許されないとした裁判例（井上金属工業事件・大阪地判平成16・2・4資料版商事240号104頁）もあることから、関西スーパー事件は、きわめて特殊な状況の下になされた事例判断であって、今後、例外事情が認められる場合は限定的であり、きわめて狭いとみるのが穏当と思われる。

　それでは、投票用紙を白票で提出した場合に、賛成と取り扱うことはできるか。この点について、株主総会における採決の方法について法令上特段の規定は存在せず、出席者の意思を算定しうる方法であれば差し支えないのだから、投票用紙に賛否の表示がない場合には賛成の意思を表示したことになる旨を明記したうえで、事前に株主にその旨を説明していれば、そのような取扱いも認められると解される（乾汽船事件・東京高判令和3・12・16資料版商事455号112頁参照）。

　他方、事前に株主に説明をしていない場合には、賛成にはカウントできず、棄権と扱わざるをえない（北村雅史ほか「〈座談会〉会社法における会議体とそのあり方〔Ⅳ〕―株主総会編―」商事2329号（2023）47頁〔北村雅史発言〕参照）。

(2)　第12Ⅲ**1**〔p.286〕で説明したとおり、採決は議案に対する賛否の判定ができる方法でさえあれば足りるから、議長は、賛成数を充足していることまたは充足していないことを宣言すれば足り、定款に別段の定めがない限り賛否の数を報告する必要はないと解される（東京地判平成14・2・21判時1789号157頁参照）。

　ただ、株主提案権に基づく議案が総会で議決権の10分の1以上の賛成を得ることができなかった場合は、3年を経過しなければ同一議案を提出できないから（会304条ただし書・305条4項）、賛成が議決権の数の10分の1以

上であるか否かも報告すべきであろう。

　なお、上場会社においては、株主総会において決議事項が決議された場合、決議事項ごとの賛成・反対・棄権の意思の表示に係る議決権の数を臨時報告書に記載しなければならない点には留意が必要である（金商24条の5第4項、開示府令19条2項9号の2）。

Ⅳ　決議の成立

1　採決を行わない総会シナリオと決議の成立時期

〔設　問〕

> 採決を行わない総会シナリオは適法か。採決を行わない場合、決議はいつ成立するのか。

〔結　論〕

　採決を行わない株主総会においては、決議結果を認識しうる状態になった時点で決議が成立する。

〔説　明〕

(1)　最判昭和42・7・25民集21巻6号1669頁によれば、「株主総会における議事の方式については、法律に特例の規定がないから、定款に別段の定めをしていないかぎり、総会の討議の過程を通じて、その最終段階にいたつて、議案に対する各株主の確定的な賛否の態度がおのずから明らかとなつて、その議案に対する賛成の議決権数がその総会の決議に必要な議決権数に達したことが明白になつた以上、その時において表決が成立したものと解するのが相当であり、したがつて、議長が改めてその議案について株主に対し挙手・起立・投票など採決の手続をとらなかつたとしても、その総会の決議が成立しないということはいえない」とされている。

　したがって、会社側提案議案の可決が、議決権行使書面等の集計から、採決前に判明している場合には、議長の合理的裁量が認められるため（東京地

判平成 14・2・21 判時 1789 号 157 頁)、拍手または挙手による採決方法でも問題ない。

(2) 採決とは、本来、構成員の賛否を確認するものであるはずだが、前記判例なども背景にあり、現実の株主総会においては、形式的な拍手や「異議なし」などの発声で進行し、出席株主の個別の意思を確認しない例が多い。特に経営陣と大株主との間に対立がなく、事前の議決権行使によって全議案の可決が明らかとなっている会社では、採決もセレモニー化している実態が否定できない。

さらには、近時、そもそも採決を行わない総会シナリオが一部の実務家より提示され、それに沿って現実に具体的な採決を実施しない会社も見受けられるようになってきた。

こうした採決を行わない株主総会において、いつの時点で決議が成立したと解釈できるのかは 1 つの問題である。

(3) この点、東京高判令和 1・10・17 金判 1582 号 30 頁 (アドバネクス事件) は、「投票という表決手続を採った場合も含めて、議長の宣言は決議の成立要件ではなく、決議は、会社が株主の投票を集計し、決議結果を認識しうる状態となった時点で成立すると解すべきである」と判示した。

本裁判例によれば、採決を行わない株主総会においても、決議結果を認識しうる状態になった時点で決議が成立することとなる。たとえば、議長が「事前の議決権行使により議案の可決に必要な賛成を得ている」旨を説明すれば、その時点で株主にも「決議結果を認識しうる状態」に至るわけであるから、何ら具体的な採決を実施しなくても、決議が成立したものと解釈できる。

(4) そのような考え方を敷衍すれば、株主総会の未だ審議に入らない冒頭において、議長が議案可決の説明をすれば、その時点で決議が成立したということになろう。

しかし、多くの株主は「会議の一般原則に従えば、採決が必要」と理解しているものと思われる。かかる現状に鑑みれば、議長が採決に代えて決議成立を宣言するなど、株主に対する納得感にも配慮することが望ましい。

なお、株主が株主総会において、報告事項の報告を受け (会 438 条 3 項、439 条、438 条 2 項)、決議事項に関する議案の審議に参加して、報告事項お

および決議事項について質問し（会314条）、各種動議を提出する（会304条）ことは、いずれも会社法に認められた株主の権利であるから、たとえ採決を行わない場合であっても、これらの議事は進行・実施する必要のあることは留意しなければならない。

(5) 議決権が拮抗している場合には、投票などの慎重な採決方法を採用しなければならない。たとえば、投票を行わなかった株主を賛成と扱わなければ決議が否決された事案において、「議長が投票という表決方法を選択した以上、投票によって意思を表明しない者の議決権を、その者の内心を推測して議案に賛成する旨投票したものとして扱うことは許されない」にもかかわらず、そのように扱って可決承認した旨を宣言した決議は違法であると判示した裁判例がある（大阪地判平成16・2・4金判1191号38頁）。

なお、採決方法が違法の場合、賛否の認定の誤りとなるから、決議方法の法令違反として取消事由となる（会831条1項1号）。

2　勧告的決議について

〔設　問〕

① 会社法295条2項に規定されていない事項について株主総会決議をした場合、同決議は適法か。
② また、同決議は株主総会決議の取消訴訟、無効訴訟の対象となるか。

〔結　論〕

1　会社法295条2項に規定されていない事項についての株主総会決議は、法的効果の発生しない（法的拘束力のない）決議である。もっとも、買収防衛策の導入・発動に際して、株主の意思を確認する総会としての決議は、買収防衛策の発動の適法性を肯定する考慮事項となりうる。

2　法的効果を有しない決議であり、取消訴訟または無効訴訟の対象にはならない。

〔説　明〕
(1)　取締役会設置会社においては、この法律に規定する事項および定款に定めた事項以外を審議事項とした株主総会決議に法的拘束力は認められない（会295条2項）。

　もっとも、近時、買収防衛策の導入・発動に際して、定款変更をせずに株主総会決議を得る場合がある（事前警告型および有事導入型）。裁判例上も、買収防衛策の導入・発動に際して、株主の意思を確認する株主総会決議の存在を前提とする判断もなされているが、同決議は勧告的決議と呼ばれ、法的効果の発生しない決議である。

　勧告的決議は、法的効果を有しないものの、買収防衛策の導入や発動にあたって株主の意思を確認する手段として、買収防衛策に基づいて発行された新株予約権の発行の差止（会247条2号類推）の要件（「著しく不公正」）の該当性の判断にあたって重要な事項となる。

(2)　もっとも、勧告的決議についての瑕疵は、勧告的決議が法律上の効果を有しないことから、勧告的決議自体の取消訴訟や無効確認訴訟は、訴えの対象にはならない（東京高決令和元・5・27資料版商事424号118頁参照）。

　したがって、勧告的決議である買収防衛策について、説明義務違反による株主総会決議取消しの訴え（会831条1項）は観念する必要がない。株主総会における説明は、新株予約権発行差止め（会247条2号）の判断の考慮要素になるだけである。

　また、法律上の効果のない買収防衛策の株主総会の決議について、過料（会976条9号）に処する必要はない。

第13 株主提案権

I 株主が提案権を行使できる事項

1 株主が提案権を行使できる事項

〔設　問〕

株主が提案権を行使できる事項は何か。

〔結　論〕

議題については株主総会の決議事項に限られる。なお取締役会設置会社は法令および定款に定めた事項について決議できる（会295条1項・2項）ことから、提案権の対象もその範囲に限られる。たとえば重要な不動産の処分など業務執行に関する事項は、それが定款で総会の決議事項とされない限り、提案権の対象とはならない。

〔説　明〕
(1)　**株主提案権につき会社法は以下の3種類を定めた。**
　　a　「議題提案権」（303条）
　総株主の議決権の100分の1（これを下回る割合を定款で定めた場合はその割合）以上または300個（これを下回る数を定款で定めた場合はその数、単元株制度採用会社の場合は300単位）以上の議決権を6カ月（これを下回る期間を定款で定めた場合はその期間）前から引き続き有する株主は会日の8週間前（これを下回る期間を定款で定めた場合にあってはその期間）までに議題を提案

することができる。なお、提案できる議題の範囲は、株主総会の権限に属する事項に限られる。

 b **「議案提案権」（304 条）**

 株主は総会において当日の議題につき会社原案と異なる議案を提案できる。

 ただしその提案が法令、定款に違反する場合および実質的に同一の議案が過去 3 年以内に 10 分の 1 以上の賛成を得られなかった議案は認められない。

 c **「議案の事前通知請求権」（305 条）**

 総株主の議決権の 100 分の 1（これを下回る割合を定款で定めた場合はその割合）以上または 300 個（これを下回る数を定款で定めた場合はその数、単元株制度採用会社の場合は 300 単位）以上の議決権を 6 カ月（これを下回る期間を定款で定めた場合はその期間）前から引き続き有する株主は会日の 8 週間前（これを下回る期間を定款で定めた場合にあってはその期間）までに当日の議題につき当該株主が提出しようとする議案の要領を株主に通知するよう要求できる。

 なお、a および c の少数株主権を行使しようとする株主はすでに総株主通知により株主名簿に記載されている株主についても振替機関に対し個別株主通知を求めなければならならない（個別株主通知について**第 13 II 1**〔p.298〕参照）。

(2) 旧商法 232 条ノ 2 では議題提案、提案議案の事前通知請求のいずれについても「書面ヲ以テ」と定めていたが、会社法においては特にその方式を定めなかったことから、原則として口頭、電話による提案権の行使も可能であるが、聞き違いや誤解が生じるおそれがあるため、これを避けるために会社の自主法規である定款または定款による委任を受けた株式取扱規程等であるならば「書面に限る」と定めることは可能と解する。実務では一般に定款による委任を受けた株式取扱規程に「記名押印した書面によって行うものとする。ただし外国人は署名を持って記名押印に替えることができる。」と定めている。

(3) また議題提案、議案の事前通知請求は法的効果を発生させる意思表示といえることから、会社としては意思表示を受領する権限を有する者（代表取締役、支配人、ある種類または特定の事項の委任を受けた使用人（会 14 条））に対してなされたときのみ法的効果が発生するものといえる。それ以外を宛先

とする場合には適法な提案権行使とならないとして取り扱う。

(4) 株主からの提案に基づく議案であるときは株主総会参考書類には、①議案が株主の提出に係るものである旨、②取締役の意見があるときはその内容、③株主が提案の理由を会社に通知したときはそれが明らかに虚偽または専ら名誉毀損、侮辱と認められる場合を除きその理由、④株主提案が取締役等の選任議案に関するときは施行規則74条から77条に規定する事項を通知したときは明白な虚偽の場合を除きその事項、⑤株主提案が全部取得条項付種類株式の取得または株式の併合に関するときは、施行規則85条の2または同条の3に規定する事項を会社に通知したときは明白な虚偽の場合を除きその事項を記載しなければならないが（施93条1項1号～5号）、③④⑤については、会社がその全部を記載することが適切でない程度の多数の文字、記号その他のものをもって構成されている場合（会社が適切であるとして定めた分量を超えるときも同様）にあってはその概要を記載することになっている（施93条柱書かっこ書）。

(5) 「適切」とはどの程度の文字数か、また「会社が」定めたとはどの機関が定めたものか条文上明らかではないが、取締役会決議により株式取扱規程等に定めることになる。取締役は善管注意義務の履行として適切な文字数（多くの会社が400字を基準としている）を決めなければならない。その場合、議題に応じて字数を定める必要があるが、適切な字数の判断が困難である場合も多いと思われることから、その場合は提案を受けた後に「適切でない程度の多数の文字」に当たるか否かを判断し、当たるときは「その概要」を記載したほうが実務上安全である。実務も一般にこのような取扱いを行っており、たとえば株式取扱規程に「株主提案権が行使された時、①提案議案の提案理由、②取締役、会計参与、監査役および会計監査人の選任に関する事項について、400字を超える場合その他会社が適切でないと判断した場合には、株主総会参考書類にその概要を記載することができる」と規定し、400字を基準としながらもこの文字数を超える場合でも適切な文字数と判断した場合はそのまま記載し、400字未満であった場合でも適切でない程度の多数の文字数と判断した場合、その概要を記載できるとしている。

(6) 議題提案権を行使する株主は、文理上「株主総会の目的（議題）」のみを提案すれば足りるようにも読める。しかし、上場会社では、書面投票制

度の採用が義務づけられているため（有価証券上場規程 435 条）、株主総会参考書類の提供が必須であり（会 301 条 1 項）、株主総会参考書類には議案まで記載しなければならない（施 73 条 1 項 1 号）。したがって、少なくとも上場会社の株主が株主提案権を行使する場合には、議題だけでなく「議案」の提案も伴うことが必要である。

2　勧告的決議と株主提案

〔設　問〕
　株主総会で決議することのできない事項を議題とする株主提案がなされた場合、これを採り上げる必要はあるか。

〔結　論〕
　株主提案の内容は、法に定める株主総会決議事項であることが前提となる。ただし、勧告的決議に関する株主提案が定款変更議案として上程されれば、会社側も株主提案としての対応をしなければならない。

〔説　明〕
(1)　株主提案の内容は、法に定める株主総会決議事項（会 295 条 2 項）であることが要件となる（同 303 条）。したがって、株主総会で決議することのできない事項を議題とする株主提案は不適法であり、これを採り上げる必要はない。
　そこで、法および定款で定められた株主総会決議事項ではないが、議案として株主意思の確認を行う場合の決議（勧告的決議）に関する議題が株主提案として認められるか否かが問題となる。
(2)　たとえば、定款に記載していない買収防衛策の導入・廃止などは、勧告的決議として行うことが一般的である。こうした勧告的決議に関する議題について、定款に特段の定めがない以上、これを株主総会の目的とすることは認められず、かかる議題提案も株主総会の決議事項とならないと判断した近時の裁判例がある（東京高決令和元・5・27 資料版商事 424 号 118 頁）。他方、

産業競争力強化法（産競法）31条１項に基づく株式分配型のスピンオフが株主提案として提出された事案において、原則として株主提案権の対象になると判示した裁判例もある（京都地決令和３・６・７資料版商事449号90頁）。

前記の両裁判例をどう理解すべきかについては様々な見解がありうるところだが、株主提案権の対象となる事項は、いずれも株主総会の決議事項であることを前提としている点には留意しなければならない。

(3) 法に定める株主総会決議事項ではない事柄を提案する場合には、定款変更という形式を用いて株主提案を実施する現況がある。それは、勧告的決議を株主総会に上程するか否かについては、会社側の裁量で判断できるからである。

たとえば、政策保有株式の売却や気候変動対応など、法定決議事項でない事柄について勧告的決議による株主提案が行われた場合、これを会社が株主総会における上程議案として取り扱わないことは可能である。ただし、当該議案が定款一部変更の議案に切り替われば、会社側も株主提案として対応しなければならない。

Ⅱ　議題提案権を行使できる株主の資格

1　議題提案権を行使できる株主の資格要件を決める基準時点

〔設　問〕

① 議題提案権を行使できる株主の資格要件は、いつの時点を基準として確認すべきか。たとえば、株主が平成19年６月24日の定時株主総会に向けて同年３月12日に議題提案権を行使するとき、いつの時点を基準として持株要件を充足する必要があるか。なお、会社は基準日を定めていないものとする。

② ①の場合に、会社が基準日を同年３月31日とする場合はどうか。

③ 基準日の同年３月31日以降である同年４月２日に議題提案権を行使する場合はどうか。

〔結　論〕
1　株主が平成19年3月12日に議題提案権を行使するためには、平成18年9月11日までに持株要件の株式を取得し、平成19年6月24日の株主総会終結の時まで持株要件を充足する必要がある。
2　基準日を平成19年3月31日と定めた場合、平成19年3月31日まで持株要件を充足する必要がある。
3　平成18年10月1日までに持株要件の株式を取得し、平成19年4月2日まで持株要件を充足する必要がある。

〔説　明〕
公開会社である取締役会設置会社の場合、議題提案権を行使するためには、
(1)　第1に、6カ月前から引き続き総株主の議決権の100分の1以上または300個以上の議決権を有している株主であることを要する（会303条2項）。
　①　6カ月前から引き続き総株主の議決権の100分の1以上または300個以上の議決権を有していたか否かは、株主提案権の行使のときを基準として判断される。6カ月を算定する起算点は株式を取得した当日すなわち初日は算入するべきではない。また6カ月の期間は提案権を行使した日から逆算して丸6カ月の期間を意味する（商1条、民140条、東京地判昭和60・10・29金判734号23頁、東京高判昭和61・5・15判タ607号95頁）。たとえば平成17年11月15日に総株主の議決権の100分の1以上または300個以上の議決権を満たした場合、翌日の16日から6カ月の期間に算入されるため平成18年5月15日の経過をもって要件を満たしたことになり、翌日である16日に提案権を行使できる。
　②　また議決権の数または割合については、複数の株主の議決権数が合算されて満たされる場合でもよく、数人の株主の共同提案という形でも行使できる。
(2)　第2に提案権の行使が株主総会の日の8週間（これを下回る期間を定款で定めた場合はその期間）前までになされることが必要である（会303条2項）。
(3)　そのほか条文の文言にはないが、基準日を設定している場合、第3に株主提案権は株主総会において議決権を前提とする権利であることから、提案

行使時のみならず提案行使時から基準日まで持株要件に当たる株式を保有することを要する（新版注釈会社法(5) 79 頁〔前田重行〕、神崎克郎「株主提案権の行使の法的問題」商事 1070 号（1986） 2 頁、多田晶彦「株主提案権の行使に対する対応」別冊商事 80 号（1985）47 頁）。総会終結時点まで保有することを要する説も有力に主張されている（江頭 346 頁）が、それぞれの時点における提案株主の異動のチェックが必要となり、事務処理上煩雑となる。その他、取締役会が招集通知の記載内容たる議事日程を決定するまでとする説や提案の内容によって基準日まであるいは総会終結の時点までとする説等がある（新版注釈会社法(5) 79 頁〔前田〕）。基準日を設定していない場合は総会終結時まで保有することを要する。

　なお、株券電子化（平成 21 年 1 月 5 日）によって、上場会社など株式等振替制度の対象会社の株式（振替株式）は振替口座で管理されることになり、株式の発行会社は日々の株主の状況について把握することができなくなった。このため、振替株式についての少数株主権の行使については会社法 130 条 1 項は適用されず、株主は振替機関に対して、振替口座の記載に基づき個別株主通知を発行会社に通知するよう申請し、会社は同通知によって株主の確認を行うこととされており（振替 154 条）、個別株主通知は少数株主等の行使の場面での対抗要件とされている（最決平成 22・12・7 民集 64 巻 8 号 2003 頁）。個別株主通知は、通例申請から 4 営業日（中 3 営業日）に振替機関から会社に対して通知される（「株式等振替制度に係る業務処理要領」証券保管振替機構）。個別株主通知の手続中に間接口座管理機関が介在するときは、その上位機関の数に応じて 2 営業日を加算される関係から 10 営業日程度を要する場合もある（「個別株主通知のご案内」3 頁「個別株主通知の通知日程」同機構（2021 年 2 月））。

　なお、振替法 151 条に基づく振替機関から会社が定めた基準日の株主である旨の通知（総株主通知）はなされるが、個別株主通知の場合、総株主通知と異なり、振替口座簿に記載された増加または減少した株式の数およびその記載された日等が記載事項とされ（振替 154 条 3 項 1 号・129 条 3 項 6 号）、これによって少数株主権の要件を充たすか判断できることから、株主が議題提案権や議案の事前通知請求権行使の場合、会社にとって総株主通知の他に個別株主通知を受ける必要がある。

少数株主権は、同通知から 4 週間以内に行使しなければならない（振替 154 条 2 項、同施行令 40 条）。会社が特定の者が依然として株主か否かを確認をするときは、振替機関に対して情報提供請求を行う（振替 277 条）とされているが、実務では株式取扱規程等で少数株主権を行使する場合はその前提として個別株主通知の申出を行うことを株主に要求している。

(4) 〔設問〕1について

前記(1)の第 1 の要件については平成 19 年 3 月 12 日に提案権を行使するためには、取得した初日は算入されないため、平成 18 年 9 月 11 日までに総株主の議決権の 100 分の 1 以上または 300 個以上の議決権の株式を取得していなければならない。

前記(3)の第 3 の要件については、基準日制度を採用していないので、株主総会終結まで持続することを要すると解される。

(5) 〔設問〕2について

第 1 の要件については(4)と同様である。

第 3 の要件については基準日制度を採用しているので、提案株主が基準日後に他に株式を譲渡して持株要件を満たさなくなっても、総会において議決権を行使できる以上、基準日まで持株要件を備えた株主の提案については適法なものと扱うのが妥当である。

(6) 〔設問〕3について

第 1 の要件については平成 19 年 4 月 2 日に提案権を行使するためには、取得した初日は算入されないため、平成 18 年 10 月 1 日までに総株主の議決権の 100 分の 1 以上または 300 個以上の議決権の株式を取得していなければならない。

平成 18 年 10 月 1 日に持株要件を満たした場合には、平成 19 年 3 月 31 日の基準日には 6 月の保有期間については要件を満たしていないが、基準日の平成 19 年 3 月 31 日において保有期間の要件は満たしていなくても、提案権行使時である平成 19 年 4 月 2 日において持株要件と保有期間の要件を満たしていれば、適法な提案として取り扱うのが妥当である（「改正会社法セミナー」ジュリ 784 号（1983）127 頁〔竹内昭夫・鴻常夫発言〕）。

III 株主の提案に対する対応

1 株主総会招集通知へ株主提案議案の記載を求める仮処分命令

〔設　問〕

　株主総会招集通知へ株主提案議案の記載を求める仮処分命令の申立ては認められるか。

〔結　論〕

認められるというべきである。

〔説　明〕

(1)　株主総会招集通知へ株主提案議案の記載を求める仮処分命令の申立ては、まず、請求の内容が株主総会の目的事項であり、かつ、被保全権利が認められることが必要である。

　なお、もっぱら株主の私怨を晴らし、あるいは特定の個人や会社を困惑させるなど、正当な株主提案権の行使と認められないような目的に出たものである場合は権利濫用となり、たとえば、特定の従業員を困惑させることを目的に取締役候補者にあげた株主提案は権利の濫用として認められない（東京高決平成24・5・31資料版商事340号30頁）。

(2)　次に、この申立ては仮の地位を定める仮処分命令（民事保全法23条2項）であることから、保全の必要性が認められるためには、「債権者に生じる著しい損害または急迫の危険を避けるためにこれを必要とするとき」に該当することが必要である。

　株主提案権が無視された場合、その権利を本訴によって実現することは時間的制約から事実上不可能であり、株主提案権を無視された株主の救済方法として仮処分によるべき必要性は高いとし、保全の必要性は、議案の提案がなされることによって債務者が蒙る不利益または損害を踏まえてより慎重に判断すべきとしつつ、これを認めた裁判例がある（東京地決平成25・5・10

資料版商事 352 号 36 頁)。

2　株主総会で会社の重要な業務の執行を決する旨の株主提案があった場合

〔設　問〕

① 会社は、株主から「株主総会は、当会社の重要な業務執行を決する。」との定款変更案を提案された場合、いかに対処するか。
② 前記に続けて「会社所有の重要な甲不動産上に10階建のビルを建築せよ。」、また「メインの取引銀行を変更して○○銀行とせよ。」と提案された場合、いかに対処するか。

〔結　論〕
1　会社は、〔設問〕①の提案を有効なものとして扱うのが相当である。
2　〔設問〕②の提案は〔設問〕①の提案が可決されることを条件とするものであり、有効なものとして扱うのが相当である。

〔説　明〕
(1)　取締役会設置会社において、株主総会は法令または定款に定めがある事項に限り決議することができる（会295条2項）ことから、株主は法令または定款により総会で決議すべきものと定めた事項に限り提案することができるのであって、それ以外の事項を株主総会の議題となすべきことを請求することは許されないと解される（大阪地判平成元・4・5資料版商事61号15頁）。ところで、会社法において取締役会設置会社の業務執行は取締役会の決議事項となっており（会362条2項1号）、したがって、定款で業務執行の決定を総会の決議事項とする規定がない限り、それを議題とはなしえない。定款に前記のような定めがない限り、〔設問〕②の提案は総会の決議事項ではない事項を提案したことになり、無効である。
(2)　株主が〔設問〕①のような定款変更案を提案できるか否かについては、争いがある。多くの説は、総会の決議事項としてなじまないものを除き、定款を変更すれば業務執行に関する事項も総会の決議事項となりうるとしてい

る（新版注釈会社法(5) 25 頁〔江頭憲治郎〕）。したがって、〔設問〕①のような定款変更案も有効であり、総会の決議事項となる。そして、〔設問〕②の提案は、〔設問〕①の定款変更議案が可決されることを条件として提案された趣旨として有効である（河本一郎ほか「株主提案権の行使をめぐる諸問題」別冊商事 80 号（1985）15 頁〔河本一郎・稲葉威雄発言〕）。

　前記の多数説に対しては、株主総会と取締役会とに権限を分割している趣旨を没却するとの批判がある。確かに、時々刻々流動する経済社会において、その時々にこれに適切に対応しなければならない業務執行の決定を、年一回開催されることが原則となっている株主総会に委ねることは、少なくとも多数の株主を擁することを予定する株式会社にあっては、自らの経済活動を停滞させうるものであって、当該立論に疑問がないわけではない。しかし、議決権を行使できる株主の議決権の過半数を有する株主が出席し、出席した当該株主の 3 分の 2 の賛成で解散もできる規定（会 309 条 2 項 11 号）となっていることや、有力学説が適法としている以上、会社としては、〔設問〕①の提案がなされれば、総会の議題として扱うほうが無難といえよう。

(3)　〔設問〕②は、〔設問〕①が可決されることを条件とする提案であり、具体的な業務執行を内容とするものである。〔設問〕①のような定款が存在する場合、そのような具体的業務が「重要な業務執行」に当たるかどうかは微妙な判断を要するが、後日提案株主との紛争を回避するため、この提案についても明らかに重要な業務執行に当たらないと判断できる場合以外は、総会の議題・議案として扱うことが相当といえよう。ただし、総会において〔設問〕①の定款変更案が否決されれば、当然〔設問〕②の議題は上程しないこととなる。

3　株主総会で代表取締役を選任する旨の株主提案があった場合

〔設　問〕

①　会社は、株主から「代表取締役は、株主総会において選任する。」との定款変更案を提案された場合、いかに対処するか。

② 前記の提案議案が可決されることを条件として「〇〇取締役を代表取締役に選任する。」と提案された場合、いかに対処するか。

〔結　論〕
1　〔設問〕①の提案は提案自体無効と解する説もあるが、有効説を前提に、有効な提案があったものとして処理することが実務の対応としては相当といえよう。
2　〔設問〕②の提案は〔設問〕①の提案が可決されることを条件とするものであり、〔設問〕①と同様争いがあるが、有効なものとして扱うのが妥当といえる。

〔説　明〕
　株主総会が代表取締役の選任・解任権を有すると取締役会が解任権の行使により代表取締役等を監督できなくなるとして、総会決議事項とはなりえず、したがって定款変更案としては無効な提案であると解する説（大隅＝今井209頁、なお、昭和26・10・12民事甲1983号法務省民事局長通達（民事月報6巻11号133頁）も、代表取締役の選任登記に取締役会議事録の添付を要求している）に対して、解任権が総会に属しても、それにより取締役会の監督命令権が失われるわけではないし、代表取締役の解任を議題とする総会を招集できるのであるからその選任を総会の決議事項とする定款変更案を無効な提案であると解する必要はないとする説（江頭323頁、前田庸『会社法入門〔第13版〕』（有斐閣、2018）371頁、新版注釈会社法(5)25頁以下〔江頭憲治郎〕、鈴木＝竹内228頁、田中誠二『会社法詳解（上）〔三全訂〕』（勁草書房、1993）474頁ほか）が対立する。
　このように学説上争いがあり、いまだ判例等で確定しているといえない状況のもとで会社法上における実務上の対応としては、
　①　会社法においては旧商法以上に広く定款自治が認められたこと
　②　295条2項は定款に定めた事項は総会の決議事項としており、その定款の内容については文言上制限がないこと
　③　295条2項は法定決議事項ではないが株主が総会の権限と欲する場合

は、定款で定めることにより広く総会の権限とすることができるとした規定と考えられること

などから、会社は提案が有効にされたものとして取り扱うのが妥当である。

なお、〔設問〕②については、〔設問〕①についての決議が否定された場合は、当然上程できなくなる。

4 定員を超える取締役選任の株主提案があった場合

〔設　問〕

　「取締役は7名以内とする」との定款が存する場合、取締役7名選任の件について、会社側の「取締役候補者をAないしG7名とする」議案に対し、株主より「甲、乙を取締役候補者とする」株主提案がなされたとき、会社はいかなる処理手続をなすべきか。

〔結　論〕

　A〜Gが取締役として選任されることが確実な場合は、議場に「甲、乙を取締役候補者とする」とする提案があったことを出席株主に告知し、会社提案と株主提案どちらを先議するかを諮り、会社提案を先議することが可決された場合は、会社提案を先議し、賛成多数として「甲、乙」について定員を超えるため採決を打ち切るのが妥当である。しかし、A〜G、甲、乙のいずれかが取締役として選任されるか微妙な場合は、各株主の意思を確認できる方法、たとえば記名投票により行うべきである。

〔説　明〕

(1)　株主提案の趣旨がA〜G7名と甲、乙2名、計9名を選任せよとの趣旨であるならば、定款に違反する株主提案として適法なものとして扱う必要はないが、7名に満つるまで候補者中の適当な者を選任すべしとの趣旨である場合には適法な提案として取り扱われなければならない。

(2)　適法な株主提案が提出されたときに、会社提案（原案）の審議に先立って株主提案を審議すべきであるとする見解がある（これは衆議院規則145条、

参議院規則130条にならったものである）が、たとえば書面投票、電子投票を集計した結果、A～G7名を取締役に選任する会社提案が圧倒的多数を制しているときに株主提案を審議する実益は乏しい。

　そこで議長の議事整理権に基づき会社提案を先議するとして、取締役AないしGの各選任決議が終了したときには、定款に定める取締役の員数は、すでに定員を充足してしまうこととなる。したがって、その時点ですでに株主の提案にかかる「甲、乙取締役の選任」という議案は定款に反する議案となり、議案として上程できないことになる。

　しかし株主から適法な株主提案が提出された場合、これをまったく無視して会社提案のみを審議することは、時によりその決議方法が著しく不公正なものとして決議取消事由となる（最判昭和58・6・7民集37巻5号517頁参照）おそれがある。

　このような場合に、議長は「甲、乙を取締役候補者とする」議案が提出されているにもかかわらず、これを何ら顧慮することなく無視することは前記のとおり問題であるが、「甲、乙を取締役候補者とする」議案が提出されたことを確認し、出席株主にこれを告知し、了知させたうえで、会社提案と株主提案どちらを先議するかを諮り、会社提案を先議することが可決された場合は、会社提案を先議し、賛成多数として「甲、乙」について定員を超えるため採決を打ち切るのであれば何ら問題はない。

　特に書面投票、電子投票により会社提案が可決されることが確実な場合は、株主提案を審議する実益が乏しいことから、この方法をとるのが妥当である。

(3)　ただし、書面投票、電子投票ではAないしGが取締役として選任されるか微妙な場合は、甲、乙を含め、9名の候補者について、記名投票等総会に出席した各株主の意思を確認できる方法をとるのが妥当であり、その結果書面投票、電子投票と併せ、上位7名に入った候補者（過半数の賛成は必要）が取締役として選任されたことになると解する。なお、この採決方法については、多様な見解がありうるため（中村直人「モリテックス事件判決と実務の対応」商事1823号（2008）26頁）、微妙なケースでは、総会検査役を選任したうえで、会社は事前に提案権を行使した株主と協議のうえ、妥当な採決方法について合意し、後日の紛争における争点を減らしておくことが望ましい。

5　内容虚偽もしくは名誉毀損等を目的とする株主提案の取扱い

〔設　問〕

　株主甲がＡ取締役の解任を提案し、提案理由として何ら根拠がないにもかかわらず「Ａ取締役は取引先からリベートをもらっており、また会社資金を流用している」など、明らかに虚偽であるか、もっぱら特定人の名誉を侵害もしくは侮辱する目的の提案がなされた場合、会社はどう対処すべきか。

〔結　論〕
　会社は、株主の提案中の議案ないし提案理由の説明中に、明らかに虚偽であるか、またはもっぱら人の名誉を侵害もしくは侮辱を目的とするような表現のある場合は、その部分を削除して提案議案ないし提案理由とする。

〔説　明〕
(1)　会社は総会の8週間前までに株主提案および提案理由について会社に提出された場合、株主提案にかかる議案および株主の提出した提案理由を参考書類に記載しなければならない（施93条）とされているが、その提案理由については、それが明らかに虚偽であるか、または専ら人の名誉を侵害し、もしくは侮辱を目的としていると認められる場合は記載する必要はないし、記載すべきではない（施93条3号かっこ書）。

　なぜなら、明らかに虚偽である場合にはかえって株主の適切な議決権行使の妨げとなるし、専ら人の名誉を侵害しもしくは人を侮辱する目的によるものと認められるときは正当な権利行使とはいえないからである。

　この点、提案議案自体が同様の目的を有する場合についても、提案理由と同様、提案議案自体のうち専ら人の名誉を侵害し、もしくは侮辱を目的としている部分を削除して提案議案を記載すべきである。

　なお、参考書類は代表取締役が取締役会の決議を経て作成する書類であることから、明らかに虚偽、または専ら名誉を侵害もしくは侮辱を目的とする事項をそのまま漫然と記載した場合、会社および取締役の責任も問題とされ

るおそれもある。

(2) もっとも、たとえば取締役の解任議案の場合、提案理由に当該取締役の名誉を侵害する内容を含むことがありうるが、「専ら」人の名誉を侵害し、もしくは人を侮辱する目的となるものでない限り、この除外理由には当たらず、参考書類に記載しなければならない。この除外事由にあたることの立証責任は会社側にある。

(3) したがって会社が、〔設問〕のような提案理由の提出を受けたときは、明らかに虚偽、または専ら名誉侵害、侮辱を目的としている事項についての部分、すなわち「A取締役は取引先からリベートをもらっており、また会社資金を流用している」部分については削除して参考書類に記載すべきである。

なお、株主による「A取締役退任の件」なる提案に対して、会社が「A取締役解任の件」と善解して株主提案にかかる株主総会の議題として扱ったケースについて、会社の「取締役会の変更措置は妥当であって適法というべきである」とした裁判例がある（大阪地判平成元・4・5資料版商事61号15頁）。

6　株主提案に対する取締役会の意見を参考書類に記載する方法

〔設　問〕

　株主提案に対する取締役会の意見は、参考書類にどのように記載すべきか。

〔結　論〕

　取締役会は、参考書類において株主提案に対する「取締役会の意見」であることが明確になる方法をもって、その意見を記載し、その意見は多数決で決定された意見を記載すればよい。

〔説　明〕

(1)　参考書類には議案に対する取締役会の意見があるときは、その意見の内容を記載しなければならない（施93条1項2号）が、これは会社の経営の責

任者として株主提案に対する評価および見解を表明するもので、一般株主にとって賛否の意思決定をするにあたり必要な情報といえるのである。

以上のことから取締役会の意見は、株主の提案に対する意見であることが明らかになる方法をもって記載されることが実務上は望ましい。そこで、「取締役会の意見」という見出しを設け、他の文章の字体と変えて、一般株主において一見して区別がつけられるように表示している先例などが参考となる。

(2)　また取締役会内部に意見の対立があるときでも、多数決で決定された意見を記載すればよい。すなわち取締役会の意見としては、株主提案に賛成するのか反対するのかを明確にすべきである。

なぜなら株主提案に対する意見表明も業務執行の一環である以上、その意見は一本化された形で表明されることを要するからである。ただ、取締役会で認めた場合に限って、少数意見を付記することが許される（龍田節「議決権行使の参考書類と議決権行使書面」企業会計 34 巻 6 号（1982）67 頁、新版注釈会社法(5) 440 頁〔酒巻俊雄〕）。そして、必要があればその理由をも記載することができる。

(3)　なお、字数の制限はないが、取締役の善管注意義務から一般株主が取締役会の意見を理解できる必要な限度にとどめるべきである。

7　株主提案があった場合の議決権行使書面の作成方法

〔設　問〕

> 株主提案があった場合、議決権行使書面はどのように作成したらよいか。

〔結　論〕

会社提案と株主提案とが明確に区別記載できるような方法をもって株主が賛否を記載する欄を設けるべきである。

〔説　明〕
　議決権行使書面は、議案ごとに株主が賛否を記載する欄を設けなければならない（施66条1項1号）。
　ところで、株主提案があったとき、その議案が会社提案にかかるものかまたは株主提案にかかるものかを議決権行使書面上一見して明白に区別できるように配慮することが妥当な方法といえよう。なぜなら、従来から会社の経営姿勢に賛同している株主が参考書類を読まずにすべてを会社提案にかかる議案と誤解して議決権行使書面の賛否欄に慣例的に記載をすることも十分考えられるので、会社はできる限り、誤解を生じないよう配慮することが望ましいからである（河合伸一「株主提案権を行使されて」別冊商事80号（1985）66頁）。
　なお施行規則は賛否等の欄に記載がない議決権行使書面が会社に提出されたときは、各議案についての賛成、反対、棄権のいずれかの意思表示があったものとする取扱いを記載できるが（施66条1項2号）（なお、その取扱い内容を定めるについては定款の定め、または取締役会での決定が必要（施63条3号ニ））、通常は、「各議案に賛否の表示がないものについては、会社提案については賛として、株主提案については否の表示があったものとして取り扱います。」と記載するのが通常である（新版注釈会社法(5)446頁〔酒巻俊雄〕、前掲別冊商事80号64頁資料6）。なお、つうけん株主総会決議取消請求事件（札幌高判平成9・1・28資料版商事155号107頁）は前記取扱いを適法としている。

8　提案株主が提案を撤回した場合の取扱い

〔設　問〕
　提案株主は提案権の行使を撤回できるか。

〔結　論〕
　提案株主は、会社の同意なくしては提案権の行使を撤回できない。

〔説　明〕
(1)　株主が提案権の行使を行った場合、その請求が会社に到達したときに効力を生じ、提案権を行使した株主（以下「提案株主」という。）は、以後会社の同意なくして提案権の行使を撤回することはできない。民法上、意思表示は相手方に到達したときに効力が生じ（民97条）、原則として撤回できないのと同じである。

　それでは、会社は、実際に提案株主から提案権の行使を撤回する旨の通知を受けた場合、どのように対処するべきか。

　会社は、株主が会社の同意なくして提案権の行使を撤回できない以上、株主の撤回する旨の通知に拘束される必要はない。したがって、会社は、株主から提案権の行使を撤回する旨の通知を受けてもなお提案があったものとして取り扱い、株主総会においてその提案を付議し、総株主の議決権（当該議案に議決権を行使できない株主は除く）の10分の1（これを下回る割合を定款で定めた場合にあっては、その割合）以上の賛成を得られなかった場合は、その日から3年を経過するまで、実質的に同一の議案につき提案権の行使を拒める（会304条ただし書・305条4項・325条）のである。また、会社は、株主の提案権の行使を撤回する旨の通知に対し、これに同意して提案権の行使がなかったものとして取り扱うこともできる。なお株主提案の適法性については取締役会が判断することから、提案の撤回に対する同意も取締役会の決議が必要であり、取締役は善管注意義務（会330条、民644条）、忠実義務（会355条）を尽くして同意するか否かを判断すれば足りるのである。

　この点、会社提案の議案については、会社側が撤回できることとの対比が問題となるが、取締役は、善管注意義務、忠実義務を負担しており、その履行として会社提案が適当でない場合（たとえば取締役会で決定した取締役候補者の1人に就任できない事情が発生した場合など）にそれを撤回すべきであるし、また会社の同意なく株主に撤回を認めると総会において10分の1以上の賛成が見込めない場合に総会前に撤回を繰り返すことによって前記304条ただし書、305条4項、325条の趣旨を没却するおそれがあることから、両者は別個に考えられるべきである。

(2)　会社が撤回に同意した場合の手順は次のとおりである。

　イ　招集通知発送前には、株主提案がなかったものとして扱う。

ロ　招集通知発送後には、会日の前日までに撤回された旨を株主に通知する。

9　提案株主が総会に欠席した場合の取扱い

〔設　問〕
　会社は、提案権の行使を行った株主が総会の会日に欠席した場合、その株主の提案にかかる議題ないし議案をどう扱うか。

〔結　論〕
　会社は、提案権を行使した株主が総会の会日に欠席しても、その株主の提案を総会で審議すべきである。

〔説　明〕
　提案権を行使した株主（以下「提案株主」という。）が総会の会日に欠席しても、その株主の提案した議案（議題）は、会社側が提案した議案（議題）と同様に総会で審議されることになる。
　提案株主は、議長の議事整理の下において総会場で提案理由の説明をすることができ、会社はその機会を与えなければならないが、提案株主は総会場に出席して提案について説明する義務はなく、また株主総会参考書類には、株主提案の議案である旨、提案理由、特定の議案については参考事項等を記載しなければならない（施93条）。しかし、実際には提案株主に提案理由を説明させなければ不明の場合もあり、また参考書類の提案理由等の記載については会社が定めた字数の範囲内に限る等の制約が存する（施93条1項）ので、提案株主としては、他の株主の賛同を得ようとすれば、総会場に出席して説明する必要がある。

10　株主提案を無視して開いた総会の決議

〔設　問〕

　株主提案を無視して総会を開いた場合、その総会の決議はどうなるか。

〔結　論〕

　議題提案の場合には、代表取締役に対して過料の制裁が科せられるが（会976条19号・303条1項・325条）、議題とされない以上、違法であったというだけで決議取消しの問題は生じない。

　議案提案の場合には、修正提案ないし反対提案とも招集通知に記載しないのであるから、その議題に対する決議につき手続上の瑕疵があり、総会決議取消事由（会831条1項1号）となる。

〔説　明〕

(1)　株主から提案権の行使がなされた場合、代表取締役は取締役会に付議し、取締役会において行使要件の不備、提案内容の適法性について判断すべきである（その適法性は客観的に定まるもので取締役会の判断が絶対ではない）。なぜなら、取締役会が招集通知、および株主総会参考書類に記載すべき事項を決定する権限を有し、かつ義務も負っている以上（会298条1項・4項、施63条3号・4号・93条）、株主提案の適法性の判断も招集通知、参考書類に記載すべき内容の判断として取締役会が決定すべきであるからである（新版注釈会社法(5)82頁〔前田重行〕、反対説あり）。しかし仮に株主提案について取締役会に付さず決議なしに総会の議案等にした場合も客観的に適法である限り決議取消事由にはならない（実務相談(2)626頁〔編注〕）。

(2)　取締役会は適法な議題、議案であれば、株主総会に上程することを拒否することはできず、すべての提案を総会に付議しなければならない（実務相談(2)626頁〔元木伸〕）。

　客観的に適法な株主提案について、代表取締役が取締役会に付議しなかったり、あるいはそれを放置し、また取締役会の決議があったにもかかわらず、取締役が招集通知に議題、特定の議題（施63条7号）については議案の概要

を記載しなかったときは、100万円以下の過料の制裁を受ける（会 976 条 2 号・19 号・303 条 1 項・2 項・325 条）ほか、各取締役は法令違反の問題として、損害賠償義務や解任の原因となることもあろう。

　議題として記載されなかった総会の他の決議事項に対する私法的な効力については、議題提案権の無視は、招集の通知漏れなどのように当該総会のすべてに影響を及ぼす共通の手続的瑕疵であるとして、総会決議の取消事由となるとの説もあるが（服部栄三「株主の提案権」金判 651 号（1982）66 頁）、議題について総会の決議がない以上、決議取消し（会 831 条）の問題は起こらないと解される（東京地判昭和 60・10・29 金判 734 号 23 頁、「改正会社法セミナー（第 13 回）」ジュリ 787 号（1983）90 頁〔森本滋発言〕）。

(3)　議案提案権については、会社は、①法令・定款に違反するもの、②実質的に同一の内容の議案が総会において議決権の 10 分の 1（これを下回る割合を定款で定めた場合にあっては、その割合）以上の賛成を得られなかった日から 3 年を経過していないものの提案を拒否できる（会 304 条ただし書・325 条）が、正当な理由がなく招集通知に議案の要領を記載しないときは、通知の懈怠または不正の通知に該当し（会 976 条 2 号）、100 万円以下の過料に処せられる。私法的効力については、招集手続および決議方法に瑕疵があるから、決議取消事由に該当し総会決議取消しの訴え（会 831 条 1 項 1 号）の対象となり、この訴えは提案株主以外の株主も提起できる。総会の議場において提案株主に十分な説明の時間を与えたとしても、その瑕疵は治癒されない。

(4)　株主提案にかかる議案については、議長は提案者である株主に対し、提案理由を説明する機会を付与すべきであるが、その機会を与えた以上、その機会に提案株主が提案理由を説明しない場合、すなわち提案株主が議長から提案の理由の説明をするように求められたのにもかかわらず、その説明をしなかったときには、その説明がないまま手続を進めて決議をしても違法ではない（山形地判平成元・4・18 判時 1330 号 124 頁）。

第14 議事録

1 議事録の作成者は誰か

〔設　問〕

株主総会議事録を作成するのは誰か。

〔結　論〕

取締役であればよく、代表取締役である必要はない（施72条3項6号）。

〔説　明〕

(1)　会社法が株主総会議事録に記載すべき事項を法務省令に委任しているのを受け（会318条1項）、施行規則は、議事録に記載すべき事項の1つとして「議事録の作成に係る職務を行った取締役の氏名」を掲げている（施72条3項6号）ところ、どの取締役が議事録の作成に係る職務を行うべきであるかについては言及していない。したがって、代表取締役以外の取締役であっても、株主総会議事録を作成することができるものと考えられる。これは、株主総会議事録の作成は会社の業務執行ではなく（千問の道標495頁）、また、株主総会議事録が、その記載に特別の法的効果を生じさせるものではなく、単なる記録・証拠の意味を有するにとどまる（江頭375頁注8）ことによるものと思われる。

実務上は、代表取締役または総務担当取締役が株主総会議事録に係る職務を行う取締役となることが多いであろう。

(2)　なお、株式会社は、株主総会の日から10年間、株主総会の議事録をそ

の本店に備え置かなければならず（会318条2項）、取締役は、株式会社がこれをしなかったときは過料に処せられる（会976条8号）ところ、議事録の作成に係る職務を行う業務執行取締役、執行役が過料の制裁の対象となる。

2 議事録はいつまでに作成するか

〔設　問〕

> 株主総会議事録は、いつまでに作成しなければならないか。

〔結　論〕

株主総会の会日から遅くとも2週間以内に作成すべきである。

〔説　明〕

　議事録は、議事の経過および結果を記録する目的と、議事の内容を対外的にディスクローズする（会318条2項・3項）目的と2つある。いつぐらいまでが適当かということは、議事の内容によりけりで、一概にはいえない。議事内容のうち登記事項については、少なくとも議決後2週間以内に、本店所在地において登記を行わなければならず（会915条1項）、登記事項の場合とそれ以外の場合について何ら区別する理由があるとは考えられないし、実際問題として2週間あれば、議事録を作成できないとは考えられないので、最大限2週間と考えるべきである。

　実際問題としても、会社によっては株主総会議事録案を事前のスケジュールにあわせて作成しておくことが行われており、総会終了後に実際の総会がスケジュールどおりいかなかった箇所だけを訂正すれば足りるから、議事録作成に多大な日時を要することは考えられない。

3 議事録の具体的記載事項

〔設 問〕

株主総会議事録には、どのような事項を記載しなければならないか。

〔結 論〕

株主総会議事録には、施行規則に定める事柄を記載する。このうち、株主総会の議事の経過の要領およびその結果として、通常、次の事柄を記載する。

① 議長の開会宣言
② 株主数、発行済株式総数、議決権を有する株主総数、総議決権数、出席株主数（本人、委任状による代理人および議決権行使書面によるものを区別する）およびその有する議決権数
③ 会議の目的と議案の提出
④ 議案についての説明の概要
⑤ 質疑応答の重要なもの
⑥ 議事進行の動議と結果
⑦ 議案に関する動議と結果
⑧ 議長の採決とその結果
⑨ 閉会の宣言およびその時刻

〔説 明〕

(1) 施行規則に定める記載事項

株主総会の議事録は、次に掲げる事項を内容とするものでなければならない。

　イ　開催の日時および場所（当該場所に存しない取締役、執行役、会計参与、監査役、会計監査人または株主が株主総会に出席をした場合における当該出席の方法を含む。施72条3項1号）

　ロ　議事の経過の要領およびその結果（施72条3項2号。詳細については後述する）

　ハ　会計参与、監査役または会計監査人が一定の事項について述べた意見

または発言の内容の概要（監査役の報酬に関する監査役の意見など。施72条3項3号）
ニ　株主総会に出席した取締役、執行役、会計参与、監査役または会計監査人の氏名または名称（施72条3項4号）
ホ　株主総会の議長が存するときは、議長の氏名（施72条3項5号）
ヘ　議事録の作成に係る職務を行った取締役の氏名（施72条3項6号）

(2) **議事の経過の要領およびその結果について**
　イ　実務上は、開催の日時および場所のほか、株主数、発行済株式総数、議決権を有する株主総数、総議決権数、出席株主数およびその有する議決権数を記載する。なお、出席株主数については、本人が出席したもの、委任状によって代理人が出席したものおよび議決権行使書面によるものに分けて記載すべきである。
　ロ　このほか、議事の「経過の要領」とは、開会の宣言、議案の提出、議案や総会運営に関する動議、質問と回答、採決の方法、採決の結果および閉会宣言などをいう。議事の経過は、要領だけ記載すればよいから、討論の内容まで一字一句詳細に記載する必要がなく、採決に影響を及ぼすような重要な質問とこれに対する回答（説明）を簡潔に記載すれば足りる。
　　一方、「議事の結果」とは、どのような議案につき、どのような賛否があって、その議案が可決されたか否決されたかをいう。したがって、定時株主総会の議事録には、定時総会に提出されて報告または承認された貸借対照表、損益計算書、株主資本等変動計算書、個別注記表および事業報告を添付したほうがよい。
　ハ　議案の修正動議が提出された場合は、その内容およびその採決の結果についても記載する。
　ニ　議事進行に関する動議のうち、総会の延期・続行、総会資料調査者の選任、会計監査人の出席要求、議長の不信任の動議が提出された場合は、その内容と採決の結果を記載する。ただし、これらの動議でも、議長が採否を諮らず直ちに却下したときは記載を要しない。前記以外の議事進行に関する動議は議長の職権を促すものであるから、記載する必要がな

い。ただし、採決するに至ったものは記載する。

ホ 　決議の結果については、発言による賛成多数であることがきわめて明白である場合には、議事録に議長が賛成多数と認めて決議の成立を宣言したと記載してよい。しかし、議場で議長が票数を数えたときは、その結果を議事録に記載しておかなければならない。定款変更などの特別決議については、「出席株主の議決権の3分の2以上の賛成により」というように記載するのが適当である。

ヘ 　議案についての説明は、株主総会招集通知または株主総会参考書類に書かれているから特に記載する必要はなく、これらに書かれていない事項を総会当日特に付加した場合のみ記載すればよい。

ト 　株主が議案提案権を行使した場合に、同一議案について議決権の10分の1（これを下回る割合を定款で定めた場合はその割合）以上の賛成を得なかった日から3年経過していないときは、実質的に同一の議案の提案はできず、また株主が総会で提出しようとする議案を招集通知に記載する必要がないので（会304条ただし書・305条4項）、株主提案が否決されたときは、賛成の票数がかかる割合以上であるか否かの議長の報告を記載する。賛否の具体的票数について議長は明らかにする必要がないが、明らかにした場合は票数を記載する。

チ 　議案に反対することが、その株主の有する株式の買取りを会社に請求するための要件となる議題の採決については、当該株主を特定するに足る必要最少限の事項（住所、氏名、議決権数）を記載する。ただし、株式買取請求をするためには、総会において議案に反対の議決権を行使するのみでなく、総会に先立って会社に対して書面をもって、議案に反対の意思を通知しなければならないので（会116条2項1号イなど）、この通知をしていない株主については議事録に記載する必要がない。

リ 　なお、株主総会議事録には、取締役の署名または記名押印は原則として不要である。

(3) 　産業競争力強化法に基づく場所の定めのない株主総会に関する省令に定める記載事項

バーチャルオンリー型総会の議事録は、前記(1)に加えて、以下の事項を記

載しなければならない（産業競争力強化法に基づく場所の定めのない株主総会に関する省令5条3項）。

　(イ)　株主総会を場所の定めのない株主総会とした旨
　(ロ)　「その議事における情報の送受信に用いた通信の方法」（情報の送受信に用いる通信の方法に係る障害に関する対策についての方針や情報の送受信に用いる通信の方法としてインターネットを使用することに支障のある株主の利益の確保に配慮することについての方針に基づく対応の概要を含む）

　なお、「情報の送受信に用いる通信の方法に係る障害により当該議事に著しい支障が生じる場合には当該場所の定めのない株主総会の議長が当該場所の定めのない株主総会の延期または続行を決定することができる旨の決議」（産業競争力強化法66条2項）をした場合には、その旨も記載することになる。

(4) 役員の就任登記申請と就任承諾文言について

　役員の就任登記申請書には、就任を承諾したことを証する書面（就任承諾書）を添付しなければならない（商登54条1項）ところ、株主総会の席上で就任を承諾した場合、その旨（いわゆる就任承諾文言）を議事録に記載することで、別途、就任承諾書の添付は不要となる（松井信憲『商業登記ハンドブック〔第5版〕』（商事法務、2025）400頁）。

　具体的には、「選任された〇〇および〇〇は、それぞれ、即時、株主総会席上にて、取締役就任を承諾した。」など株主総会の会場にいたことが明確となる記載とすることが適当である。

　なお、再任ではない場合における役員の就任登記申請については、添付書類に取締役の住所の記載および本人確認書類が必要となる（商業登記規則61条7項）ため、実務上、新任の取締役等の就任登記申請に際しては、株主総会議事録をもって就任承諾書に変えること（議事録に住所を記載すること）はせず、別途、住所を記載した就任承諾書を取得し、登記申請の添付書類とすることが一般的である。

4 株主発言の議事録への記載要求に対する措置

〔設 問〕

　株主より自己の発言と説明者の回答を議事録に記録するよう求められた場合に、これに応じなければならないか。

〔結 論〕

応ずる法律上の義務はない。

〔説 明〕

(1)　株主総会の議事について議事録を作成することを要し、議事録には議事の経過の要領およびその結果を記載しなければならない。

(2)　「議事の経過」は、その要領だけを記載すればよいから、討議の内容まで一字一句詳細に記載する必要がなく、採決に影響を及ぼすような重要な質問とこれに対する回答（説明）を簡潔に記載すれば足りると解される。

　したがって、株主の発言がそのような質問に該当するときは、取締役の職責において記載するのであって、株主に議事録登載請求権があるのではない。〔設問〕の要求は、単に取締役に対しその職権の発動を促すだけに過ぎないものであって、もとより拘束されるものではない。

5 議決権行使結果の開示

〔設 問〕

　上場会社等は、株主総会の議決権行使結果について、遅滞なく、臨時報告書を提出しなければならないとされているが、賛成・反対の集計対象の範囲、および提出の時期は、一般にどのようになされているのか。

〔結 論〕

　一般的に、賛成・反対の集計対象の範囲は事前行使分および当日出席株主

の一部とする会社が多く、総会決議が行われてから4日目以内に開示されている。

〔説　明〕

　上場有価証券（特定上場有価証券を除く）の発行者など有価証券報告書を提出しなければならない会社は、株主総会決議について、議決権行使結果を遅滞なく臨時報告書によって開示する義務がある（開示府令19条2項9号の2、金商24条の5第4項・24条1項各号）。

　この議決権行使結果の集計および報告書の提出時期は、実務的に合理的な方法および時期であればよいと解される。

　2023年7月から2024年6月の間の定時株主総会に関する調査によれば、これに回答した1,884社のうち、賛成・反対の集計対象の範囲を前日までの議決権行使書によるもの（電磁的方法を含む）および当日出席の役員・大株主とする会社は1,445社（76％）であり、調査に回答した会社のうち9割は総会決議が行われてから4日目以内に開示している（2024総会白書152・153頁）。

第15 総会検査役

1 総会検査役の制度目的・趣旨

〔設　問〕
　総会検査役とはどのような制度か。

〔結　論〕
　総会検査役とは、総会の招集手続または決議方法について違法または不公正がなされる可能性がある場合や、賛否が拮抗することが予想され、集計作業の正確性を担保する必要がある場合などに、会社または一定の要件を満たす株主の申立てにより裁判所に選任され、総会の招集手続および決議の方法を調査する者である。総会検査役が調査結果を裁判所に報告することにより、決議取消しの訴えが提起された場合の証拠を保全するとともに、その選任を通じて、間接的に違法または不公正な手続が行われるのを防ぐ効果が期待される。

〔説　明〕
(1)　総会検査役の制度は、会社または一定の要件を満たす株主の申立てにより、裁判所が選任した総会検査役をして、総会の招集手続および決議の方法を調査させ、その結果を記載した書面または電磁的記録（以下「報告書」という。）を裁判所に提出させることにより、後の決議取消訴訟において報告書が重要な証拠資料を確保すること（証拠保全機能）が主たる目的であるが、副次的には、総会検査役が選任されていることで、間接的に違法または不公

正な手続が事前に防止される効果（違法抑止機能）も期待されている。この制度は、株主総会が公正かつ円滑に運営されるようにするため、昭和56年商法改正により導入されたものであるが、導入当時は株主のみに選任申立権が認められていたところ、会社法制定時に、会社も総会検査役の選任の申立てをすることが認められるようになった。

総会検査役の選任の申立ては、総会の招集手続または決議方法について違法または不公正がなされる可能性がある場合、賛否が拮抗することが予想され、集計作業の正確性を担保する必要がある場合などに行われることが多い。

なお、総会検査役制度は、種類株主総会においても適用されるが（会325条）、特例有限会社には適用されないものとされている（会社法の施行に伴う関係法律の整備等に関する法律14条5項）。

(2) 総会検査役の申立件数そのものはそれほど多くはなく、東京地方裁判所でも年間10～30件程度であるが（内林尚久「東京地裁における商事事件等の概況」商事2334号（2023）33頁）、近年、LIXIL（2019年）、大戸屋ホールディングス（2020年）、関西スーパー（2021年）など、社会的耳目を集めた事例を契機に、総会検査役制度に関する注目が集まり、その重要性が高まってきている。

これを受けて、東京地方裁判所民事第8部では、2022年5月に総会検査役の手引を作成し、総会検査役に選任された者に配布している（東京地方裁判所民事第8部「総会検査役の手引〔令和4年版〕」（以下「検査役手引」という。）金法2200号（2022）46頁以下参照）。

2　総会検査役の選任手続

〔設　問〕

総会検査役はどのような手続で選任されるのか。

〔結　論〕

会社または一定の要件をみたす株主が、当該会社の本店所在地を管轄する地方裁判所に総会検査役の選任を申し立てる（会306条・868条1項）。

総会検査役の選任の申立てを受けた裁判所は、これを不適法として却下する場合を除き、総会検査役を選任しなければならない（会306条3項）。

〔説　明〕

(1)　総会検査役の選任を申し立てることができるのは、会社および一定の要件を満たす株主である。会社が申し立てる場合は、代表取締役（取締役会設置会社の場合）または代表執行役（指名委員会等設置会社の場合）がこれを行う。株主が申し立てる場合は、次に述べる要件が課される。

申立てができる株主は、総株主の議決権の100分の1以上の議決権（持株要件）を有する株主に限られる（会306条1項）。「総株主」からは、株主総会において決議をすることができる事項の全部（取締役会設置会社において、株主総会に目的である事項があるときは、当該事項の全部）につき議決権を行使することができない株主が除かれる（会306条1項かっこ書・同条2項）。したがって、相互保有株式、自己株式、単元未満株、まったく議決権を有しない種類株式等については、その株主を「総株主」には算入しない。

公開会社である取締役会設置会社においては、前記持株要件に加え、6カ月（これを下回る期間を定款で定めた場合にあっては、その期間）前から持株要件を満たす数の議決権を引き続き有すること（保有期間要件）が求められる（会306条2項）。この「6カ月」とは、申立時から遡って満6カ月という意味である（会社法コンメ(7)119頁〔青竹正一〕）。

持株要件は、総会検査役の選任申立時（公開会社である取締役会設置会社の場合は、選任申立て6カ月前）から検査役選任決定時までの間、継続して充足しなければならないが、選任後に持株要件を欠いても選任の効力に影響はないと解されている（大竹昭彦ほか編『新・類型別会社非訟』（判例タイムズ社、2020）261頁〔村尾和泰〕参照）。

また、総会検査役の選任申立時には持株要件を満たしていても、その後会社が新株発行を行ったことにより持株要件を欠くに至った場合、会社が株主の申請を妨害する目的で新株を発行したなどの特段の事情がない限り、申請は適格を欠くものとして、却下されることになると解される（業務検査役について判断した最決平成18・9・28民集60巻7号2634頁参照。ただし、学説上の批判は強い。会社法コンメ(7)119頁〔青竹〕参照）。

(2) 総会検査役の選任の申立ては、会社の本店所在地を管轄する地方裁判所に対して行う（会868条1項）。申立手数料は1,000円である（民事訴訟費用等に関する法律3条1項・別表第1、16項）。予納郵券は、東京地方裁判所の場合、2024年11月現在は3,000円（500円3枚、110円5枚、100円5枚、50円3枚、20円10枚、10円10枚）であるが、会社が申し立てる場合は不要であるとされている（大竹ほか・前掲255頁〜256頁〔村尾〕。実務上は、申立てにあたって、裁判所から総会検査役の費用・報酬に相当する額の予納金の納付も求められる）。

選任申立ておよび総会検査役の選任は、総会の会日以前にしなければならず、総会日以後は訴えの利益を失う（東京高決昭和59・7・20判タ540号317頁）。

なお、振替株式の場合、総会検査役の選任の申立ては、「少数株主権等」に該当するため、株主が総会検査役選任の申立てをしようとするときは、個別株主通知を行う必要がある（振替154条1項、147条4項）。個別株主通知は、遅くとも裁判所における審理の終結までの間にしなければならない（業務検査役に関する最決平成22・12・7民集64巻8号2003頁参照）。

(3) 総会検査役の選任申立てがあった場合、裁判所は、会社に反論の機会を与えるとともに、総会検査役への理解・協力を求めるため、迅速性を損なわない範囲で、審問期日を設けるのが通常である（大竹ほか・前掲263頁〔村尾〕参照）。

裁判所は、申立てを不適法として却下する場合を除き、総会検査役を選任しなければならず（会306条3項）、その必要性の有無を斟酌することはできない（岡山地決昭和59・3・7商事1003号52頁参照）。選任決定には理由を付す必要はなく、不服を申し立てることもできないが（会871条ただし書、874条1号）、却下決定には理由を付さなければならず（会871条本文）、申立人に限り、即時抗告ができる（非訟事件手続法66条2項）。

なお、総会検査役の資格は法定されていないが、通常は、弁護士が選任される。総会検査役の報酬は、原則として会社の負担である（会306条4項）。

3 総会検査役の地位および職務・権限

〔設　問〕

　総会検査役の地位および職務・権限はどのようなものか。

〔結　論〕

　総会検査役は、会社の臨時機関であり、会社とは準委任の関係に立つ。総会検査役は、事実を調査するために必要な行為を行うことができるが、適法か否かの法的判断を加えることは避けるべきである。

〔説　明〕

(1)　総会検査役は、会社の臨時機関であり、総会検査役と会社の関係は、準委任関係であるとされる（会社法コンメ(7) 121 頁〔青竹正一〕、大竹昭彦ほか編『類型別会社非訟』（判例タイムズ社、2020）269 頁〔村尾和泰〕等）。

　もっとも、会社が総会検査役を解任することはできないと解されており（新版注釈会社法(5) 126 頁〔森本滋〕）、総会検査役に問題があれば、会社としては裁判所に総会検査役選任の裁判の取消しまたは変更を求めることになる（非訟 59 条 1 項）。

(2)　総会検査役の権限については特に規定がないが、総会の招集手続と決議方法を調査するために必要な権限を行使できる。調査のため総会に出席することは、総会検査役の権限であるとともに義務でもある。調査のために必要がある場合、補助者を使用することができるが、この場合は当該補助者も総会に出席できる（大竹ほか・前掲 270 頁〔村尾〕参照）。いわゆるバーチャルオンリー株主総会の場合は、総会検査役側のシステムトラブルで総会当日の記録化ができないという事態を避けるため、できる限り議長と同じ場所で視聴するのが望ましい（検査役手引 57 頁〜58 頁参照）。

　招集手続の調査は、招集決定をした取締役会決議、招集通知、添付書類の記載内容・様式、招集通知等の発送手続の確認が中心になる。株主提案が行われている場合には、当該株主が持株要件や保有期間要件を満たしているか、提案期限内か、議案の数制限を超過していないか（以上につき会 303 条〜305

条）等も確認する。

決議方法の調査対象は、開会、議事運営、決議、閉会に至る全過程である。必要に応じ、関係書類を調査・閲覧することもできる。

総会検査役の役割は、後日、裁判所や利害関係人が株主総会の手続上の瑕疵の有無を判断するために必要となる事実関係を調査・記録・報告することである。したがって、議場で意見を述べたり、議長の問いに対し自己の見解を述べたりすることは避けるべきである（会社法コンメ(7) 123頁〔青竹〕参照）。

なお、取締役、監査役、執行役等が総会検査役の調査を妨害すると過料に処せられる（会976条5号）。

4　報告書の作成・提出と裁判所による総会招集等の決定

〔設　問〕

総会検査役が作成・提出する報告書は、どのようなものか。報告を受けた裁判所は、どのような場合に総会招集等を命ずるか。

〔結　論〕

総会検査役は、招集手続に関する調査結果および決議方法の調査結果を時系列で報告書に記載する。報告を受けた裁判所は、調査対象の総会決議に取消事由、無効事由または不存在事由があり、会社に是正措置を講じさせるのが妥当と判断した場合、決定により、取締役に対し、一定の期間内に総会を招集すること、総会検査役の調査の結果を株主に通知することの全部または一部を命じる。

〔説　明〕

(1)　総会検査役は、調査結果を報告する書面または電磁的記録（報告書）を作成して裁判所に提出する（会306条5項）。報告書には、招集手続に関する調査結果および決議方法の調査結果を時系列で記載する。その際、法的評価を加えることは避け、客観的な事実を記録することに留意する（検査役手引

48頁、大竹ほか・前掲書270頁)。報告書には、株主総会の模様を録画したビデオを添付するのが通例である。

　報告書の提出期限は、実務上、総会後40日を目途に設定される(大竹ほか・前掲265頁〔村尾〕)。株主総会の運営に問題があった場合、株主が株主総会決議取消訴訟の出訴期限内(決議の日から3か月以内)に行動をとれるようにするためである。

　もっとも、決議取消訴訟の出訴期限内であっても、当該決議を前提とした法律行為の効力が間もなく生じてしまうような場合(たとえば、出訴期限より前に株主総会決議に基づく組織再編の効力発生日を迎えるような場合)においては、総会検査役の判断で、重要な部分のみ先行して報告書が提出されることがある。関西スーパー事件では、総会1週間後に暫定報告書が提出されたといわれている。

　なお、報告書の提出にあたっては、提出期限の7日前までに、ドラフトを裁判所に提出して確認を受けたうえで、正式な報告書を提出するものとされている(検査役手引52頁)。

　総会検査役は、会社(総会検査役の申立てをした者が会社以外の場合においては会社およびその者)に対して報告書の写しを交付しなければならないが(会306条5項)、実務上は、総会検査役が直接写しを交付するのではなく、裁判所が総会検査役から報告書およびその写しの提出を受けて、裁判所が写しを被交付者に対し交付するものとされている(大竹ほか・前掲271頁〔村尾〕)。

(2)　裁判所は、総会検査役の調査報告により必要があると認めるときは、取締役に対し、株主総会の招集、調査結果の株主への通知の全部または一部を命じなければならない(会307条1項。なお、調査結果を株主に通知するよう命ずる制度は、会社法によって導入されたものである)。ここで、「必要があると認めるとき」とは、調査対象の総会決議に取消事由、無効事由または不存在事由があり、会社に是正措置を講じさせるのが妥当な場合をいう(会社法コンメ(7)125頁〔青竹〕、大竹ほか・前掲272頁〔村尾〕)。

　前記命令は、理由を付した決定によってなされ(会871条本文、非訟事件手続法54条)、当該決定に対しては取締役から即時抗告することができると解されている(非訟事件手続法66条1項、大竹ほか・前掲272頁〔村尾〕)。

命令を受けた取締役は、期間内に総会を招集しなければならない。この場合、争いはあるが、株主総会の招集につき必ずしも取締役会の決議は必要ないと解されている（大竹ほか・前掲272頁〔村尾〕、会社法コンメ(7)125頁〔青竹〕）。

なお、取締役がかかる命令に反して株主総会の招集または調査結果の株主への通知をしなかった場合には、過料の制裁がある（会976条18号・2号）。

取締役は、招集された総会において、検査役の調査報告を開示しなければならず（会307条2項。懈怠については過料の制裁がある。会976条3号）、取締役および監査役は、あらかじめ当該報告の内容を調査して、その結果を報告しなければならない（会307条3項）。

5 バーチャル株主総会における総会検査役の留意点

〔設　問〕

> バーチャル株主総会において、総会検査役が特に留意すべき点はあるか。

〔結　論〕

当該会社が使用するバーチャル株主総会の運営システムがどのようなものであるかを事前に会社関係者から聴取するとともに、どのようなルールで議決権行使をカウントするか、どのように株主からの動議・質問等に対応するかなどの議事運営についても詳細な調査を行い、その旨を報告書に記載すべきである。また、バーチャルオンリー型株主総会の場合は、法令上の要件を満たしているかの確認も必要である。

〔説　明〕

バーチャル株主総会においてはインターネットを利用することから、リアル株主総会とは違う面があるため、留意が必要である。

まず、バーチャル株主総会の運営システムは、現状、統一されたものではなく会社ごとに異なりうることから、調査対象会社がどのようなシステムを

使用しているか、システムトラブルがあった場合の対応方針はどのようなものかなどを事前に会社関係者から聴取する必要がある。

また、**第12Ⅰ❶**〔p.272〕で解説したように、事前の議決権行使と出席の関係について、従来のリアル株主総会とは異なる取扱いがなされている可能性がありうるため、この点についても事前に確認しておく必要がある。

さらに、議事運営の方法、たとえば、オンラインで出席・参加した株主からの動議や質問の対応方針、代理出席の可否等についても、事前に確認しておく。総会当日に株主からの質問等がシステム上会社に届いているかも確認する。システムトラブルがあった場合には、その原因が会社側にあるのか、株主側にあるのかも調査する。

以上に加えて、バーチャルオンリー型株主総会により行われる場合は、定款上、バーチャルオンリー型株主総会を可能とする規定が設けられているか、経済産業大臣および法務大臣の確認を受けているか（産業競争力強化法66条1項）の調査も必要である。

また、前記**第15❸**〔p.328〕で述べたように、総会検査役側のシステムトラブルで総会当日の記録化ができないという事態を避けるため、できる限り議長と同じ場所で視聴するのが望ましい（以上につき、検査役手引56頁以下も参照）。

第16 その他

1 種類株主総会の招集手続等

〔設　問〕
① 種類株主総会と通常の株主総会の招集通知を1通の書面で行ってもよいか。
② 定款において、種類株主総会の基準日について定時株主総会の基準日の規定を準用することは可能か。

〔結　論〕
1 各総会の議題および議案が区分して明示され、各招集通知の記載事項が漏れなく記載されている限り、1通の書面で行ってもよい。
2 定時株主総会と同日に種類株主総会を開催する場合には、種類株主総会の基準日を別途定める必要はなく、定時株主総会の基準日の規定を準用することが可能である。

〔説　明〕
(1) 種類株主総会（会2条14号）には、通常の株主総会の規定の多くが準用されており（会325条、施95条）、招集手続についても、取締役（取締役会設置会社の場合には取締役会）が必要事項を決定して行われる（会325条・298条1項4項）。
　この場合、種類株主総会と通常の株主総会の招集通知とを1通の書面で行うことは、各総会の議題および議案が区分して明示され、各招集通知の記載

事項が漏れなく記載されている限り、株主に出席と準備の機会を与えるという招集手続の趣旨に反しないため、特段の問題はないものと解される。

なお、通常の株主総会と同様に、決議事項について当該種類株式の株主全員が書面または電磁的記録により同意した場合には、種類株主総会の開催を省略することができる（会325条・319条1項）。数種の種類株式を発行するベンチャー企業等においては、このみなし決議の方法により種類株主総会の開催を省略する例もみられる。

(2) 種類株主総会について基準日を定める場合、当該基準日の2週間前までに公告を行わなければならない（会124条3項）。

定時株主総会と同日に種類株主総会を開催する場合には、定款において、前者の基準日の規定を後者に準用することが可能であり（「第〇〇条の規定は、定時株主総会と同日に開催される種類株主総会についてこれを準用する。」などの定款規定を置く。）、種類株主総会について別途基準日を定める必要はない。

ただし、種類株式発行会社ではない会社が、種類株式発行会社となる局面では、以下の点に留意すべきである。たとえば、全部取得条項付種類株式（会108条1項7号）を利用した完全子会社化の手続において、①従前の普通株式の他にA種種類株式を発行する規定を設ける旨の定款変更議案と、②その変更後の定款に基づき、従前の普通株式に全部取得条項を付し、全部取得条項付普通株式1株につき一定割合のA種種類株式を交付する旨の定款変更議案とが存在する場合、②において全部取得条項を付される普通株式の株主による種類株主総会（会111条2項1号）は、①の定款変更が株主総会決議によって効力を発生した後にしか実施しえない。

したがって、このような場合の普通株式の株主による種類株主総会の招集ならびに基準日の設定および公告は、①の定款変更の効力が生じて種類株式発行会社となることを停止条件として行うことが必要となる（渡辺邦広「全部取得条項付種類株式を用いた完全子会社化の手続」商事1896号（2010）29頁、東京高判平成27・3・12金判1469号58頁参照）。

2　種類株主総会の議事等

〔設　問〕

① 種類株主総会は、通常の株主総会とは別に開催すること（分離方式）が必要か。また、議事進行上注意すべき点は何か。
② 同時に議事進行を行う並列方式により開催した場合、議事録を1通の書面で作成することは可能か。

〔結　論〕

1　通常の株主総会の構成員と種類株主総会の構成員とが完全に一致する場合、並列方式をとることが可能であるのに対し、両者が完全には一致しない場合、別々に開催すべきである。ただし、並列方式をとる場合でも、両総会の決議は別々に行わなければならない。
2　可能である。ただし、登記事項については議事録が添付書類に含まれるため、1通にまとめた議事録でも登記申請が認められるか否かのチェックが必要である。

〔説　明〕

(1) 通常の株主総会の構成員と種類株主総会の構成員とが完全に一致する場合、審議を同時に行うことに特段の問題は存在しない。ただし、手続上の疑義が生じないよう念のため、開会時に、議長が同時に開催する旨を説明して議場に諮り、出席株主の過半数の同意を得ておくことが考えられ、現にそのような実務運用もみられる。

また、審議は同時進行で行う場合であっても、通常の株主総会の決議をもって普通株主による種類株主総会の決議があったものとみなすことはできない（東京控判昭和2・2・28法律新聞2688号4頁参照）。したがって、採決時に、議長が両総会の議案の採決を別々に行うことにより、決議自体は区別することが必要である。

(2) これに対し、通常の株主総会の構成員と種類株主総会の構成員とが完全には一致しない場合、採決だけでなく審議も別々に行うべきである。議決権

を有しない者が総会に参加し、その者の質問・発言により議決権を有する株主の議決権行使等に不当な影響が及んだときは、決議方法の法令違反として決議取消事由となりうる（最判昭和30・10・20民集9巻11号1657頁等）からである。

(3)　分離方式を採用し、通常の株主総会と種類株主総会を同日に連続して行う場合には、前者から後者に移行する時点で、議長が、通常の株主総会の閉会を宣言した後、続けて種類株主総会の開会を宣言することになる。通常の株主総会の出席者のうち、当該種類株主ではない者等、当該種類株主総会への出席資格のない者が議場に存在する場合には、通常の株主総会の閉会宣言後にそれらの者を議場から退席させたうえで、種類株主総会を開会する必要がある。

(4)　並列方式を採用した場合の議事録は、両総会の各法定記載事項（会325条・318条1項、施95条9号・72条）が満たされている限り、現実に行われた議事手続の実態に即するよう、1通にまとめて作成することも可能と解される。

　ただし、実務上、決議事項が登記すべき事項である場合には、登記申請が問題なく通るか否かが重要となる。そのため、管轄の法務局において、1通にまとめた議事録でも一般的に支障がないかどうかを相談するなどして、事前に確認しておくことが肝要である。

事項索引

●あ行

アクティビスト　1
一事不再理　254, 258
一任議案　215
一括回答　120
委任状　46〜, 267
　　捺印のない——　47
　　——・議決権行使の重複　48
　　——数　281
　　——の取扱い　46
　　——の未提出　46
インサイダー取引　182
WEB開示　144
WEB修正　79
受付　38
閲覧・謄写請求権　18
MoM要件　284
延期　100, 262
親会社　162
オンライン質問　128

●か行

海外子会社　175
開会宣言前の混乱収拾　61
会計監査人　239
　　——の資力調査　241
　　——の選定理由・根拠　239
　　——の報酬額等　242
会計参与　132
会計帳簿　28
外国人株主　44, 126
外国での開催　4
開催時刻　7
開催日時　4
開催場所　8, 12
会社が勧誘した委任状の代理人　51
会場　4, 61

株主
　　入場しきれない——　62
　　——以外の者の入場の適否　64
　　——から指名された説明義務者　133
　　——の資格審査　38
　　——へのなりすまし　13, 74
株主資格　283
株主提案　294〜, 302〜
　　——と提案株主による撤回　311
　　——と提案株主の欠席　313
　　——の無視　314
株主取扱規程　24
仮処分命令　302
勧告的決議　292, 297
監査報告に関する事項　197〜
監査役
　　——間での意見の対立　205
　　——と「重要な会議」　201
　　——の職務分担　203
　　——の答弁義務　138
監査役会への質問　139
議決権　272
議決権行使　272
　　——結果の開示　322
議決権行使書面　27, 52〜, 267, 310
　　捺印のない——　47
　　——数　281
　　——と株主の賛否の表示　52
　　——と株主の表示　52
　　——の取扱い　46
議決権行使促進策　56
議決権個数　279
議決権電子行使　276
議事進行　97
（株主総会）議事録　24, 316〜
　　——と株主発言の記載要求　322
　　——の具体的記載事項　318
　　——の作成時期　317

338 ■──事項索引

　　──の作成者　316
議事整理権　130, 140
議題提案権　294
　　──と株主資格　298
期中の偶発事故　153
議長　86
　　少数株主が招集した総会──　90
　　──の違法または不当な権限行使　92
　　──の議事整理権限　127, 267
　　──の許可　102
　　──の資格　86, 87, 93
　　──の遅刻・欠席　91
　　──の途中交替　88
　　──の不信任動議　94, 262
寄付金　244
休憩　100, 262
吸収合併　146
吸収型再編　147
業績連動報酬　224
業務執行取締役　137
計算書類　25, 209
警備対策　76
決議の成立　290
決算書類　173～
決算短信　30
研究開発費　181
現金性資産　185
建造物侵入罪　74
公益法人　191
交際費　189
公認会計士の同伴　66
高年齢者雇用確保措置　160
後発事象　161
公表　148
コーポレートガバナンス・コード　149
子会社　145, 162
個人的醜聞・非行　243
個別注記表　161
顧問弁護士　109, 131
コンプライ・オア・エクスプレイン　150

●さ　行

採決方法　272, 286
参考書類　309
賛否拮抗総会　60
賛否の数　288
事業報告　151～
　　──に関する質問　151
　　──の監査方法およびその内容　199
自己株式の取得　141
事前質問通知制度　119
事前登録制　14
執行役の説明義務　132
実質株主　42, 64
質問
　　監査役会または委員会に対する──　139
　　代理人による──　126
　　──制限の可否　104
　　──と株主の不納得　105
　　──の打ち切り　106
質問権　117
質問者の順序　103
質問状　117, 121
　　総会直前の通知による──　118
　　──を提出した株主の欠席　119
四半期配当　186
社外監査役　236
　　──選任議案　235
　　──の答弁義務　135
社外取締役　232
　　──選任議案　231
　　──の答弁義務　135
従業員採用基準　159
従業員株主
　　──の前方着席　67
　　──の発言　110
　　──の優先入場　67
修正動議　97, 257
重要な業務の執行　303
重要な情報　148
（総会への）出席
　　会計監査人の──　84
　　監査等委員の──　83
　　社外監査役の──　83

事項索引 ― ■ 339

　　社外取締役の―― 83
　　取締役等の全員―― 81
出席株主数　281
種類株主総会　333～
純粋持株会社　194
障害者差別解消法　115
招集通知の早期開示　34
招集手続　17～
招集日の延期　6
少数株主による総会招集　35
使用人兼務取締役　188
使用人の状況　159
剰余金配当　185
審議打切りの時点　107
ストック・オプション　220
生産・売上げの増減　153
政治献金　191
製造原価の公表　179
正当防衛　112
説明義務　131～
　　――の程度　141～
説明義務者　131～
　　会社法における――　131
　　株主指名の――　133
総会検査役　324～
総会資料請求　17
増配　185
訴訟と説明義務　157

●た　行

貸借対照表　174
退場命令　73, 111
退職慰労金　215, 219, 211～
退職金慰労規程　28
対処すべき課題　152
代表取締役の説明義務　132
代表取締役の選任　304
代理人　268
　　――資格　40, 283
　　――の議決権行使　267
秩序維持権　72
通信障害　10
通訳　44

定員制　14, 159
テープレコーダー・カメラなどの持込み　70
電子提供制度　31
電子投票　267
　　――数　281
動議　13, 248, 267
　　実質的――　258
　　手続的――　262
　　――の意義　248
　　――の種類　249
　　――の審議方法　256
　　――の提出権者　252
　　――の取扱い　253
途中入場者の出席拒否　73
取締役会議事録　25
取締役候補者　133, 230
取締役選任（議案）　227, 306
取締役の報酬　182, 211
取引関係者　148
取引先の取締役　245

●な　行

内部統制システム　139, 165
任意の報酬諮問委員会　138

●は　行

バーチャルオンリー型株主総会　11, 12, 100, 128, 331
バーチャル株主総会　11, 128, 272, 331
　　ハイブリッド参加型――　11, 128
　　ハイブリッド出席型――　11, 128
買収防衛策　168, 277
配当性向と安定配当　192
100％子会社　177
非連結子会社　165
フェア・ディスクロージャー・ルール　147, 148
複数の場所での開催　4
プライバシー　65, 71
閉会宣言後の混乱収拾　61
弁護士の同伴　66
報酬等　182

傍聴　64
暴力的行為の発生　76
補助者　131

● ま　行

マスコミ公開　64
みなし文言（記載）　54
無償の利益供与　190

● や　行

役員賞与金　213
有価証券の保有目的　173
有価証券報告書　29
予備日　10

● ら　行

利益供与　57
臨時計算書類　26
連結計算書類　193

新・株主総会ガイドライン〔第3版〕

2007年4月5日　初　版第1刷発行
2015年4月15日　第2版第1刷発行
2025年2月14日　第3版第1刷発行

編　者　東京弁護士会会社法部

発行者　石　川　雅　規

発行所　㈱商　事　法　務
〒103-0027 東京都中央区日本橋3-6-2
TEL 03-6262-6756・FAX 03-6262-6804〔営業〕
TEL 03-6262-6769〔編集〕
https://www.shojihomu.co.jp/

落丁・乱丁本はお取り替えいたします。　印刷／そうめいコミュニケーションプリンティング
©2025 東京弁護士会会社法部　　　　　　　　　　　Printed in Japan
Shojihomu Co., Ltd.
ISBN978-4-7857-3137-3
＊定価はカバーに表示してあります。

|JCOPY|＜出版者著作権管理機構 委託出版物＞
本書の無断複製は著作権法上での例外を除き禁じられています。
複製される場合は、そのつど事前に、出版者著作権管理機構
(電話03-5244-5088、FAX 03-5244-5089、e-mail: info@jcopy.or.jp)
の許諾を得てください。